Margaret Moorman arbeitet für verschiedene Zeitungen und Zeitschriften. Früher war sie Malerin und hat Kinderbücher illustriert. Sie lebt mit ihrem Mann und ihrer Tochter in New York.

Dieses Buch wurde auf chlor- und säurefreiem Papier gedruckt.

Zum Schutz des Persönlichkeitsrechts wurden einige Namen geändert.

Deutsche Erstausgabe September 1994

Titel der Originalausgabe »My Sister's Keeper«

Originalverlag: W. W. Norton & Company, New York
Umschlaggestaltung: Schlotterer & Partner, München
Umschlagabbildung: The Image Bank/Bonnie Timmous, München
Satz: Franzis-Druck, München
Druck und Bindung: Ebner Ulm
Printed in Germany
ISBN 3-426-75045-7
5 4 3 2 1

Margaret Moorman

# Zwiespalt

Meine schizophrene
Schwester und ich

Aus dem Amerikanischen
von Inge Wehrmann

Knaur

Für Fiona Graham
und Gene Marie Sinclair

Außerdem widme ich dieses Buch folgenden Menschen:

Meiner Schwester Sally Moorman, da sie mir gestattete, aus meiner Perspektive über uns beide zu schreiben. Sie hat niemals versucht, meinen Standpunkt zu beeinflussen, oder mich gebeten, gewisse Details meines häufig schmerzlichen Berichts zu beschönigen.

Dem Andenken an meine geliebten Eltern Robert und Sara Moorman.

Den Mitgliedern meiner Geschwister-Selbsthilfegruppe für ihr Mitgefühl, ihren Humor und ihr Verständnis.

Jill Bialosky, meiner Lektorin bei W. W. Norton & Co., für ihren Glauben an den Wert meines Projekts und für unzählige andere Dinge.

Rhonda Buckner, Leiterin des »Personal Support Network« in Falls Church, Virginia. Während des schwierigsten Jahres meines Lebens war sie sowohl meine als auch Sallys Hauptstütze.

Allen Mitarbeitern des »Personal Support Network« und der »Association for Retarded Citizens« für ihren gesunden Menschenverstand und ihren Gleichmut.

Den Freunden und Nachbarn meiner Mutter für all ihre Hilfsbereitschaft und unerschütterliche Liebe.

Meinen lieben Freunden, besonders Deborah Pond, Mary Joan Waid und Andrea Woodner für ihren liebevollen Beistand nach dem Tod meiner Mutter; Elizabeth Mitchell, Sherry Markovitz, Isabel Hamilton und Fay Jones für einen dringend notwendi-

gen Urlaub; Fran Black für rechtlichen Beistand; Paul Gardner, Vajra Kilgour und Nancy Traver, weil sie mich zum Schreiben dieses Buches ermutigten; und April Kisner, Elizabeth Stille und Rick Woodward, die das Manuskript durchlasen und mir wertvolle Hinweise gaben.
Silvia Marquez Yamera, die sich wundervoll um meine Tochter Emma kümmerte, während ich an meinem PC saß.
Meinem Ehemann Harvey Quaytman, der neben anderen hervorragenden Eigenschaften ein humorvoller Mann und ein großartiger Koch ist.

# Inhalt

»Bin ich meines Bruders Hüter?
Nein, ich bin
meines Bruders Bruder.«

*William Sloane Coffin*

# Erster Teil

## Mein privater Eisberg

# 1

Noch lange Zeit, nachdem meine Mutter gestorben war, redete ich in schlaflosen Nächten mit ihr. Ich vermißte sie so sehr, vermißte es, mit ihr über Politik zu diskutieren, vermißte ihren Südstaaten-Akzent auf meinem Anrufbeantworter, vermißte die Umschläge voller ausgeschnittener Zeitungsartikel, deren wichtigste Informationen sie stets mit Ausrufungszeichen versah. Jeden Morgen auf dem Weg zur Arbeit gelang es mir nur unter Aufbietung meiner ganzen Kraft, die Tränen zurückzuhalten. Ich sah all die anderen in der U-Bahn. Sie lasen die *Times*, gähnten über einem Becher Kaffee oder starrten einfach vor sich hin. Sie sahen aus, als wäre alles so wie immer. Ich war erstaunt – wußten sie denn nicht, daß meine Mutter tot war?

Hätte mir irgend jemand, als ich Mitte Zwanzig war, prophezeit, daß ich derart trauern würde, oder hätte mir jemand vorausgesagt, daß ich meine Mutter einmal so sehr lieben und bewundern würde, wie ich es dann später tat, ich hätte ihm nicht geglaubt. Sie war die beste Freundin, die man sich wünschen konnte, denn sie war einfühlsam, treu und großzügig. Als Mutter jedoch war sie schwierig, denn sie war ängstlich und aufbrausend. Ihre Ehrlichkeit ließ oft jedes Taktgefühl vermissen. Ihr Urteil konnte vernichtend sein. Aber sie war auch klug und tapfer. Als mein Vater 1963 im Alter von vierundfünfzig Jahren an einem Herzinfarkt starb, begann sie nach dreißig Jahren Pause wieder als Bibliothekarin zu arbeiten. Damals war sie einundfünfzig.

Sie war schon immer sehr sparsam gewesen, da sie während der Weltwirtschaftskrise aufgewachsen war. Diese Sparsamkeit steigerte sich dann zu völliger Selbstaufopferung. Sie kaufte nur noch Sonderangebote, in Urlaub fuhr sie kein einziges Mal. Sie sparte ihr ganzes Geld für das Wohl ihrer beiden Töchter und war durch nichts von ihrer Knauserigkeit abzubringen. Durch ihre Beharrlichkeit war sie in der Lage gewesen, einen beträchtlichen Treuhandfonds für meine psychisch kranke Schwester Sally zu hinterlassen. Indirekt ist dieser Fonds auch mir zugute gekommen, da ich auch nach dem Tod meiner Mutter meiner Schwester gegenüber zumindest keine finanziellen Verpflichtungen habe.

Ich war dankbar, aber wenn ich mit der Seele meiner Mutter redete, dann nicht um mich bei ihr zu bedanken. Statt dessen versuchte ich stets mich zu rechtfertigen; für die Art und Weise, wie ich meine beiden neuen Aufgaben als Testamentsvollstreckerin und Vermögensverwalterin erfüllte; oder dafür, daß ich weiterhin in New York lebte statt in Virginia, wo ich mich so um Sally hätte kümmern können, wie sie es getan hatte. Während Mutter stets versucht hatte, Sally vollkommen unter Kontrolle zu haben, gingen mir bei unseren allabendlichen Telefonaten die wichtigsten Fragen immer schwer über die Lippen: *Hast du deine Tabletten genommen? Warst du heute in der Tagesklinik?* Ich konnte sie nicht bevormunden, wie Mutter es getan hatte. Obwohl ich achtunddreißig Jahre alt war – ich war doch immer noch ihre kleine Schwester.

Ich wußte, Mutter hatte nie von mir erwartet, daß ich einmal ihre Rolle übernehmen würde. Trotzdem fühlte ich mich aus einem Gefühl der Unzulänglichkeit heraus gedrängt, mit ihr zu reden. Im stillen funkte ich einen gereizten Monolog an einen bestimmten Punkt an der Decke meines Schlafzimmers, der für mich den Himmel symbolisierte. »Ich werde die Krankenschwester morgen in der Klinik anrufen«, begann ich etwa. »Ich werde die Steuern morgen früh überweisen.« Und schließlich: »Mehr kann ich nicht tun, Mama.«

Nervös und überdreht rief ich mir gegen Morgen die Verpflichtungen des kommenden Tages noch einmal ins Gedächtnis: Dem Versorgungsamt mitteilen, daß Mutters Rentenzahlungen gestoppt werden sollten; Danksagungen an die Nachbarn schicken, die Blumen zur Beerdigung gesandt hatten; das Finanzamt anrufen und fragen, wie man an den Treuhandfonds herankam; das Gesundheitsamt von Virginia anrufen, um weitere Sterbeurkunden anzufordern; Rhonda Buckner, die Sozialarbeiterin, die sich um Sally kümmerte, anrufen und ihr die Erlaubnis geben, Sallys Sachen in den Keller schaffen zu lassen, in dem Sally unbedingt wohnen wollte. Ich hatte gerade Sallys Möbel aus einem Lagerhaus in ihre Wohnung gebracht. Jetzt mußte alles wieder eingepackt und verstaut werden.

Es machte mich immer traurig, an Sally zu denken, die damals siebenundvierzig war, jedoch in mancherlei Hinsicht wie ein Kind. In den Wochen nach Mutters Tod hatte ich jeden Abend mit Sally telefoniert, und an ihrer Stimme konnte ich hören, wie einsam sie sich fühlte. Den ganzen Winter über hatte sie Mutter bekniet, aus dem möblierten Zimmer des Hauses, in das sie nun zurückkehren wollte, in eine eigene Wohnung umziehen zu dürfen, aber schnell hatte sie dann die langen einsamen Stunden gefürchtet. Ohne Mutter, die sie jeden Abend anrief und die sie an den Wochenenden besuchen kam, war ihr die Wohnung unerträglich. Ihr altes Zimmer war anderweitig vermietet, aber das Ehepaar, dem das Haus gehörte, bot ihr Räume im nicht ausgebauten Keller an. Sie versicherte mir, daß es dort ganz wundervoll sei – mit vielen Möglichkeiten. *Möglichkeiten* – ich wußte, was das bedeutete. Ich hatte meine Zweifel, aber ich war nicht dort und konnte mir kein eigenes Bild machen.

Rhonda unterschied sich von Mutter und mir darin, daß sie bereit war, Sally viel mehr Selbständigkeit zuzugestehen. Wenn Sally nun mal entschlossen war umzuziehen, hatten wir nicht das Recht, sie daran zu hindern. Denn obwohl Sally des öfteren gegen ihren Willen in psychiatrische Kliniken eingeliefert worden war, hatte sie nie einen gesetzlichen Vormund erhalten, und sie verfügte über alle gesetzlich festgelegten Rechte einer erwachsenen Bürgerin. Wie auch immer, sie war so einsam in ihrer Wohnung gewesen, daß sie die letzten Tage und Nächte bereits im örtlichen Krisenzentrum verbracht hatte. Niemand konnte sie überreden zurückzugehen. Schließlich war ich einverstanden, unter der Bedingung, daß Sally sich um einen Platz in einer betreuten Wohngruppe bewerben würde, falls es nicht klappte.

»Gut«, sagte sie bereitwillig. »Aber es wird klappen. Du wirst schon sehen.«

Ich wußte, es würde nicht funktionieren, aber zumindest hatte ich ihr Versprechen. Jetzt war es erneut nur eine Frage der Zeit, bis alles wieder in die Brüche gehen würde. Ich wußte, daß Mutter eindringlicher versucht hätte, Sally zu überzeugen, aber ich war eben nicht Mutter, wie ich ihrer Seele ständig erklärte.

Während der letzten sechs Jahre, nachdem Sally nach einem besonders schlimmen Zusammenbruch nach Hause zurückgekehrt war, war Mutter Sallys Hauptstütze gewesen. Sie hatte versucht, ein wenig Ordnung in ihr Leben zu bringen und sie aus dem Krankenhaus herauszuhalten. Auch als Sally in das möblierte Zimmer gezogen war, achtete Mutter darauf, daß sie regelmäßig zum Arzt und zum Zahnarzt ging. Sie kaufte für sie ein und half ihr bei der Führung ihres Bankkontos. Sie sprach ständig mit ihr; manchmal, wenn sie versuchte eine neue Krise abzuwenden, sogar mehrmals am Tag. An den Wochenenden holte sie Sally zu sich nach Hause. Sie begleitete Sally zur Familientherapie im psychiatrischen Zentrum, das dem Arlingtoner Krankenhaus angegliedert ist und nur fünf Autominuten vom Haus meiner Mutter entfernt liegt. Die Woche über sollte Sally in die psychiatrische Tagesklinik des Zentrums gehen, wo sie zahlreiche Angebote nutzen konnte. Sie konnte jederzeit mit einem Betreuer sprechen, bei den verschiedenen Projekten der Beschäftigungstherapie mitarbeiten und an Gruppenangeboten wie der Theatertherapie teilnehmen. Außerdem wurde dort ein preiswertes und gesundes Mittagessen angeboten, das zum Teil von anderen Patienten der Tagesklinik zubereitet wurde.

Es überraschte mich nicht, daß sich Sally jetzt an vielen Tagen nicht aufraffen konnte, in die Tagesklinik zu gehen. Sogar als Mutter noch da war, um zu nörgeln und sie zu überreden, war ihr Besuch dort unregelmäßig gewesen. Wenn sie in die Tagesklinik ging, sagten ihre Sozialarbeiterin und die anderen Betreuer ihr immer, daß sie fähig sei, mehr zu leisten, daß sie sich mehr bemühen sollte und daß sie vielleicht eine Arbeit finden könnte. »Sie versuchen, etwas aus mir zu machen, das ich nicht bin«, beklagte sich Sally. Mutter dagegen faßte es anders auf: »Sie weigern sich, Sallys Dummheiten durchgehen zu lassen. Sie erwarten von ihr, daß sie mehr Verantwortung übernimmt.«

Mutter hatte immer darunter gelitten, daß sie Sally ständig zwingen mußte, »zu tun, was gut für sie ist«. Sally ihrerseits hatte Mutters Hilfe als unverschämte Einmischung in ihr Privatleben betrachtet. Ich war auf Mutters Seite, denn Sally schien während dieser sechs Jahre zum ersten Mal seit über einem Jahrzehnt relativ stabil zu sein. Seit Mutter nicht mehr von Sally erwartete, ein selbständiges Leben zu führen – wovon Sallys Ärzte sie ständig zu überzeugen versuchten –, und statt dessen damit begann, sie genau zu überwachen, hatte es kein mitternächtliches Umherstreifen mehr gegeben, kein plötzliches Verschenken von Eigentum, keine Halluzinationen, keine Wahnvorstellungen, keinen polizeilichen Geleitschutz, keine Einweisungen in Landeskrankenhäuser, keine Schockbehandlungen. All das war zuvor an der Tagesordnung gewesen. Mit vierzig hatte Sally mehr als zwanzig Aufenthalte auf psychiatrischen Krankenhausstationen und in psychiatrischen Kliniken hinter sich.

# 2

Im Vorfrühling des Jahres 1959, als Sally achtzehn Jahre alt war, verließ sie ihr Internat und wurde in das Sheppard und Enoch Pratt Krankenhaus in Towson im Bundesstaat Maryland eingeliefert. Es war ihre erste Krankenhauseinweisung wegen psychischer Störungen, obwohl sie als Kind schon beim Psychotherapeuten gewesen war. Im Sheppard Pratt Krankenhaus stellte man die Diagnose »chronische schizophrene Reaktion, undifferenzierter Typ«. Sie war »fast katatonׂ«, berichtete mir meine Mutter Jahre später. »Sie bewegte sich wie eine Schlafwandlerin.« Sally beschrieb es mir kürzlich so, daß sie einfach »jegliches Gefühl für sich selbst verloren hatte«.

Ich war zehn, als Sally ins Sheppard Pratt kam, und ich nahm ihre Überführung von einer Institution in eine andere kaum wahr. Schon wegen unseres Altersunterschiedes von acht Jahren hatten wir uns nie sehr nahe gestanden, und da sie schon seit fast zwei Jahren ein Internat besuchte, war ich längst an ihre Abwesenheit gewöhnt. Ich war zu jung, um Sallys Schwermütigkeit zu verstehen und mich bewußt damit auseinanderzusetzen. Ich wußte nur eines, und das wußte ich sehr genau: Mein Leben war um vieles einfacher, wenn sie nicht im Hause war. Wenn Sally da war, stritten sie und meine Mutter unablässig, oder meine Eltern stritten sich darüber, wie sie mit ihr fertig werden sollten. So oft ich konnte, war ich nicht zu Hause – ich spielte draußen oder bei meinen Freunden. Wenn Sally fort war, war das Haus ruhig, und die Welt war friedlich. Das beste jedoch war, daß ich dann die volle Aufmerksamkeit meiner Eltern genoß.

Als sie ins Sheppard Pratt kam, wurde mir eingeschärft, den Nachbarn nichts »über Sally« zu erzählen, was mir nicht weiter zu denken gab, denn ich erwähnte sie sowieso niemals. Ich pflegte ganz ernsthaft die Phantasievorstellung, ein Einzelkind zu sein.

Indem ich Sallys Existenz verleugnete, konnte ich mich darauf konzentrieren, mein eigenes Leben so normal wie möglich erscheinen zu lassen. Aber diese Verdrängung forderte natürlich irgendwann ihren Tribut. Ich konnte es nicht ertragen, allein zu sein, und ich war häufig nicht in der Lage, mich zu konzentrieren. Ich war immer eine ausgezeichnete Schülerin gewesen, aber jetzt bereitete das Lernen mir Schwierigkeiten, und als ich in die High-School kam, konnte ich kaum noch mit meinen Klassenkameraden mithalten. Ich litt unter einem vagen, aber dennoch intensiven Gefühl der Hoffnungslosigkeit, das die Zukunft irgendwie unerreichbar erscheinen ließ, und häufig war ich furchtbar deprimiert.

Im College konsultierte ich gelegentlich die Schulpsychologin, aber ich offenbarte nicht, wie tief traurig ich in Wahrheit war. Jetzt weiß ich, daß ich schreckliche Angst davor hatte, selbst psychisch krank zu werden, daß mich diese Angst fast mein ganzes Leben lang verfolgt hat. Hätte ich ernsthaft Hilfe gesucht, wäre ich »wie Sally« gewesen. Erst mit über dreißig begann ich eine Therapie. Obwohl ich häufig suizidgefährdet war, mußte wohl ein kleiner Teil meines Ichs inzwischen zu der Überzeugung gelangt sein, daß es mir irgendwann besser gehen würde und nicht schlechter. Endlich war ich bereit, einige meiner Abwehrmechanismen aufzugeben.

Nach und nach legte ich einen großen Teil meiner Traurigkeit ab, die seit meiner Kindheit auf mir gelastet hatte, aber ich unterdrückte weiterhin viele meiner Gefühle Sally gegenüber. Eines Tages schließlich, es war im Büro einer Zeitschrift, für die ich als Redakteurin arbeitete, gelang mir ein beschämender Blick auf meinen ganz privaten Eisberg.

Ich plauderte so nebenbei mit den anderen Redakteuren, während wir einige Druckfahnen korrigierten. Wir sprachen über unsere Familien, und eine junge Frau, mit der ich auch privat befreundet war, klagte darüber, ein mittleres Kind zu sein – eine unsichtbare Null, sagte sie, zwischen zwei älteren und zwei jüngeren Geschwistern. Jemand anders meinte, was für ein Unterschied es doch wäre, ein Einzelkind zu sein. Ohne von meiner Arbeit aufzublicken, stimmte ich zu. »Ja«, sagte ich, »es ist ein gewaltiger Unterschied.«

Für einen Augenblick war es still im Raum. Dann sagte meine Freundin sanft: »Aber Peggy, du hast doch eine Schwester.«

Meine Amnesie in dieser Hinsicht lag zum Teil an verdrängter Trauer – um die ältere Schwester, die ich nie wirklich gehabt hatte, um Sallys lebenslangen Kampf, um meine eigene Verwirrung und Traurigkeit – und zum Teil an einer ganz realen Angst vor der Zeit, in der ich mich, wie ich fürchtete, jeden Tag um Sally würde kümmern müssen. Ich dachte an meine Mutter, die Anfang siebzig und somit noch verhältnismäßig jung war. Jeden Abend dankte ich Gott dafür, daß es wahrscheinlich noch sehr lange dauern würde, bis ich ihren Platz einnehmen müßte. Wenn ich mir versuchsweise vorstellte, meine Mutter wäre tot und ich selbst ginge zurück nach Virginia, um Sallys Fürsorge zu übernehmen, dachte ich augenblicklich an Selbstmord. Ich war überzeugt, ich müßte dann mein eigenes Leben beenden; ich war mir nur noch nicht sicher, wie ich es anstellen würde.

# 3

Als meine Mutter im Frühling des Jahres 1987, kurz vor ihrem fünfundsiebzigsten Geburtstag, plötzlich an einem Schlaganfall starb, wurde ich schließlich gezwungen, mich mit der Krankheit meiner Schwester und mit ihren Bedürfnissen auseinanderzusetzen.

Ende der fünfziger Jahre hatten meine Eltern erwartet, daß Sally durch die Behandlung im Sheppard Pratt Krankenhaus geheilt würde. Und tatsächlich hatte sie sich, als sie nach Hause kam, so weit erholt, daß sie die High-School beenden konnte und später sogar ihren College-Abschluß schaffte. Aber obwohl sie den Alltag ziemlich gut zu bewältigen schien, war sie nicht wirklich gesund. Jeder zusätzliche Streß konnte sie aus der Bahn werfen.

Solange sie zu Hause wohnte, blieb sie relativ stabil. Als sie 1969 in eine Wohnung in einem Vorort von Washington umzog, etwa eine Fahrstunde von meinen Eltern entfernt, erfolgte fast augenblicklich ihr Zusammenbruch. Dreizehn Jahre lang, von 1969 bis 1982, reihte sich ein Aufenthalt in einer psychiatrischen Klinik an den nächsten. Ihre Zusammenbrüche wurden durch unterschiedliche Arten von Streß herbeigeführt – eine unfreundliche Arbeitskollegin, Spannungen mit einer Mitbewohnerin etwa. Dieser Streß baute sich auf bis zu einem Punkt, an dem Sally nicht mehr in der Lage war, mit dem alltäglichen Leben fertigzuwerden. Sie litt unter der Unfähigkeit, die Rückschläge und Enttäuschungen, die wir alle bewältigen müssen, zu verkraften. Für sie steigerten sich diese Probleme ins Unermeßliche, waren nicht zu beheben und schienen sie zu erdrücken. Oft war sie ohne jede Hoffnung, und einmal machte sie einen sehr ernsthaften Selbstmordversuch. Später jedoch beteuerte sie immer, diese Erfahrung hätte sie mehr als alles andere davon überzeugt, daß sie leben wollte.

Mutter klammerte sich an den Glauben, daß Sally »gesund« werden würde. Jedesmal wenn Sally aus einer Wohnung in ein möbliertes Zimmer zog oder von einem Krankenhaus in ein Übergangswohnheim überwiesen wurde, war Mutter voller Hoffnung, daß *dieses Mal* die Lösung aller Probleme gefunden würde, daß Sally *dieses Mal* »zur Ruhe kommen würde«.

Mutter war »wie Kleopatra«, wie sie selbst später zugab – »Königin der Verweigerung«. Brach Sally zusammen, brachte sie sie ins Krankenhaus, aber sie versuchte, sich von ihr fernzuhalten, wenn es Sally wieder besser ging. Während der Jahre, als die Ärzte routinemäßig den Müttern die Schuld an den Psychosen ihrer Kinder gaben, war meine Mutter nur allzu bereit, ihnen zu glauben. »Sie müssen ihr erlauben, ihr eigenes Leben zu leben«, sagten sie ihr immer wieder, als ob ihre Aufmerksamkeit die Hauptursache für Sallys Scheitern wäre. Daraufhin versuchte sie sich zu zwingen, Sally allein zu lassen. Tat sie das, blieb Sally oft eine Weile stabil, aber irgendwann löste sich ihr Leben wieder in Chaos auf, und Mutter war gezwungen einzuschreiten.

Als Sally Mitte Dreißig war, wurde bei ihr nicht mehr Schizophrenie, sondern eine manisch-depressive Erkrankung oder »bipolare Störung« diagnostiziert. Unsicherheit in bezug auf die Diagnose ist durchaus üblich, obwohl es mittlerweile neue Kriterien gibt, die Psychose eines Patienten zu beurteilen. Als Sally zum ersten Mal richtig untersucht wurde, war Schizophrenie die bevorzugte Diagnose der meisten Psychiater. Jetzt, da man mehr über die verschiedenen Formen der Schizophrenie und andere psychische Krankheiten weiß, sind die Ärzte besser in der Lage, die Symptome eines Patienten zu klassifizieren. Allgemein kann man sagen, daß eine Schizophrenie Denkstörungen verursacht, eine manisch-depressive Erkrankung dagegen ruft affektive Störungen – Störungen im Gefühlsbereich – hervor. Dazwischen jedoch existiert eine riesige Grauzone, da viele Patienten Symptome beider Krankheiten aufweisen. Sally hatte manische Phasen und verzweifelte Depressionen. Aber im Gegensatz zu den meisten Manisch-Depressiven, die häufig ein recht erfolgreiches Leben führen, kehrte sie, wenn ihre Phasen vorbei waren, nicht in die Normalität zurück. Stattdessen litt sie unter vielen der dauerhaften Störungen, die charakteristisch für die Schizophrenie sind, wie eingeschränkte Konzentrationsfähigkeit, Antriebsschwäche und verlangsamte körperliche Reaktionen. Man gab ihr Lithium, das bevorzugte Mittel bei manischer Depression, aber die Ärzte verschrieben auch antipsychotische Mittel. Die Nebenwirkungen des Lithiums waren schlimm – Müdigkeit, ständiger Durst und, wie mir schien, eine dumpfe Apathie –, wenn auch nicht so schlimm wie die vorherige Verzweiflung, nichtsdestoweniger genauso kräfteraubend.

Wenn Sally krank war, dann war sie oft zutiefst deprimiert, lethargisch bis zur völligen Untätigkeit. Sie schaffte es nicht, aus dem Bett zu kommen, und verschlief den größten Teil des Tages und der Nacht. Wenn sie manisch war, klang ihre Sprache angespannt, manchmal war sie paranoid, manchmal hatte sie Wahnvorstellungen, und wenn es ihr besonders schlecht ging, wurde sie auch von akustischen Wahnvorstellungen gequält – sie hörte Stimmen. Sie konnte in einen wahren Kaufrausch verfallen, verschenkte ihr Geld und ihr Eigentum und verbrachte Tage und Nächte damit, Kontakt mit früheren Freunden und Bekannten aufzunehmen.

Das schlimmste an ihrer Krankheit war für mich, daß es so schwierig war, zu erkennen, wann ein Schub begann und wann er endete. Sally hat bösartige und häßliche Dinge zu mir gesagt, als sie krank war, und obwohl ich wußte, daß sie aufgrund ihrer Krankheit so etwas äußerte, war ich verletzt und wütend. Wenn sie meiner Ansicht nach unverantwortliche Entscheidungen traf, dann vergaß ich leicht, daß ihre Urteilskraft beeinträchtigt war. Sogar wenn es ihr gut ging, hatte ich Schwierigkeiten, ihre Krankheit von ihrer Person zu trennen, zu wissen, was ich mir zu Herzen nehmen und was ich besser ignorieren sollte. Sally war Sally, ob sie nun krank war oder ob es ihr gut ging. Sie konnte sehr enthusiastisch sein, aber ihre Begeisterung hielt nie lange an. Ihre Stimmungsschwankungen waren abrupt und leidenschaftlich, oft folgte sie unüberlegten Eingebungen. Sie war außerdem fröhlich, faul – obwohl diese Eigenschaft verschwand, sobald sie wieder manisch wurde – und liebevoll. Wenn ich mit ihr redete, erwartete ich selten von ihr, daß sie eigene Ideen und Erfahrungen in die Unterhaltung einbrachte. Und wenn sie es tat, war ich ehrlich gesagt immer ein wenig argwöhnisch. In dieser Beziehung verhielt ich mich nicht anders als meine Mutter. Sie wollte bei Sally nach dem Rechten sehen und gesagt bekommen, daß alles in Ordnung war. Wenn es nicht so war, wurde sie nervös. Die Chance, daß alles wieder einmal im Chaos enden würde, war einfach zu groß.

Sie hatte gute Gründe, Veränderungen in Sallys Leben zu fürchten, denn jedesmal führten sie zu einem weiteren Umzug, einem weiteren Krankenhausaufenthalt, einem weiteren Zusammenbruch. Im Jahr 1980 begann Mutter schließlich damit, sich dem Rat der Ärzte, die immer von ihr verlangt hatten, sie solle sich von Sally fernhalten, zu widersetzen. Sie waren schließlich nicht da, wenn Sallys Einrichtung in ein Möbellager gebracht werden mußte oder wenn man bei ihrem Vorgesetzten um ein paar freie Tage betteln mußte oder wenn man wieder einer Vermieterin beschädigtes Inventar zu ersetzen hatte. Es war einfacher, Sally nach Hause zu holen, als sich ständig darum zu sorgen, wo sie war und was wohl als nächstes passieren würde.

Mutter schickte Sally in ein Tagesbewältigungsprogramm im psychiatrischen Zentrum. Sie sprach oft mit der Psychiatrieschwester, die Sallys Individualbetreuerin wurde. Der Respekt, den ihr diese junge, energiegeladene Frau erwies, tröstete Mutter ungemein. Es war etwas, das sie nie zuvor erfahren hatte. Als man sie ermutigte, an einer Familien-Gruppentherapie teilzunehmen, stimmte sie zu, wenn auch mit großen Bedenken.

Die Sitzungen waren in gewisser Weise tröstlich: Jedem dort schien es schlechter zu gehen als Mutter. »Ein paar dieser Kinder sind regelrecht *bösartig*«, sagte sie ungläubig. »Ich danke Gott dafür, daß Sally nicht so ist.« Aber die Gruppenstunden waren auch der Beginn von Mutters Verfall. Als geborene Optimistin fand sie den Gedanken unerträglich, daß Sally vielleicht nie wieder ganz gesund werden würde.

Ich versuchte ihr klarzumachen, sie müßte den Tatsachen ins Auge blicken und einsehen, daß Sallys Probleme wohl niemals ganz verschwinden würden. »Sie wird niemals anders werden«, sagte ich ihr immer wieder – obwohl ich damit unrecht hatte, wie sich später herausstellen sollte.

»Wenn ich denken würde wie du, Peggy, dann würde ich mich umbringen«, war Mutters Antwort. Und das hat sie in gewisser Weise auch getan. Sobald sie anfing, Sallys Behinderung zu akzeptieren, verließ ihre Zuversicht sie völlig. In wenigen Jahren war sie besiegt und erschöpft. Und dann starb sie.

# 4

Eine Frage quälte mich. War es meine Pflicht, den Platz meiner Mutter einzunehmen? Ich lebte in New York mit meinen beiden Katzen. Ich hatte einen »Full-time-Job« und schrieb nebenbei noch Artikel für andere Zeitschriften. War es an der Zeit, all dies aufzugeben? Ich könnte mich nützlich machen, dachte ich, möglicherweise sogar Erfolg haben, wenn ich zurück nach Virginia ginge und mich um Sally kümmerte.

»Und was ist mit *deinem* Leben?« fragten meine Freunde und mein Psychiater. Aber was war mein Leben eigentlich? War darin kein Platz für meine einzige Schwester? Müßte sie mir nicht wichtiger sein als meine Freunde, Kollegen, Nachbarn und Bekannten? Ich hatte nicht vor, Sally im Stich zu lassen. Ich war nicht verheiratet, ich hatte nicht einmal einen festen Freund. Aber obwohl ich meine Arbeit und meine Freunde liebte, beharrte eine innere Stimme darauf, daß ich im Grunde frei von wirklich bindenden Verpflichtungen war.

Mir graute vor der Vorstellung, für immer ein Single-Dasein zu führen. Und der Gedanke, nur für Sally dazusein, war mir unerträglich. Ich hatte die Lebensfreude meiner Mutter dahinschwinden sehen, als sie mehr und mehr in Sallys Probleme verstrickt wurde. Ich wollte Sally eine gute Schwester sein, besonders jetzt, wo sie mich brauchte. Aber wenn ich mir vorstellte, zurück nach Virginia zu ziehen, schien mir meine Zukunft nichts als eine Fortsetzung dessen werden zu können, was ich bei meiner Mutter immer als Strafe betrachtet hatte.

Ich fühlte mich wie in einer Falle. Mutter hatte das nie gewollt. Nur mein eigenes Gewissen rief dieses Gefühl hervor. Mutter hatte Sally den Treuhandfonds hinterlassen, und hundertmal hatte sie gesagt: »Ich möchte nicht, daß du nach meinem Tod hierherkommst und dir dein Leben ruinierst.« So sahen wir beide unser Schicksal. Wir hatten die Wahl, entweder zu flüchten oder in den Strudel von Sallys Krankheit hineingezogen zu werden, ohne Hoffnung auf persönliches Glück. Für uns beide, die wir in unserer blinden Hoffnungslosigkeit gefangen waren, bot sich kein Mittelweg zwischen Sallys kraftraubenden Bedürfnissen und unserem eigenen Leben.

Der Treuhandfonds sollte mir ein unabhängiges Leben ermöglichen, und in mancherlei Hinsicht tat er das auch. Mit dem Geld konnte ich Sallys magere Erwerbsunfähigkeitsrente aufstocken, die Dienste einer privaten sozialen Organisation in Anspruch nehmen und Rhonda vieles von dem erledigen lassen, was ich selbst für Sally getan hätte, wenn ich in ihrer Nähe gewohnt hätte. Aber der Fonds löste nicht alle Probleme. Wie hilfreich das Geld auch war, so bot es doch keine Liebe und Geborgenheit. »Wann kommst du?« So lautete nun Sallys ständige, mitleiderregende Frage. »Ich vermisse dich, Peggy. Ich kann es kaum erwarten, dich wiederzusehen.«

Seit langer Zeit war ich nicht mehr so deprimiert gewesen. Ich sah einfach keinen Ausweg, und es jagte mir Angst ein, daß ich wieder so verzweifelt war. Wie stets hatte schon der Gedanke an Selbstmord eine beruhigende Wirkung; so beruhigend, daß ich die Ausführung hinausschob. *Das* kann man schließlich immer noch morgen tun, hat ein Freund einmal zu mir gesagt.

# Zweiter Teil

## Auf der Flucht

# Zweiter Teil

## Auf der Flucht

# 5

Ich habe nur wenige und lückenhafte Erinnerungen an meine Kindheit. Die meisten spielen sich in den Wäldchen und Gärten unseres Vorortes ab. In einer meiner frühesten Erinnerungen versuche ich, den Griff einer Fliegentür zu erreichen. Es ist gerade erst hell geworden an diesem Sommermorgen. Alle anderen im Haus schlafen noch, und ich kann den Tau auf dem Gras in der Sonne glitzern sehen. Ich will unbedingt im Garten spielen, bevor es Frühstück gibt. Die Tür ist verschlossen, aber ich gebe nicht auf. Auf Zehenspitzen versuche ich, den Riegel zu lösen. Während ich durch den Fliegendraht starre, sehe ich eine Spottdrossel, die auf dem Rasen nach Futter sucht. Verzweifelt rufe ich nach ihr: »Hilfe! Hilfe!«

Viele Jahre lang war dieses Bild für mich ein Symbol für meine Liebe zur Natur und zum Licht, bis ein Freund, den ich aus fadenscheinigen Gründen verlassen wollte, sagte: »Du tust es immer noch – du versuchst immer noch, die Tür zu öffnen und *hinaus* zu kommen.« Wäre ich nicht den größten Teil meines Lebens auf der Flucht gewesen, hätte ich dieser Bemerkung keinerlei Beachtung geschenkt. Aber zu dem Zeitpunkt, als ich jenem Freund begegnete, betrachtete ich mich selbst bereits als Flüchtling. Aus Virginia und aus meiner Familie war ich geflüchtet, aus einer Ehe, aus einem Beruf. Dazu kam, daß ich mir mein Exil selbst auferlegt hatte, was es noch schlimmer machte. Er hatte vollkommen recht. Die Selbsterkenntnis, die mich in jenem Augenblick überfiel, konnte ich nicht verleugnen. Plötzlich begann ich das Haus, in dem ich aufgewachsen war, als ein Gefängnis zu sehen, aus dem ich schon immer hatte fliehen wollen.

Schon sehr früh hatte es mich stutzig gemacht, daß ich mich kaum an etwas erinnern konnte, was in unserem Haus vor sich gegangen war. Nur die Häuser meiner Spielkameraden kommen in meinen Erinnerungen vor. Was passierte zu Hause? Warum versuchte ich es zu verdrängen? Mit Anfang Zwanzig, als ich die Universität von Seattle besuchte, konsultierte ich zwei Jahre lang eine Psychotherapeutin der Universität. Während dieser Zeit drang nichts außergewöhnlich Traumatisches an die Oberfläche. Als ich die Therapie beenden mußte, da ich mein Studium abgeschlossen hatte, tat mir das leid, aber ich hatte das Gefühl, daß die Probleme, die ich mit ihr besprochen hatte, im großen und ganzen gelöst waren. Ich ging zu unserer letzten Sitzung, um mich zu verabschieden und ihr zu danken. Ich redete über meine Ehe und meine Karriere als Malerin – meine damaligen Hauptprobleme. Als ich mich schließlich verabschieden wollte, erwähnte ich zufällig Sally.

»Über Ihre Schwester weiß ich fast nichts«, sagte die Therapeutin.

Ich beschrieb Sally – wie sehr sie sich von mir unterschied, wie einsam sie wirkte, wie traurig ihr Leben mir erschien. Kam ich nach Virginia, traf ich eine dicke, stille Frau, die wirkte, als habe das Leben sie besiegt. Telefonierte ich mit meiner Mutter, hörte ich, daß es Sally ziemlich schlecht ging oder daß sie wieder im Krankenhaus war oder daß sie wieder arbeitete. Mutters ständige Sorge um Sally war beinahe greifbar. Unsere Gespräche waren von dieser Sorge geprägt und stellten meine Hauptverbindung zu meiner Schwester dar, denn Sally und ich sprachen nur sehr selten und oberflächlich miteinander. Mir erschien Sallys Leben wie ein Kreislauf von Krankheit und Klinikaufenthalten, unterbrochen durch Phasen, in denen sie unter Depressionen litt. Ich hatte sie niemals glücklich erlebt. Während ich mit meiner Therapeutin sprach, begann ich leise vor mich hin zu weinen.

Als ob ich einen Film sähe, tauchten vor meinen Augen die ständigen, ekelhaften Streitereien zwischen ihr und meiner Mutter auf, die während meiner Kindheit und Jugend in unserem Haus an der Tagesordnung gewesen waren. Es schnürte mir die Kehle zu. Die Therapeutin drängte mich fortzufahren, aber ich konnte es nicht ertragen, die kreischenden Stimmen in meinem Kopf zu hören, erst recht wollte ich nicht an das denken, was sie gesagt hatten. Statt dessen konnte ich nicht aufhören zu weinen.

Als ich dann das Zimmer verließ, verdrängte ich alles sofort wieder. Ich war noch einmal davongekommen. In der nächsten Sitzung hätte ich diesem Elend auf den Grund gehen müssen.

Als ich mit achtzehn von zu Hause fort aufs College gegangen war, malte ich ein Bild, auf dem eine wunderschöne Landschaft mit grünen Wiesen, Bäumen und Singvögeln zu sehen war. So schien mir die Umgebung meiner Kindheit, und so erinnere ich mich auch heute noch an sie. Unser Stadtteil von Arlington war damals in den frühen fünfziger Jahren noch beinahe ländlich. Eine Familie in unserer Straße hielt Pferde. Im Bach, der durch unseren Garten floß, um dann in den Potomac zu münden, gab es Flußkrebse, Elritzen, Aale und Stichlinge.

Heute ist mir das Haus, das ich wohlweislich auf meinem Bild wegließ, schmerzlich bewußt. Bei der Planung des sonnigen, geräumigen und komfortablen Hauses hatten meine Eltern den offenen Grundriß des Architekten Frank Lloyd Wright im Hinterkopf. Im Wohnbereich gab es so wenige Wände wie möglich, große Fenster zum Süden hin. Durch die hohen Decken wirkte alles luftig und großzügig. Es war nach den Bedürfnissen einer Familie geplant – allein diesen Satz niederzuschreiben verursacht mir körperliches Unbehagen. Ich möchte keine Figuren in dieser Szenerie erscheinen lassen, denn obwohl ich meine Eltern und meine Schwester liebte, spielten sie nicht die Rolle, die ich in meiner kindlichen Phantasie von ihnen erwartete.

Ich dachte immer, wenn ich mein Leben in meinem Elternhaus beschriebe, würde niemand Verständnis dafür haben. Die Leute würden zumindest skeptisch sein oder sogar entsetzt. Heute jedoch weiß ich, daß viele meiner Kindheitserfahrungen sich mit denen von unzähligen anderen Menschen, die wie ich in einer problembeladenen Familie aufgewachsen sind, mehr oder weniger decken. Das gibt mir den Mut, die Tür zu öffnen und hineinzusehen.

Ich werde mit Sally beginnen, die im Spielzimmer fernsieht. Sie ist ein großer, schlaksiger Teenager, jedoch ohne jene Lebhaftigkeit, die man von einem jungen Mädchen erwartet. Ihr feines, dunkles und glattes Haar hängt schlaff herab und wirkt durch einen Wirbel immer schlecht frisiert. Eine Haarspange hält ihr Haar aus dem Gesicht, aber einige Strähnen baumeln doch über ihrer Brille. Die Gläser sind fleckig und verschmiert. In sich zusammengekauert, hockt sie in der Couch. Sie starrt in den Fernseher. Mit dem Zeigefinger schiebt sie mechanisch ihre Brille hoch, während sie am Daumen lutscht. Ihr kariertes Hemd ist aus ihrer Hose gerutscht. Ihre Jeans ist ein wenig zu kurz, und man kann sehen, daß ihre dunklen Socken ausgeleiert sind. Alles an ihr wirkt irgendwie schlaff.

Unsere Mutter ist etwa zehn Meter entfernt in der Küche, und die Schränke versperren ihr den Blick auf Sally. Sie ist gerade von ihrem täglichen Nachmittagsschläfchen aufgestanden. Sie holt Brokkoli und Kartoffeln aus dem Kühlschrank und will gerade anfangen zu kochen. Mein Vater ist noch in der Arbeit.

Es ist schon Herbst an diesem Spätnachmittag, und draußen beginnt es bereits kalt zu werden. Ich bin sechs Jahre alt und spiele Himmel-und-Hölle auf der Einfahrt eines Nachbarn – es ist die einzige asphaltierte Fläche in unserer Gegend, wo man die Kreidestriche auch sehen kann. So lange wie möglich habe ich die Kühle nicht beachtet, und schließlich renne ich nach Hause, um einen Pullover zu holen. Ich habe Angst, daß es schon spät ist und ich im Haus bleiben soll. Meine beste Freundin Sharon ist bei mir. Sie wartet drinnen an der Haustür, die sie einen Spalt offen läßt, falls ihre Mutter sie ruft. Es fängt schon an, dunkel zu werden.

Mutter sieht auf. »Mach die Tür zu, meine Kleine«, sagt sie freundlich, und Sharon gehorcht. Aber als sie hochblickt, bemerkt Mutter Sally. Ich spüre, wie sich die entspannte Atmosphäre plötzlich zum Negativen ändert, und ich beeile mich. »Sally, hör auf, am Daumen zu lutschen«, beginnt der Ärger. Sally hört nicht auf; sie tut so, als ob sie nichts hört. Sie nuckelt weiter und starrt in den Fernseher. Ihr Gesicht ist leicht bläulich erleuchtet. Mutter startet einen Angriff. »Sally! Hörst du mich?« Sie blickt hinüber ins Spielzimmer. »Mach eine Lampe an. Du ruinierst dir deine Augen! Setz dich gerade hin! *Und nimm den Daumen aus dem Mund!*« Sally richtet sich ein wenig auf, aber sie vergißt das Licht anzumachen. Sie sieht nicht besonders oft fern – meistens ist sie hinter verschlossener Tür in ihrem Schlafzimmer. Ich nehme an, Mutter hat sie ins Spielzimmer gezerrt, damit sie sich nicht immer so allein »in ihrem Zimmer vergräbt«. »Komm hier heraus und sei ein wenig gesellig«, hat sie wahrscheinlich gesagt.

*»Mach das Licht an, verdammt noch mal!«* Mutter ist jetzt wütend. »Wir bezahlen nicht für deine Brille, damit du dann wie ein Schwachkopf im Dunkeln sitzt!« Sally reagiert zuerst nur mit einem ausdruckslosen Gesicht. Dann scheint es, als wolle sie zurückbrüllen. Sie starrt Mutter mit haßerfülltem, stechendem Blick an, aber sie gibt niemals Widerworte. Sie sagt nicht einmal: Laß mich in Ruhe. Mutters Worte klingen übertrieben gehässig. Sie scheinen aus einem unterirdischen Brunnen voller Bitterkeit hervorzuquellen. Sie kann ihren Ärger nicht in Zaum halten, und wie alle stark abhängigen Kinder spürt Sally vielleicht, daß sie keine Chance hat. So wagt sie es nicht, ihre Mutter noch mehr zu reizen.

Ich schaffe es, mich mit meinem Pullover unbemerkt wieder hinauszuschleichen. Ich bin unsichtbar, denke ich, und stehle mich vor Mutters Zorn, der auf Sally fixiert ist, davon. In ein paar Minuten gehen die Laternen an, und Sharon wird von ihrer Mutter hereingerufen. Als ich nach Hause komme, hat sich Sally in ihr Zimmer verzogen, und Mutter wäscht in der Spüle Brokkoli. »Hallo, mein kleines Schnuckelchen«, sagt sie, als ich hereinkomme. »Wo ist Sharon?«

Es war, als ob Sally und ich in zwei verschiedenen Haushalten aufwüchsen. Ihr Zuhause war gefährlich, denn fast alles, was sie tat und sagte, schien ihre Mutter zu verärgern. Mein Zuhause bot mir Wärme und machte mir Mut, ich konnte kaum etwas falsch machen. Fast nie gab man mir die Schuld für irgend etwas. Dadurch war ich so verwöhnt, daß ich beleidigt war, wenn man mich doch einmal kritisierte, denn ich hielt es für mein angestammtes Recht, bedingungslos bewundert zu werden. Sally dagegen wurde ständig ausgeschimpft. Ging ich zum Spielen nach draußen, so ging sie in ihr Zimmer und machte die Tür hinter sich zu.

Als Sally ein wenig älter war, schrieb sie eine Reihe von Gedichten, die sie selbst »Wäre ich ein ...«-Gedichte nannte. Um mir bei diesem Buch zu helfen, gab sie mir die Erlaubnis, sie zu zitieren. Ich fand diese Gedichte immer sehr ergreifend, denn sie handeln ebensosehr von Flucht, wie sie Sallys Vorstellungskraft belegen. Hier möchte ich das Gedicht »Ein Grashalm« zitieren:

*Wenn ich ein winziger Grashalm wäre,*
*Würde ich erschaudern, wenn der Rasenmäher an mir vorbeikäme,*
*Und würde versuchen, mich hinabzubeugen,*
*Ganz tief hinab, bis auf die Erde.*

Auch ich hatte meine Schwierigkeiten mit Mutter. Ich sonnte mich in der Zuneigung meiner Eltern, aber in meine Beziehung zu Mutter schlich sich mit der Zeit eine gewisse Unsicherheit ein. Bei ihr konnte man nicht wirklich locker sein, denn man lief immer Gefahr zu versagen. Sally wußte das instinktiv und aus Erfahrung. Ich wußte es hauptsächlich durch meine Beobachtungen, aber das genügte bereits, um eine gewisse Angst in mir zu erzeugen, die meine Entwicklung beeinträchtigte.

Schon als kleines Kind bemühte ich mich sehr, die Vorlieben und Abneigungen meiner Mutter herauszufinden, in der Hoffnung, ihrem Mißfallen zu entgehen. Sie verachtete alles, was irgendwie »gewöhnlich« oder »vulgär« war, so daß ich krampfhaft versuchte, Bemerkungen und Handlungen, die so interpretiert werden konnten, zu vermeiden. Auf den Frauenseiten einer Zeitung, die wir abonniert hatten, waren manchmal Kleiderschnitte abgebildet. »Das sieht hübsch aus«, sagte sie bisweilen, wenn sie sich die Zeichnungen ansah. Einmal sah ich einen Schnitt, der für mich den Inbegriff des guten Geschmacks darstellte – eine Art Chanelkostüm. »Das sieht aber hübsch aus«, traute ich mich zu sagen und zeigte die Zeichnung meiner Mutter, denn ich war mir sicher, ihren Geschmack getroffen zu haben. Aber zu meinem Entsetzen zuckte meine Mutter ein wenig verächtlich die Schultern und sagte: »Ich finde es eher ein bißchen langweilig.« Ich starrte sie an, aber sie sah in eine andere Richtung und fuhr mit ihrer Arbeit fort. Ich war erschüttert – nicht weil ihr meine Wahl mißfiel, sondern weil sie offensichtlich bemerkt hatte, daß ich mich bei ihr einschmeicheln wollte. Sie hatte diesen Versuch vereitelt. Jetzt ist mir klar, daß ich damals einfach zu plump war. Wie die meisten Menschen wollte sie ihre Liebe freiwillig verschenken. Wie die meisten Kinder wollte ich mir ihrer Liebe jederzeit sicher sein.

In meiner Fähigkeit, das richtige zu tun, brachte ich es zu einer wahren Meisterschaft, und im allgemeinen hatte meine Mutter Freude an mir. Aber meine Bemühungen forderten ihren Tribut. Es gibt ein Foto von mir, auf dem ich etwa fünf Jahre alt bin. Ich sitze brav in einem Sessel. Meine Hände liegen gefaltet in meinem Schoß. Meine Augenbrauen sind ein wenig hochgezogen und lassen mich unschuldig und leicht erwartungsvoll aussehen. Ist es überraschend, daß ich auch furchtbar jähzornig sein konnte? In der

Fensterbank meines Kinderzimmers sind tiefe Zahnspuren zu sehen. Ich hatte in das Holz gebissen, um nicht laut zu schreien. Im Vorschulalter knallte ich die Türen oft so laut, daß sie aus den Angeln gerieten. Mutter erzählte mir später, sie hätte Sallys Psychologin wegen meiner Wutanfälle befragt. »Es ist gut, wenn sie es rausläßt«, hatte die Therapeutin sanft geantwortet.
Meine Zornesausbrüche haben aus meiner Sicht zwei Aspekte. Am einfachsten wäre es zu sagen, ich hätte meine Veranlagung von meiner Urgroßmutter geerbt. Ihr Mädchenname war in ihrer Heimatstadt in Kentucky das Synonym für ein hitziges Temperament. »Halte bloß deinen Hardin unter Kontrolle«, sagten die Leute dort. Und mein Urgroßvater bezahlte einmal einen Diener, damit er einem Mann, mit dem er einen Streit hatte, eine Entschuldigung ausrichtete. »Ich fürchte, ich würde ihn zusammenschlagen, wenn ich selbst hingehe«, hatte er erklärt.
Es wäre recht amüsant, meine Wutausbrüche als lustige Familienanekdoten zu betrachten. Ich glaube jedoch, daß ich einfach keine andere Möglichkeit sah, mit der spannungsgeladenen Atmosphäre in unserer Familie fertigzuwerden. Meine Mutter stritt mit meiner Schwester, woraufhin sich meine Eltern wiederum miteinander stritten. Mein Vater glaubte, meine Mutter sei Sally gegenüber einerseits nicht streng genug und andererseits zu herrisch. Mutter fühlte sich hilflos und frustriert: Sie konnte Sallys Gewohnheiten weder ändern, noch konnte sie sie tolerieren. Einmal fragte ich meine Eltern, warum sie sich nicht scheiden ließen, anstatt sich immer so oft zu streiten. Sie hielten augenblicklich inne und starrten zuerst mich und dann einander an. Mein Vater blickte mich ernst an und sagte sanft: »Wenn deine Mutter und ich uns auch manchmal streiten, bedeutet das nicht, daß wir uns nicht lieben.« Ich glaube, ich wußte das auch vorher. Aber meine Einmischung hatte genau den von mir beabsichtigten Effekt erzielt.
Ich kann mich nicht erinnern, wie mein Vater auf meine Ausbrüche reagiert hat – ob er überhaupt jemals einen miterlebt hat.

Wie alle Väter, die ich kannte, arbeitete er die Woche über, außerdem mußte er auch häufig dienstlich verreisen. Da er als Ingenieur bei einer Export/Import-Bank angestellt war, mußte er häufig für einen oder zwei Monate fort, um die Lage und die Bauvorhaben von ausländischen Unternehmen, die seine Bank um einen Kredit ersucht hatten, zu überprüfen. Wir erhielten dann Postkarten und Briefe aus Südamerika, Afrika oder Indien, und ich habe noch irgendwo ein Stück Seife aus dem Hilton-Hotel in Istanbul. Von seinen Reisen brachte er immer wundervolle Puppen und Spielsachen und Hunderte von Dias mit.

Ich kann mich nicht erinnern, wie ich seine Abwesenheit damals empfand, obwohl ich einen Brief besitze, in dem ich ihm einmal geschrieben habe: »Bitte bleib dieses Mal nicht so lange fort. Ich vermisse dich so sehr.« Er hatte ihn in seiner Sockenschublade aufbewahrt, wo meine Mutter ihn nach seinem Tod fand, zusammen mit meiner ersten selbstgemachten Anziehpuppe aus Pappe, Karten zum Valentinstag und zum Geburtstag, die Sally und ich für ihn gebastelt hatten, und einer Urkunde von meiner Ballettschule, die besagt, daß ich einen Kurs für Fortgeschrittene besuchen durfte. Einige seiner längsten Reisen machte er, während Sally fort von zu Hause im Internat war. So waren die Wochen, in denen ich mit meiner Mutter allein war, friedlich und still. Ein paar häusliche Krisen kommen mir in den Sinn – zugefrorene Rohre, ein krankes Haustier –, als Mutter sagte, sie fühle sich hilflos ohne ihn, aber viel intensiver kann ich mich an sein Nachhausekommen erinnern. Ich durfte jedesmal lange aufbleiben, um ihn vom Flugplatz abzuholen. Er brachte immer Geschenke und Souvenirs mit, und später sahen wir uns dann gemeinsam die Dias an, die er auf seiner Reise gemacht hatte. »Dies hier ist der riesige, grau-grüne Limpopostrom, wo der Elefant seinen Rüssel bekommen hat«, fabulierte er, während er eine afrikanische Flußlandschaft zeigte. Ein anderes Mal, als er Dias von Indien vorführte, sprach er in feierlichem Ton von tragischen Todesfällen und ewiger Liebe, während wir das Dia des berühmten Tadsch Mahal betrachteten. Wie alle in seiner Familie konnte er wunderbare Geschichten erzählen.

Er entkam als einziger dem Kreislauf von Eifersüchteleien, die die Atmosphäre in unserer Familie vergifteten, wahrscheinlich weil er das Zentrum unserer Eifersucht war. Er war unser Held, und wir alle kämpften um seine Aufmerksamkeit und seine großzügige Zuneigung. Er sang gern, erzählte gern Geschichten, liebte es, in seiner Dunkelkammer und am Haus zu arbeiten. Er konnte unser Zuhause viel mehr genießen als wir drei, die wir hier jahrein jahraus festsaßen. Außerdem zeigten wir uns in seiner Anwesenheit immer von unserer besten Seite. Als er starb, war ich fünfzehn und Sally dreiundzwanzig, weshalb wir ihn wahrscheinlich erst recht idealisierten, aber ich habe niemals jemanden ohne eine gewisse Hochachtung von ihm reden hören. Er handelte stets nach unerschütterlichen ethischen Richtlinien. Als seine Schwestern alt wurden und ohne ihre längst verstorbenen Ehemänner allein dastanden, hörte ich sie oftmals murmeln: »Wenn Bob doch noch leben würde.«

Das Beste an meinem Vater war, daß man ihm so leicht eine Freude machen konnte. Da er mit fünf Geschwistern aufgewachsen war, fiel es ihm nicht schwer, sich den unterschiedlichsten Persönlichkeiten und Lebensumständen anzupassen. Er verfügte über ein angeborenes diplomatisches Talent, das ihm bei seiner Arbeit, wenn er mit Leuten aus aller Herren Länder verhandeln mußte, und zu Hause, wo seine bloße Anwesenheit schon eine ausgleichende Wirkung hatte, von großem Nutzen war. Ich kann mich nicht erinnern, daß ich jemals versucht hätte, mich bei ihm einzuschmeicheln, und doch hatte er immer Freude an mir. Sally empfand es genauso, sagte sie, außer wenn Mutter und Papa sich wegen ihr stritten. Immer wenn er merkte, daß sich Sally von mir und meinen gleichaltrigen Freunden ausgeschlossen fühlte, plante er etwas ganz Besonderes, wie zum Beispiel einen Seerosenteich, und fragte dann Sally, ob sie ihm nicht dabei helfen wolle. Ich empfand

es als Geschenk, daß er Sally liebte. So fühlte ich mich nicht mehr ganz so schuldig, wenn Mutter mich so eindeutig vorzog.
Ich war damals so jung und redete mir immer ein, daß alles in meinem Leben seine Richtigkeit hatte. So habe ich wahrscheinlich viele Charakterzüge meines Vaters gar nicht wahrgenommen, und es fällt mir schwer, ihn hier genauer zu beschreiben. Erst fünfzehn Jahre nach seinem Tod begann ich, mir meines Unglücklichseins bewußt zu werden und nach dessen Wurzeln zu suchen. Lange Zeit gelang es mir nicht, seine wahre Rolle innerhalb unserer Familie nachzuvollziehen.
In den letzten Jahren mußte ich mir jedoch eingestehen, daß ich einen Groll gegen ihn hege – eine kaum faßbare, unbestimmte Wut, derer ich mich ein wenig schäme, weil ich keine Erklärung dafür habe. Bin ich böse auf ihn, weil er gestorben ist? Wahrscheinlich ist dies die plausibelste Erklärung. Ich frage mich natürlich, wie unser Leben verlaufen wäre, hätte er länger gelebt. Sallys Krankheit verschlimmerte sich im Lauf der Jahre. Erst mit Ende Zwanzig wurde sie manisch depressiv. Zu jener Zeit wäre seine Anwesenheit eine Hilfe und ein Trost für meine Mutter gewesen, aber ich bezweifle, daß er mit den Krisen besser fertig geworden wäre als Mutter. Oft kommt es mir vor, als zeigte sein früher Tod in gewisser Weise seine Unfähigkeit, die Probleme so gut zu bewältigen, wie sie es getan hat. Natürlich bin ich mir bewußt, daß diese Einschätzung nicht fair ist.
Es ist zwar ein äußerst schwacher Trost, aber manchmal denke ich, daß es auf eine paradoxe Weise ein Segen war, meinen Vater, den Mittelpunkt unseres Lebens, zu verlieren. Der Konkurrenzkampf zwischen uns war damit beendet. Eine alte Tante erzählte mir einmal, mein Vater habe ihr anvertraut, er dürfe seine Zuneigung zu mir nicht zu deutlich zeigen. »Und das nicht nur wegen Sally«, sagte sie. »Es würde auch deine Mutter verärgern. Unglaublich – sie war eifersüchtig auf ihr eigenes Kind!« Ich war von dieser mageren Enthüllung tief getroffen; mit Sallys Neid hatte ich mich schon

längst abgefunden, dagegen waren mir Mutters Neidgefühle nie bewußt gewesen. Aber bei der Bemerkung meiner Tante schossen mir Erinnerungen durch den Kopf, wie ich von Mutter gedemütigt worden war und wie verletzend es war, Gegenstand ihres sarkastischen Spottes zu sein. Ich mußte diese Erinnerungen verdrängt haben, weil es weh tat, sie heraufzubeschwören und weil ich meistens Mutters Zuneigung genossen hatte.

Die Sache mit dem Kleiderschnitt war nicht weiter von Bedeutung, auch wenn ich in Ungnade gefallen war, und ich bin sicher, daß sich solche Szenen verhältnismäßig selten abspielten. Anders als Sally fiel es mir meist leicht, Mutters Wohlwollen zu erlangen. Im allgemeinen brauchte ich mich dafür nicht einmal anzustrengen. Ich erinnere mich daran, wie ich als kleines Kind im Garten von irgendeiner Beschäftigung aufsah – ob ich nun einen Schneemann baute, Butterblumen pflückte oder im Bach Flußkrebse fing – und zu Mutter hinüberblickte, die mich vom Küchenfenster aus beobachtet hatte und sich mit mir freute über das, was ich gerade tat. Immer wenn ich nach ihrem Tod von ihr träumte, sah ich ihr strahlendes Gesicht von damals, wie sie mich auf ihre bezaubernde, unwiderstehliche Art anlächelte.

Bis zu ihrem Tod war meine Mutter ungeheuer stolz, mich als ihre Tochter präsentieren zu können, als ob sie damit sagen wollte: »Seht her! Ich kann ja wohl nicht alles falsch gemacht haben!« Sie brauchte mich, um sich zu rechtfertigen, um der Welt zu zeigen, daß sie als Mutter in der Lage war, ein gesundes Kind großzuziehen. Daß ich in meinem Innersten nicht so gesund war, beunruhigte sie nicht. Ich sah glücklich aus, und ich mochte ihre Freude aufrichtig gern. Auf diese Weise war es einfach für sie, mich vorzuzeigen. Für sie war ich glücklich genug.

# 6

Daß ich von klein auf die Sympathie meiner Mutter genoß, lag an meiner Fähigkeit, draußen zu sein, Spielkameraden zu finden und ihr, sobald ich laufen konnte, nicht mehr am Rockzipfel zu hängen. »Peggy konnte schon immer auf eigenen Füßen stehen«, sagte Mutter gern. »Um sie brauchte ich mir niemals Sorgen zu machen.«

Wenn es manchmal schwer für mich war, selbständig zu sein, so war ich mir dessen nicht bewußt. Instinktiv schien ich zu wissen, daß ich mich nicht zu sehr auf Mutter stützen durfte, da ich sonst riskiert hätte, von ihr abgelehnt zu werden. Ihr Muttersein empfand sie als erdrückend. Oft sagte sie, wir sollten uns doch lieber als gute Freundinnen sehen. Auch noch mit Anfang Vierzig sind mir die Folgen meiner frühen Unabhängigkeit bewußt. Noch immer fällt es mir schwer zuzugeben, andere Menschen zu brauchen, besonders nicht diejenigen, die ich am meisten liebe, obwohl ich psychologisch gesehen von ihnen so stark abhängig bin, daß ich mich ohne sie fast nicht lebendig fühle. Ich glaube, Mutter hat Sally niemals vergeben, daß sie unfähig war, so zu tun, als käme sie allein zurecht.

Sally brauchte einfach mehr Aufmerksamkeit, Hilfe und Bestätigung als andere Kinder, und das machte sie Mutter ständig unmißverständlich klar. In dem Jahr nach Mutters Tod konnte ich ihre Verzweiflung besser verstehen. Wie oft dachte ich in dieser Zeit: Was auch immer ich für Sally tue, es wird niemals genug sein. Mutter hatte seit Sallys Geburt dieses Gefühl gehabt und darin nur ihre eigene Unzulänglichkeit gesehen. Während es ihr fast immer leichtfiel, mir Liebe zu schenken, war ihr dies bei Sally einfach nicht möglich.

Sallys Krankheit gleicht der von anderen Mitgliedern unserer Familie. Meine Großtante väterlicherseits verbrachte mehr als zehn Jahre in einer psychiatrischen Einrichtung, und ein Onkel meiner Mutter litt unter klassischer manischer Depression. Wegen dieses Hintergrundes und der gesicherten wissenschaftlichen Erkenntnis, daß starke psychische Störungen auf Veränderungen im Gehirn zurückzuführen sind, gebe ich meinen Eltern nicht die Schuld an Sallys Krankheit. Aber ich bin mir sicher, daß Mutters ablehnende frustrierte Reaktionen auf Sallys besondere Bedürfnisse, vor allem während ihrer Teenagerzeit, mit den Jahren noch zu Sallys Unsicherheit und Verwundbarkeit beitrugen.

In der Tat kann sich niemand, der unter dem Einfluß eines abweisenden, kritischen und übermächtigen Elternteils steht, sonderlich gut entwickeln. Auch ich konnte das nicht. Mutter verfügte über ein beachtliches Repertoire von messerscharfen Bemerkungen, die zu einem großen Teil auch auf mich abzielten. Wenn jemand ein hübsches Kind oder ein niedliches Baby erwähnte, sagte sie beispielsweise: »Meine Töchter waren als Kleinkinder beide hübsch.« Immer wenn ein Freund mir später versicherte, ich sähe gut aus, konnte sich meine Mutter nicht verkneifen zu bemerken: »Ich würde Peggy nicht direkt als *hübsch* bezeichnen, sondern eher …« Sie beendete solche Sätze nie, so daß man nur vermuten konnte, was sie eigentlich sagen wollte. Nicht hübsch, sondern eher … was? Wer wußte das schon.

Derartige Bemerkungen ließ sie stets in ihrer entwaffnenden freundlichen Art fallen. Die meisten Leute sagten, ich gliche meiner Mutter aufs Haar, aber sie hielt es für nötig, auf einige Unterschiede hinzuweisen. »Du hast so ein schmales Gesicht wie meine Kusine«, überlegte sie dann. »Willie, die mit den scharfgeschnittenen Gesichtszügen.« Dabei lächelte sie liebevoll. Durch ihren hübschen, kultivierten Nashville-Akzent bekam alles, was sie sagte, eine charmante, fast musikalische Note. »Ich möchte bloß wissen, warum du so flachbrüstig bist«, fragte sie sich oft. »Ich hatte immer einen hübschen Busen, bis ich ihn ruiniert habe, als ich dich stillte.«

Kam das Thema auf Geburten und Babys, ließ sich Mutter zu erstaunlichen Vergleichen zwischen mir und Sally hinreißen. Sally hatte Steißlage gehabt, was eine Geburt sehr schwierig machen kann. Bei Sally war dies jedoch anscheinend nicht der Fall gewesen. Als Mutter mich auf die Welt brachte, empfand sie die Geburt viel traumatischer, obwohl es eine ganz normale Entbindung gewesen war. »Wärst du mein erstes Kind gewesen, dann hätte ich mit *Sicherheit* kein zweites mehr gekriegt!« sagte sie oft. Ich glaube eher, das Gegenteil war der Fall: Sie war einfach nicht in der Lage gewesen, ihr erstes Kind zu lieben, und deshalb brauchte sie acht Jahre, um wieder schwanger zu werden. (»Ich weiß auch nicht, woran das gelegen hat«, sagte sie in ehrlicher Verwirrung, »beim ersten Mal hat es doch schließlich sofort geklappt!«) Sie muß sehr gemischte Gefühle dabei gehabt haben, ein zweites Kind zu bekommen, und konnte sich bei meiner Geburt einfach nicht entspannen. Wäre ich ihr erstes Kind gewesen, vielleicht hätte sie dann früher ein zweites bekommen.

Es war jedoch nicht nur meine Geburt, die meine Mutter verbitterte. Es lag grundsätzlich an ihrer Mutterrolle. »Bob und ich waren so glücklich, bevor die Kinder kamen«, sagte sie häufig verträumt und dachte an ihre ersten Ehejahre. Da sie das erste Kind war, mußte Sally diese Bemerkung hauptsächlich auf sich beziehen. Ich nahm sie jedoch wörtlich – sie sagte *Kinder*, nicht *Sally*; auch ich hatte also dazu beigetragen, das Glück meiner Mutter zu zerstören. Mutter äußerte solche Dinge immer mit sanfter Stimme, niemals wütend, und meistens ganz beiläufig, als ob sie selbst ein wenig überrascht wäre. Sie saß vielleicht mit einer Nachbarin in der

Eßecke beim Kaffee. Die Nachbarin erwähnte, daß ihr Sohn und ihre Schwiegertochter ihr erstes Kind erwarteten. Mutter blickte dann ganz nachdenklich drein, und ich wußte, was sie sagen würde, schon bevor sie den Mund aufmachte.

Mutters Bemerkungen entsetzten mich nicht, zumindest war ich mir dessen nicht bewußt. Schließlich hatte ich sie mein Leben lang zu hören gekriegt. Später jedoch machten mich Freunde auf die Härte, die diese Worte beinhalteten, aufmerksam. Ich glaube, Sally und ich empfanden sie wie ein geprügeltes Kind, das einen Klaps bekommt, der im Vergleich zu einer Tracht Prügel harmlos ist. Da meine Gegenwehr immer darin bestand, mir einzureden, alles wäre gut, fällt es mir heute noch schwer zu erkennen, wie vernichtend ihre Seitenhiebe auf mich gewirkt haben müssen. Nur weil mir in der Zwischenzeit einige Dinge, wie die Eifersucht meiner Mutter, klargeworden sind, bin ich jetzt in der Lage, den Schmerz, den ihre ständigen Sticheleien in mir verursacht haben, nachzuempfinden und mir zu überlegen, wie mein Leben dadurch beeinflußt worden ist. Diese Einsicht kam erst so spät, weil ich Mutter gleichzeitig attraktiv und lustig fand, so liebevoll, so unwiderstehlich, so daß ich Schwierigkeiten hatte, mich an die Schattenseiten ihres Charakters zu erinnern, so oft ich diese auch zu spüren bekommen hatte.

Während der letzten zehn Jahre ihres Lebens sprach ich mit meiner Mutter oft über ihre Vergangenheit und ihre Erfahrungen als Tochter und als Mutter. Erst dann begann ich zu verstehen, wie schwer es ihr gefallen sein muß, mit den Problemen, die Sallys und meine Erziehung mit sich brachten, fertig zu werden. Als Kind hatte sie immer das vage Gefühl, ein wenig abseits in ihrer Familie zu stehen. Sie war die Ältere von zwei Mädchen. Sie war ernsthaft, fleißig und immer ein wenig angespannt, während ihre Schwester Irene, die geboren wurde, als Mutter zweieinhalb war, sorglos und unbekümmert war. Meine Mutter kam nie darüber hinweg, daß sie die ungeteilte Zuneigung ihrer Eltern verloren hatte. Das normale Konkurrenzverhalten der Geschwister wurde noch verschlimmert, als ihre Mutter einige Jahre später krank wurde. Während sie sich erholte, wurde meine Mutter in ein Internat geschickt, Irene jedoch durfte bei ihrer Lieblingskusine wohnen. Bevor sie von zu Hause fortging, fragte meine Mutter ihre Tante, was ihrer Mutter denn fehlte. »Sie ist erschöpft davon, sich um euch zwei zu kümmern«, antwortete die Tante grob. Obwohl sie damals erst sechs Jahre alt war, beschloß meine Mutter, ihrer Mutter niemals wieder in irgendeiner Weise zur Last zu fallen. Als ich das hörte, fragte ich mich, ob meine Mutter vielleicht unbewußt ihren Stoizismus auf mich übertragen hat. Mir fielen jetzt auch Parallelen zwischen ihrem und Sallys Leben auf. Mutter hatte oft von den liebevollen gütigen Nonnen ihrer katholischen Schule gesprochen. Als sie Sally in ein Internat schickte, wählte sie ebenfalls ein katholisches. Ich bin sicher, sie hoffte insgeheim, daß Sally dort die Wärme und Unterstützung finden würde, die ihr zu Hause nicht gewährt wurden.

Während ihrer Schulzeit war meine Mutter eine exzellente und strebsame Schülerin. Sie machte ihren High-School-Abschluß während der schlimmsten Zeit der Weltwirtschaftskrise. Trotzdem schaffte sie es, mit Hilfe eines Stipendiums das Vanderbilt College zu besuchen. Um zu sparen, lebte sie weiter zu Hause. Sie war lebhaft und beliebt, und obwohl sie aus ihrer Studentinnenverbindung austreten mußte, weil sie die Beiträge nicht mehr aufbringen konnte, wurde sie weiterhin auf deren Partys eingeladen. Sie konnte sich keine neuen Kleider kaufen, deshalb kopierte sie die Schnitte der schicksten Pariser Modellkleider, die im teuersten Laden von Nashville ausgestellt waren. Im folgenden Jahr gab sie dem Kleid dann durch einen neuen Kragen, eine andere Jacke oder eine veränderte Länge ein moderneres Aussehen. Wie jeder andere, der sich während der Depression durchschlagen mußte, ersetzte sie fehlendes Kapital durch Erfindungsreichtum.

Als meine Mutter siebzehn war, starb ihre Mutter im Schlaf. Einige Zeit darauf heiratete mein Großvater wieder – eine Frau, die meine Mutter als eine unwürdige Mitgiftjägerin bezeichnete. So wurde das Zuhause ihrer Kindheit für sie zu feindlichem Terrain. Sie blieb nur dort, weil sie nicht wußte, wo sie sonst hätte hingehen sollen.

An einem Samstagnachmittag im Jahr 1934 traf sie ihren zukünftigen Ehemann Bob Moorman, als sie seine Kusine besuchte. Es war Liebe auf den ersten Blick, und sie heirateten ganz schnell. Mein Vater arbeitete als Ingenieur für das Arbeitsförderungsprogramm Roosevelts und baute Wasserwerke in den kleineren Städten des Mittleren Westens. So mußten meine Eltern für den Rest des Jahrzehnts ständig von Ort zu Ort ziehen. »Wir setzten einfach unsere Flitterwochen fort«, erzählte mir meine Mutter mehr als einmal, wobei sie glücklich lächelte. Bisweilen fand auch sie eine Arbeit. Gern erzählte sie, wie sie ihren alten Ford immer vor einer gebührenpflichtigen Brücke hatten stehen lassen und zu Fuß in die Stadt gegangen waren, denn es kostete zwei Cents, die Brücke mit einem Auto zu überqueren und nur einen Cent zu Fuß. Sie mußten wahrlich mit jedem Cent rechnen, aber sie waren jung und dankbar, daß sie wenigstens Arbeit hatten, und sie waren verliebt.

Als sich 1940 das Ende der Depression abzuzeichnen begann, wollten sie ein Kind haben. Sally wurde im Oktober geboren. Mutter genoß ihre Schwangerschaft und freute sich auf ihr Baby, aber als Sally zur Welt kam, versagten ihre mütterlichen Instinkte, wie sie mir später erzählte.

Mutters mangelndes Selbstvertrauen beeinträchtigte ihre Erfolgschancen, aber selbst die aufopferungsvollste Mutterliebe hätte Sally nicht ausreichend zufriedenstellen können. Sally schrie fast ununterbrochen, was von einem schmerzhaften Bruch herrührte, den man erst fünf Monate später entdeckte. Sie bekam eine Art elastische Schärpe um den Bauch, und der Bruch heilte innerhalb von zwei Wochen. Fünf Monate lang war meine Mutter der Überzeugung gewesen, eine völlig unfähige Mutter zu sein. Noch schlimmer war, daß sie glaubte, ihr Baby haßte sie.

Der Bruch war nicht das einzige, das Sally und Mutter zu ertragen hatten. Wahrscheinlich war es nicht einmal das schlimmste. Während der Monate, in denen Sally den ganzen Tag schrie, ließ sie sich nur beim Stillen ablenken und beruhigen. Aber im Jahr 1940 lernten Mütter, daß sie ihr Baby auf keinen Fall häufiger als alle vier Stunden füttern sollten. Zu jener Zeit konnte man in Dr. Spocks Babypflegebuch lesen: »Ärzte ... fürchten, daß ein unregelmäßiger Tagesablauf und unterschiedliche Mengen von Nahrung zu schweren Durchfallerkrankungen, die als Ursache des frühen Kindstodes anzusehen sind, führen können.« Mutter war gewissenhaft. Sie wartete vier Stunden – ohne Ausnahme. Eine andere Mutter hätte sich vielleicht gesagt: Zur Hölle mit den Ärzten! Sie tat das nicht. Sie konnte sich einfach nicht auf sich selbst verlassen. Es war niemand da, der ihr sagte, sie solle die Dinge nicht so verkrampft sehen und einfach tun, was sie für das Natürlichste hielt. Wahrscheinlich hätte ihr das auch nicht geholfen. Für sie war nichts natürlich. Sie hatte keine Mutter und keine Freundinnen in der Nähe. Es gab nicht einmal ein vernünftiges Buch über Säuglingspflege, aus dem sie, die immer eine so gute Schülerin gewesen war, hätte etwas lernen können. Nur zwei Jahre nach Sallys Geburt schrieb Spock, neue Experimente hätten bewiesen, daß Babys sich auch nach ihrem eigenen Rhythmus gut entwickelten und gesund blieben. Diese Erkenntnis kam zu spät für Sally und erst recht für Mutter.

Mutter war völlig ausgelaugt und hatte schreckliche Angst. Nachts lag sie wach und fragte sich, was sie bloß tun sollte. Sie fing an zu zweifeln, ob sie jemals irgend etwas für Sally richtig machen könnte – stundenlang grübelte sie über die kleinsten Kleinigkeiten nach. Eines Tages, als mein Vater von der Arbeit nach Hause kam, sprach ihn ein Nachbar an und meinte, meine Mutter brauche einen Arzt. An jenem Morgen war Mutter in der Nachbarschaft von Tür zu Tür gegangen und hatte die anderen Mütter gefragt, mit wie vielen Decken sie ihre Babys in der letzten Nacht zugedeckt hätten und wie viele wohl in der kommenden Nacht nötig wären. In der Nähe gab es damals keinen Psychiater, aber der Arzt, zu dem Mutter gebracht worden war, kannte einen in der Phipps-Klinik in Baltimore. Mutter wurde also in diese Klinik überwiesen, und Sally, die damals acht Monate alt war, sollte solange bei Vaters älterer Schwester in Charlotte, North Carolina, bleiben. »Als ich nach Baltimore kam«, erzählte mir Mutter später, »konnte ich einfach nichts anderes tun als schlafen.« Sie blieb dort vier Monate, machte bei einer Beschäftigungstherapie mit und sprach mit ihrem Psychiater über ihre Kindheit, aber sie wollte sich einfach nicht eingestehen, daß sie sich in einer psychotischen Krise befand. Ihre Behandlung in der Phipps-Klinik beschrieb sie später lediglich als eine wundervolle Ruhepause.

Vaters Schwester Peg und ihr Ehemann Lone hatten einen Sohn in Sallys Alter. Ihre Tochter war als Säugling gestorben, deshalb freuten sie sich darüber, wieder für ein kleines Mädchen sorgen zu können. »Sally hat bei uns laufen gelernt«, sagte Tante Peg, als ich sie einmal auf diese Zeit ansprach. »Aber sie hat niemals Mama zu mir gesagt.« Tante Peg war wahrscheinlich die erste, die Mutter die Schuld an Sallys traurigem Leben gab. »Mit dem Kind war alles in Ordnung, solange sie bei *mir* war«, sagte sie. »Jeder hatte sie gern. Aber deine Mutter hat sie nicht geliebt. Hätte sie sie sonst fortgeschickt?« Als Tante Peg dies zu mir sagte, war sie fast neunzig. Wegen ihres Alters wollte ich nicht mit ihr streiten und ließ die Sache auf sich beruhen, aber Mutter tat mir im nachhinein furchtbar leid, da man so hart über sie urteilte.

Auch ich konnte es Mutter jahrelang nicht verzeihen, daß sie Sally damals im Stich gelassen hatte, wie ich es sah. Auch jetzt noch tut es mir weh, wenn ich mir vorstelle, daß Sally im Alter von acht Monaten von ihren Eltern weggegeben wurde. Streß spielt eine große Rolle für den Beginn und den Verlauf psychischer Störungen, und Sallys Leben war von Anfang an großen Belastungen ausgesetzt. Aber weil ich weiß, daß andere Kinder, die schlimmere

Entbehrungen und Traumata erleiden mußten, trotzdem nicht psychotisch wurden, würde ich niemals sagen, daß ihre frühe Kindheit die Ursache für ihre spätere Krankheit war. Mutter sorgte immer sehr gewissenhaft für uns; sie kleidete und ernährte uns und kümmerte sich um unsere Schulbildung. Sie brachte uns in die Kirche und zum Klavier- und Ballettunterricht. Sie organisierte Ausflüge und Ferien so, daß wir sie genossen. In unzähligen wichtigen Dingen konnten wir uns immer auf sie verlassen. Meine Gefühle ihr gegenüber mögen in mancherlei Hinsicht ambivalent sein, und doch werde ich niemals vergessen, wie sehr sie sich immer bemüht hat, das Richtige für Sally und mich zu tun.

Wenn die Trennung für Mutter auch heilsam war – für Sally erwies sie sich als traumatisch. Die Nähe, die für Sally so wichtig war, erdrückte Mutter, und deswegen fühlte sie sich gleichzeitig schuldig. Mutter schaffte es nicht, Sally jene bedingungslose Liebe, nach der sie verlangte, zu schenken, und Sally hörte niemals auf, diese Liebe zu fordern. Mutters problematisches Verhältnis zu Sally führte dazu, daß die Ärzte und auf subtilere Weise auch die übrige Umgebung Mutter vorwarfen, schuld an der Krankheit ihrer Tochter zu sein. Sie selbst war nur allzu bereit, dieses Urteil anzunehmen. Bis die Experten vor relativ kurzer Zeit bestätigten, daß ein gesundes Gehirn über gewisse Verteidigungsmechanismen verfügt, um sein Gleichgewicht beizubehalten, wozu ein krankes Gehirn nicht in der Lage ist, wurden Mütter auf der ganzen Welt beschuldigt, die Krankheiten ihrer Kinder verursacht zu haben.

Auch Sally gab meist Mutter die Schuld an ihren Problemen. Sie war jedoch auch fähig, Mitleid zu empfinden. Als sie wieder einmal darüber nachgrübelte, warum ihre Geburt so ein Schock für Mutter gewesen war, entwickelte Sally kürzlich eine Theorie, in der sie die Gründe für Mutters Unsicherheit – ihren Stoizismus, als ihre eigene Mutter krank wurde, die Ablehnung ihrer fröhlichen jüngeren Schwester, ihr Bedürfnis nach ungeteilter Zuneigung – fast genau wie ich zusammenfaßte. »Mutter konnte es einfach nicht ertragen, wenn irgend jemand zu sehr von ihr abhängig war«, sagte Sally. »Vielleicht wollte sie immer jemanden, auf den *sie* sich stützen konnte. Ich glaube, sie war sehr abhängig von Papa. Und als dann ein weibliches Baby ins Haus kam, war es ein wenig … als ob ihr jemand Papas Liebe stehlen würde. Sie hatte nie ein besonders enges Verhältnis zu ihrer Mutter, ich glaube, das hat sie immer vermißt.« Sally konnte das verstehen.

Nachdem Mutter die Phipps-Klinik verlassen hatte, fuhr sie zu meinem Vater, der sich in einer kleinen Stadt in Pennsylvania aufhielt, wo er eine Brücke bauen sollte. Zuerst jedoch holte sie Sally bei Tante Peg ab. In jener Nacht fuhren sie mit dem Zug nach Norden und teilten sich im Schlafwagen eine Liege. Während der ganzen Nacht wachte Sally ständig auf und streckte ihre Händchen nach Mutter aus. »Mama?« sagte sie immer wieder. »Mama? Hallo! Mama? Hallo!« Als Mutter mir fünfunddreißig Jahre später davon erzählte, weinte sie, als würde es ihr das Herz brechen. Wer könnte sagen, wer von beiden am meisten gelitten hat?

# 7

Als ich vier Jahre alt war, fuhr meine Mutter jede Woche mit mir und Sally nach Washington in einen kleinen Park. Ich saß hinten in unserem großen schwarzen Chevrolet und konnte, weil ich noch so klein war, nur die Bäume am Straßenrand vorbeifliegen sehen. Sally war schon alt genug, um neben Mutter vorn zu sitzen. Beim Spielplatz verschwand Sally dann für eine Weile, und wenn sie zurückkam, fuhren wir wieder nach Hause. Heute weiß ich, daß Sally damals eine Therapie in der Psychiatrischen Kinderklinik machte. Sie hatte schon eine ganze Weile Probleme gehabt. Als sie die dritte Klasse besuchte – gleich nach meiner Geburt –, schrieben ihre Lehrer an unsere Eltern und teilten ihnen mit, daß Sally Schwierigkeiten hatte. Sie konnte sich nicht konzentrieren, und es fiel ihr schwer, Freunde zu finden. Mit elf oder zwölf Jahren begann sie ihre Therapie am Washingtoner Institut für psychische Gesundheit (heutiger Name: Hillcrest Kinderzentrum).

Ihre Betreuerin dort hieß Edith Blum, eine Sozialarbeiterin mit psychiatrischer Zusatzausbildung. »Ich ging während der ganzen Mittelstufenzeit zu ihr«, erinnert sich Sally, »aber ich habe ihr nie viel von meinen wirklichen Problemen erzählt.« Sie nahm jedoch auch an einer Spieltherapie teil, in der sie mit Hilfe von Puppen Geschichten erfinden sollte. »Meistens trat die Mutterpuppe nach dem Baby, so daß es die Treppe hinunterfiel«, sagte sie in einem ruhigen Tonfall, der mich erschauern ließ. Ich konnte mir nicht vorstellen, daß Mutter Sally körperlich weh getan haben sollte, deshalb fragte ich, ob so etwas tatsächlich vorgekommen wäre.

»Nein«, versicherte sie mir, »aber ich fühlte mich herumgestoßen und gedemütigt. Ich wollte immer viel Liebe von Mutter, und ich habe sie nie bekommen«, fuhr sie fort. »Ich war frustriert.« Mit unserem Vater hätte sie niemals solche Probleme gehabt. »Papa und ich standen uns immer sehr nahe, vielleicht hatte ich deshalb immer ein besseres Verhältnis zu Männern als zu Frauen.« Sie fühlte sich seiner Liebe stets ganz sicher, wie sie es bei Mutter niemals sein konnte. Während der Jahre, in denen sie die Therapie bei Mrs. Blum besuchte, stahl Sally die meisten Puppen, mit denen sie dort spielte, und nahm sie mit nach Hause. »Dann spielte ich eine liebevolle Mutter, die sich um ihre kleinen Puppen kümmert«, erzählte sie mir stolz. Darauf fuhr sie in grimmigem Ton fort: »In dieser Familie gab es keine Mädchen, nur Jungen. Vielleicht habe ich mir ja immer gewünscht, ein Junge zu sein, wer weiß?« Ich fragte mich, ob sie sich vielleicht gewünscht hatte, daß die anderen »Mädchen« in ihrer Familie – ihre Mutter und ihre Schwester – verschwinden würden.

Sally liebte Schildkröten, Gottesanbeterinnen, Eidechsen, Frösche, Salamander, besonders auch Schlangen, und hielt sie als Haustiere. Eine andere Mutter hätte diese Vorlieben vielleicht gefördert und darin ein Interesse an Botanik und Zoologie gesehen. Unsere Mutter dagegen sah in Sallys Lieblingstieren nur ein weiteres Indiz ihrer Verschrobenheit und ihrer mangelnden Weiblichkeit. Mutter war eine charmante, stilvolle und hübsche Frau und sah sich außerstande, für ihren exzentrischen Wildfang Verständnis aufzubringen. Vielleicht wollte Sally mit ihrer Jungenhaftigkeit auch ihre Rebellion gegen Mutter ausdrücken und gleichzeitig ihr gutes Verhältnis zu Papa betonen.

Es muß schwierig für Sally gewesen sein, meine Anwesenheit zu akzeptieren, wie es den meisten erstgeborenen Kindern in der Regel schwerfällt, sich über ein Geschwisterchen in der Familie zu freuen. Mutter jedoch bestand darauf, daß Sally mich immer vergöttert hätte.

»Außer dann, wenn sie mich haßte«, verbesserte ich sie immer.

Mutter stritt dies entschieden ab. »Du hast unrecht. Sally *liebte* dich. Sie war immer ganz liebevoll zu dir. Sie war niemals eifersüchtig.« Und das sagte meine Mutter, die so stark unter der Rivalität zwischen Geschwistern gelitten hatte, daß sie es niemals vergessen konnte!

Mutter konnte und wollte unser Verhältnis einfach nicht in seiner ganzen Bandbreite verstehen. Bis kurz vor ihrem Tod beharrte sie darauf, daß Sally nie etwas anderes als reine Zuneigung für mich empfunden hätte. Ich war zu Weihnachten nach Hause nach Arlington gekommen, und eine Nachbarin hatte uns eingeladen, um uns die Welpen ihres Zwergpudels zu zeigen. Sally saß in einem Sessel, während ich bei den Welpen auf dem Teppich hockte. In dem Augenblick bemerkte ich es gar nicht, aber später erinnerte ich mich daran, daß Sally noch stiller als sonst war, während ich ausgelassen mit den Pudeln spielte. Nachdem sie und Mutter gegangen waren, blieb ich noch ein wenig länger und unterhielt mich mit unserer Bekannten.

Als ich nach Hause kam, war Sally in ihrem Zimmer und hatte die Tür verschlossen. Mutter saß im Wohnzimmer und sagte nachdenklich: »Ich habe dir nie geglaubt.«

»Was hast du mir nie geglaubt?« fragte ich verwundert.

»Das mit Sally und dir«, sagte sie sanft. Als die beiden die Straße überquerten, hatte Sally etwas vor sich hin gemurmelt. Als Mutter sie es wiederholen ließ, hatte Sally wütend gesagt: »Ich kann nichts dafür, aber ich sehe Peggy immer noch als Eindringling.«

Warum sollte Sally denn nicht eifersüchtig auf mich sein? Und wieso hatte Mutter das niemals bemerkt?

Als Sally mich 1980 in New York besuchte, sagte sie ganz direkt: »Alles war gut zwischen Mama, Papa und mir, bis du dahergekommen bist.« Es war natürlich nicht alles in Ordnung und wunderbar gewesen; ich habe keine Idylle zerstört. Aber ich bin sicher, daß ihr Leben durch mich nicht gerade einfacher geworden ist. Sally war eine mittelmäßige Schülerin; ich dagegen durfte die Kurse für besonders begabte Schüler besuchen. Sally war einsam und schüchtern; ich konnte aus mir herausgehen und war kontaktfreudig.

Wie hat Sally das ertragen? Soweit ich mich erinnere, war sie nie besonders aggressiv zu mir – nicht aggressiver als jede andere Schwester auch gewesen wäre. Sie erzählte mir jedoch einmal etwas, das mir nicht aus dem Sinn ging. »Mama hat mich nie geschlagen, bis auf einmal«, sagte sie stockend, als erinnere sie sich an jenen Moment.

»Wann war das?« fragte ich.

»Sie drosch mit einer Haarbürste auf mich ein.«

»Warum?«

»Ach, ich habe versucht, dich umzubringen«, sagte sie gedankenverloren.

Sally berichtete dies mit ruhiger Stimme und mit unbewegtem, ernstem Gesichtsausdruck.

»Warum hast du versucht, mich umzubringen?« wollte ich wissen.

»Du warst noch klein und hast meine Sachen durcheinandergebracht.«

Diese Unterhaltung fand kurz vor einem weiteren Zusammenbruch statt. Sie wirkte gequält, und ihre Stimme klang jetzt kreischend und abgehackt. Mit ihren fünfundachtzig Kilo war sie eine stattliche Frau. Immer wieder sah sie mich grimmig an, und sie konnte mir ganz schön Angst einjagen. Ihre Worte gingen mir lange Zeit nicht aus dem Sinn.

Kürzlich befragte ich sie jedoch noch einmal wegen dieses Vorfalls. Dieses Mal hatte sie gerade ein neues Medikament bekommen und fühlte sich besser als jemals in den vergangenen zehn Jahren. Jetzt war sie freundlich und redselig und beschrieb kichernd ihren damaligen Wutausbruch, Mutter mit der Haarbürste und mich, wie ich gerade nach irgendeinem wertvollen Spielzeug grapschte. »Nichts war vor dir sicher«, fügte sie hinzu. »Du warst ein vorwitziges kleines Teufelchen!« Sie lächelte bei dieser Erinnerung. »Du warst so süß mit deinen blonden Locken.«

Ich starrte Sally ungläubig an. Wie hatte sich diese Szene tatsächlich abgespielt – war es ein Drama oder ein Lustspiel gewesen? Sally war damals dabeigewesen, mir ernstlich weh zu tun, und als kranke, leidende und eifersüchtige erwachsene Frau erinnerte sie sich an ihre Wut und an ihren Haß. Und noch später, als gesunde, fröhliche und liebevolle Erwachsene, geriet die Erinnerung unter eine andere Perspektive. Sie sah die lächerliche Seite des Vorfalls, und ihre kleine Schwester erschien ihr im Rückblick hübsch und niedlich.

Sallys Gefühle änderten sich ständig, was hauptsächlich von ihrem seelischen Gesundheitszustand abhing. Obwohl ich oft an ihre Eifersucht erinnert wurde, wußte ich, daß sie mich auch liebte. Als ich sehr klein war, sang sie mir oft etwas vor, besonders auf langen Autofahrten. Ich tauschte mit unserem Cockerspaniel, der immer zwischen uns auf dem Rücksitz saß, die Plätze. Ich legte meinen Kopf in Sallys Schoß, und sie sang mich in den Schlaf, während wir die alte Landstraße nach Südvirginia hinunterfuhren, wo wir immer unsere Ferien verbrachten. Ich wünschte, ich könnte immer nur so an sie denken.

Als Sally einmal während dieser Ferien auf einem Ausritt ihre Brille verlor, betete ich zum heiligen Antonius – Sally war im Internat und spielte mit dem Gedanken, katholisch zu werden –, daß wir sie wiederfinden würden. Ich war stolz, als wir sie tatsächlich entdeckten, sie war voller Matsch aber heil. Ich weiß nicht, ob ich Sally als Kind jemals bewußt geliebt habe, aber ich haßte es, wenn sie Schwierigkeiten hatte. Der heilige Antonius hatte an diesem Tag nicht nur Sallys Haut gerettet, sondern auch meinen friedlichen, harmonischen Tag.

Nicht immer war ich so großzügig. Sally und ich spielten nicht oft miteinander. Ich kann mich jedoch noch gut an das Gefühl erinnern, auf ihren Fußsohlen zu schweben, während sie auf dem Rücken lag und mich hochstemmte. Einmal balgten wir auf diese Weise fröhlich herum, und ich schrie um Hilfe, wie es Kinder manchmal zum Spaß tun. Mutter kam angerannt. *Ärger.* Ich wollte nicht töricht erscheinen, wie jemand, der ohne Grund herumschreit, deshalb tat ich, als sei ich wirklich verletzt. Ich war ein äußerst robustes Kind. Hundertmal bin ich vom Baum gefallen und mit dem Fahrrad gestürzt. Eine Woche lang rutschte ich immer wieder auf dem Eis aus, bis ich endlich Schlittschuh laufen konnte. Trotzdem konnte ich Mutter davon überzeugen, daß ich mich verletzt hatte, und Sally wurde ausgeschimpft. Es tat mir leid, daß ich mich so verhalten hatte, denn der Spaß war verdorben. Für Sally, die so oft mit meiner Mutter im Clinch lag, war mein Verrat jedoch viel schlimmer.

Meine sofortige Bereitschaft, Sally anzuschwärzen, rührte vielleicht daher, daß ich unbewußt immer versuchte, Mutters Erwartungen zu erfüllen. Ich spielte das liebe Mädchen und bestätigte Sallys Rolle des bösen Mädchens. In einer anderen Familie hätte uns die Mutter wahrscheinlich gesagt, wir sollten selbst mit unseren Streitereien fertig werden und versuchen, miteinander auszukommen. Bei uns war es jedoch anders. Da es ihr selbst an Einsicht mangelte, gelang es Mutter nicht, unser spannungsgeladenes Verhältnis, das mich dazu trieb, Sally anzuschwärzen, zu entschärfen! Aufgrund ihrer eigenen Unsicherheit war sie nicht in der Lage, die Harmonie in unserer Familie zu fördern. Ohne es zu wissen, sabotierte sie jede Beziehung, die sie nicht mit einschloß, sogar – oder gerade – die Beziehung zwischen ihren beiden Töchtern. Sie wollte wahrscheinlich nicht, daß ihr Problemkind Sally mich, ihre perfekte Tochter, beeinflußte. Darüber hinaus glaube ich, sie konnte es einfach nicht ertragen, uns beide zusammen als Geschwister zu sehen, derselben Generation angehörend, in einer Vereinigung, von der sie ausgeschlossen war.

# 8

Als ich acht Jahre alt war, ging Sally fort ins Internat. In der High-School waren ihre Erfolge sehr dürftig. Unsere Eltern hielten es für das beste, sie für eine Weile fortzuschicken. Wie viele andere Eltern glaubten sie, die schulischen Leistungen ihrer Tochter würden sich im Internat verbessern, und es würde ihr helfen, erwachsen zu werden. Sie ging zur Walsingham Academy in Williamsburg.

Sally wiederholte dort zunächst ihr letztes Schuljahr, um ihre Noten zu verbessern, damit sie später größere Chancen fürs College hatte. Während der Sommerferien, die sie zu Hause verbrachte, bekniete sie meine Eltern, sie nicht zurückzuschicken. Aber Mutter *bestand* darauf. »›Mami, ich möchte nach Hause‹, habe ich Mutter angefleht, aber sie erlaubte es nicht«, erzählte Sally mir Jahre später. Sallys Abwesenheit war eine Erleichterung für Mutter, vielleicht für uns alle, deshalb mußte sie für ihre letzten zwei Schuljahre zurück nach Williamsburg.

Die Zeit, die Sally als quälendes Exil empfand, war für mich eine Zeit von Sorglosigkeit und innerer Ruhe. Jedem, der durch unsere Fotoalben blättert, fällt auf, wie fröhlich ich während meiner ersten Grundschuljahre war, besonders mit meiner besten Freundin Sharon und mit Anne, mit der wir häufig zusammen waren. Auf einem Bild machen Sharon und ich gerade einen Kopfstand. Unser breites Grinsen verrät, daß wir kurz vor einem Lachanfall sind. Auf einem anderen Foto stehe ich Arm in Arm mit Anne in unserem Vorgarten. Ich stehe auf Zehenspitzen, um so groß wie sie zu erscheinen. Anne war zwei Jahre älter als ich und verfügte über ein begnadetes didaktisches Talent. Sie lehrte mich, meine Schuhe zuzubinden, Seil zu springen, Kostüme für Theaterstücke anzufertigen, die sie erfand und die wir dann auf einem Hügel in der Nähe ihres Hauses aufführten. Anne und Sharon gegenüber konnte ich mich verhalten, wie ich es niemals mit Sally gekonnt habe. Sie waren wie meine wahren Geschwister. Mit ihnen konnte ich mich messen, ohne zu befürchten, sie dadurch bloßzustellen oder sie in Rage zu bringen. Auf allen Fotos, die mein Vater von uns gemacht hat, zeigt mein Gesicht einen fröhlichen, selbstzufriedenen Ausdruck, oder es spiegelt schelmische Herausforderung wider.

Auch Sallys Charakter wird im Familienalbum deutlich. Als Kleinkind war sie wunderschön – eines der hübschesten Kinder, das ich je gesehen habe. Mein Lieblingsfoto von ihr wurde aufgenommen, als sie etwa drei Jahre alt war. Sie trägt einen riesigen Schneeklumpen und lächelt in die Kamera. Sie sieht strahlend aus. Ihre klaren Gesichtszüge hat sie von Vaters Seite geerbt. Auf einem anderen Bild ist sie acht oder neun und sieht mit ihren Rattenschwänzen aus wie Judy Garland in dem Film *The Wizard of Oz*. In einer träumerischen Pose steht sie im Garten. Ihre Schürze hält sie an den Seiten hoch und macht einen graziösen Knicks, wobei sie die Augen schließt.

Es gibt noch ein anderes Foto von Sally, auf dem sie mit mir an einem sonnigen Herbstnachmittag im Wald spielt. Ich bin etwa zwei und quieke vor Lachen. Sally hockt neben mir und hält mich fröhlich lächelnd im Arm. Aber sie sieht bereits ein wenig merkwürdig aus. Ihr Haar hat einen einfachen, unattraktiven Schnitt, und sie trägt eine altmodische Brille. Als dieses Foto aufgenommen wurde, begann ihr Verhalten sich bereits zu verändern. Es scheint fast, als wolle sie sich der Szene entziehen. Ihre herabhängenden Schultern sind das erste Anzeichen dafür, daß etwas nicht stimmt. Im Teenageralter ist ihre Haltung bereits gebeugt. Auf einigen Fotos, die gemacht wurden, als sie dreizehn war, blinzelt sie argwöhnisch in die Kamera, als habe sie Angst, ihre Seele käme ihr beim Fotografieren abhanden. Manchmal starrt sie auf den Fotografen, und manchmal starrt sie auf mich herab. Ich bin fünf Jahre alt, etwa halb so groß wie sie, stehe neben ihr und scheine ihre Wut überhaupt nicht zu bemerken. Ich habe einen kleinen Stoffhasen im Arm und lächle gewinnend in die Kamera. Auf allen Bildern sehen ihre Augen hinter der Brille müde aus.

Sie hat bereits begonnen, sich zurückzuziehen. Diese Zeit war wohl eine ruhige Phase. Auf einem Bild von 1956 oder 1957, kurz nachdem man sie nach Williamsburg geschickt hatte, als sie sechzehn und ich acht Jahre alt war, sieht sie beinahe geisterhaft aus. Jetzt fällt mir auf, daß meine Mutter genauso aussieht, wie sie zwischen ihren beiden Töchtern steht. Ich lächle und wirke dabei ziemlich töricht. Unserer Kleidung nach muß es ein Sonntag sein. Sally war wohl in den Osterferien nach Hause gekommen.

Sally war jetzt nicht mehr dünn und schlaksig, sondern bereits ein wenig dick. Mit einer Größe von einem Meter siebzig konnte sie eigentlich eine Menge Pfunde vertragen, aber ihr Bindegewebe ist schon immer zu schwach gewesen. So sah sie durch jedes Pfund, das sie zunahm, aufgeschwemmt und ungesund aus. Sie hatte einen hellen Teint, und als sie krank wurde, wirkte sie sofort bleich.

Niemand schien Sallys Verfall zu bemerken. Sie hatte immer schon Probleme gehabt, die sich mit der Zeit verschlimmerten. Anstatt erwachsen zu werden, zog sie sich in sich selbst zurück. Im April 1959 erlitt sie zwei Monate vor ihrem High-School-Abschluß einen Zusammenbruch. Die Nonnen informierten sofort unsere Eltern; sie rieten, Sally ins Krankenhaus zu bringen. Sally blieb Tag und Nacht in ihrem Zimmer und fing an zu weinen, sobald man sie ansprach.

An dem Tag, als sie nach Hause kam, spielte ich gerade bei Sharon. Ich war zehn. Das Telefon klingelte, und Sharon reichte mir den Hörer. Es war meine Mutter. »Komm nach Hause und sag Sally auf Wiedersehen«, sagte sie. Ich wollte nicht. Warum gerade jetzt?

Es war noch nicht Zeit zum Mittagessen. Und warum sollte ich Sally auf Wiedersehen sagen? Sie war doch sowieso immer weg. Aber Mutter bestand darauf, daß ich nach Hause kam. Ich kann mich noch gut an meine Wut erinnern. Es war ein merkwürdiger und unangemessener Zornesausbruch, nur weil ich mein Spiel unterbrechen mußte.

Ich kam auf unser Haus zu und sah Sally, die unsicher die Einfahrt hinunterging. Unser Vater hielt sanft ihren Arm und führte sie zum Auto. Er half ihr beim Einsteigen, und sie fuhren los. Ich fühlte, daß es klüger war, meinen Ärger zu unterdrücken. »Papa bringt Sally ins Krankenhaus«, sagte Mutter, als ich fragte, was los wäre. »Sally ist krank«, fügte sie hinzu.

»Sie sieht aber nicht krank aus«, sagte ich.

»Manchmal fühlt man sich schlecht und weiß gar nicht, was man eigentlich hat«, versuchte meine Mutter zu erklären. »Man nennt das Depressionen.« Zum ersten Mal hörte ich diesen Ausdruck und konnte nichts damit anfangen.

# 9

Sally war mehr als deprimiert. Als sie ins Sheppard Pratt kam, war sie so verängstigt, daß sie keine Nahrung bei sich behalten konnte. Sie ging zwar zu den Mahlzeiten, aber wenn sie wieder aufstand, wurde ihr so übel, daß sie sich übergeben mußte.

Im Lauf der Jahre hatte sich Sally eine Phantasiewelt konstruiert, in die sie immer flüchtete, wenn ihr die Realität zu schwer erträglich schien. Tag für Tag versank sie stundenlang in die phantastischen Heldentaten ihres persönlichen *Deus ex machina,* der »Flying Phyllis«. Sallys Flying Phyllis war eine Heldin wie Supergirl, Spiderman und Superman. In einem Punkt unterschied sie sich jedoch von diesen Comichelden. Phyllis ging es nicht allein um Gerechtigkeit und Rache, sondern auch um Rehabilitation und Ehrenrettung.

In Sallys Träumereien rettete Phyllis ausschließlich Männer, um bessere Menschen aus ihnen zu machen. Sie nannten sie »Mami«, sagte sie. »Zumindest als ich größer wurde, sagten sie das.« Diese Männer waren allesamt »Taugenichtse, Faulenzer, Verrückte«. Aber mit Pyllis' Hilfe wurden sie zu besseren Menschen, »und sie wurden von all ihren psychischen Krankheiten geheilt«, fügte Sally hinzu.

Flying Phyllis mit ihrem Superman-Umhang war eine Reformerin, die einer Reihe von Phantasiegestalten aus immer wiederkehrenden Schwierigkeiten half. »Da war zum Beispiel der König der feurigen Schakale. Er war ihr Verbündeter. Und der König der häßlichen Schakale, der immer in der Tinte saß«, sagte Sally. Flying Phyllis überwand die »Gesetzlosen des Wilden Westens«. Sie nahm sie in einem Saloon gefangen und brachte sie auf eine Ranch, wo sie ihre Missetaten durch harte Arbeit büßen sollten. Als Flying Phyllis erwachsen wurde, reformierte sie die Gefängnisse, und einmal wurde sie sogar Präsidentin der Vereinigten Staaten. Sally war sich über ihr Aussehen nicht ganz im klaren. »Sie war immer ein wenig verschwommen, aber *sie kümmerte sich immer liebevoll um jeden*«, sagte Sally. »Ich habe mir meine eigene Muttergestalt geschaffen.«

Mit ihren Phantasien unternahm Sally ihren ersten Versuch, der gespannten Atmosphäre in unserer Familie zu entfliehen, so wie ich immer bestrebt war, möglichst viel draußen zu spielen. »Ich weiß noch, daß Mutter und Papa ständig wegen mir Krach hatten, als ich noch jünger war«, erzählte mir Sally. Auch ich erinnerte mich daran, wenn auch sehr vage, wie man sich an einen bösen Traum erinnert. »Mutter verlor meistens die Fassung und explodierte, aber Papa blieb ruhig. Sie stritten darüber, wie ich mich benehmen sollte, wie ich erzogen werden sollte, wie ich was auch immer tun sollte – es war alles ein einziges Durcheinander. Bei jeder Zankerei, die ich natürlich auf mich bezog, bin ich dann auf mein Zimmer gerannt und habe mich in meine Phantasiewelt geflüchtet.«

Als Sally ihren Zusammenbruch hatte, war Flying Phyllis wichtiger geworden als alle anderen wirklichen Menschen, sie selbst eingeschlossen. Den größten Teil des Tages verbrachte sie in ihrer Traumwelt.

Ich fragte Sally, ob die ewigen Streitereien mit Mutter sie in die Psychiatrie getrieben hätten. Sie konnte sich nicht daran erinnern, daß Mutter sie beschimpft hätte. Das erstaunte mich ungeheuer, denn mir waren Mutters Beschimpfungen überdeutlich im Gedächtnis. Sally erinnerte sich jedoch an die Steine des Anstoßes und erzählte mir davon.

Ein besonderer Streitpunkt war immer das Daumenlutschen gewesen. Als sie ins Internat kam, hörte sie abrupt damit auf. »Ich konnte es einfach nicht vor den anderen Schülern tun«, sagte sie. »Ich hörte auch auf zu onanieren«, fügte sie ganz beiläufig hinzu. Sally und ich sprachen selten über intime Dinge, so traf mich diese Offenbarung ziemlich unvorbereitet. Ich fühlte mich ein wenig unbehaglich und wollte eigentlichs nichts mehr darüber hören.

»Mutter hat mir immer erklärt, wie entsetzlich es ist«, sagte Sally wütend.

»Wieso wußte sie davon?« fragte ich.

»Sie kam fast immer ohne anzuklopfen in mein Zimmer.«

»Wie oft hast du es denn gemacht?«

»Ich habe es ganz schön oft gemacht«, gab Sally offen zu.

Ich wußte, daß exzessives Onanieren bei gestörten Kindern nicht ungewöhnlich ist. Wenn meine Mutter das damals gewußt hätte, dann hätte sie es vielleicht als deutliches Zeichen von Sallys Verzweiflung erkannt: Mit ihrer Familie, mit ihren Freunden, in der Schule und beim Spielen empfand Sally wenig Freude, und so verhalf sie sich selbst zu dem einzigen Vergnügen, das sie bekommen konnte. Ich konnte mich jedoch auch in Mutters Lage versetzen. Es muß schrecklich für sie gewesen sein zu wissen, was ihre Tochter jeden Nachmittag hinter ihrer geschlossenen Schlafzimmertür tat. Indem sie Sally fortschickte, wollte Mutter sie wohl auch dazu zwingen, mit dem Onanieren aufzuhören. Dies hat ja auch funktioniert, wie Sally mir versicherte. Es kam Mutter nie in den Sinn, nach den Gründen, die hinter Sallys Benehmen steckten, zu fragen.

Obwohl Sally das Internat immer haßte und zurück nach Hause wollte, hatte sie auch ein paar ganz normale Teenagererlebnisse, wie Freundschaften mit Jungen. Darunter war auch ihre erste große Liebe. »Er war ein einsamer Texaner, der Heimweh hatte. Ich habe ihn kennengelernt, weil ich mit zwei Freundinnen und deren Freunden einen Ausflug gemacht habe. Für mich brachten sie Tex mit, und wir haben uns ineinander verliebt.« Sally lachte glücklich bei der Erinnerung an Tex. »Er war Soldat, und sie schickten ihn nach Roquefort in Frankreich. Er schrieb mir dann äußerst *interessante* Briefe. Alle handelten sie davon, wie er sich um mich kümmern wollte, daß ich seine Geliebte und seine Frau werden sollte.«

Nach Sallys Beschreibungen waren Tex' Briefe bunt ausgeschmückte Phantasiegebilde. Sie las sie immer wieder. »Er schilderte all die Dinge, die er mir bei seiner Rückkehr in die Staaten kaufen wollte, einen Jaguar und was weiß ich noch alles.« Sally mußte kichern, als sie an die extravaganten Vorstellungen von Tex dachte. »Ich schrieb ihm jahrelang, bis ich ins Krankenhaus kam«, fuhr sie leise fort. Plötzlich wurde sie wütend. »Und dann hat Mutter ihm geschrieben, daß seine Briefe mich krank machten.«

Sally dachte einen Augenblick lang nach. »Und wenn er jemals dieses Buch lesen sollte, wird er hoffentlich wissen, daß ich immer nur mit Liebe an ihn gedacht habe und daß Mutter unrecht hatte.« Wehmütig fuhr sie fort: »Ich habe seine Briefe ewig lange aufbewahrt.«

Zurückblickend glaube ich, daß Mutter eines von Sallys Krankheitssymptomen, nämlich ihre Flucht in Tagträume, als den Grund für ihre Krankheit ansah. Ich kann jedoch nicht bestimmt sagen, was sie wirklich dachte, denn an dem Morgen, als Sally ins Krankenhaus fuhr, wurde zum letzten Mal über ihren Zustand geredet. Das geschah erst wieder zwanzig Jahre später, als ich selbst das Thema anschnitt. Zur damaligen Zeit war es schon eine Schande, geschieden zu sein, psychische Krankheiten dagegen durften nicht einmal erwähnt werden.

Sally war bereits drei Jahre lang fort gewesen. Sie war jetzt in dem Alter, in dem andere Mädchen aufs College gingen. Auf diese Weise hatten meine Eltern eine einfache Erklärung für Sallys Abwesenheit.

Die Geheimnistuerei lastete auf unserer Familie. Während Sally im Sheppard Pratt Krankenhaus war, ließen meine Eltern ihr die *Sa-*

*turday Evening Post* dorthin schicken. Weil der Klinikaufenthalt so kostspielig war, bestellten sie unser Familienabonnement im Zuge allgemeiner Sparmaßnahmen ab. Nachdem sie Sally besuchen durften, nahmen sie die Zeitschriften mit nach Hause, wenn Sally sie durchgelesen hatte.

Eines Nachmittags saß ich im Flur und blätterte, während ich auf meine Freundin wartete, eine Ausgabe dieser Zeitschrift durch. Als ein paar Nachbarn klingelten, bat ich sie herein und warf die Zeitschrift achtlos auf das Telefontischchen. Dann rief ich meine Mutter.

Schon als meine Mutter den Flur betrat, bekam ihr Gesicht plötzlich einen entsetzten Ausdruck. Ich wußte nicht, was los war, aber ich spürte, daß ich etwas falsch gemacht hatte. Ich wußte beim besten Willen nicht, warum sie so bestürzt war. Sie bat ihre Freunde ins Wohnzimmer und bot ihnen Eistee an. Als sie den Flur verlassen hatten, schnappte sie sich die Zeitung und ließ sie in einer Schublade verschwinden, wobei sie mir einen strafenden Blick zuwarf. Nachdem die Gäste sich verabschiedet hatten, brüllte sie mich an: Wie konnte ich bloß die Zeitschrift mit der Adresse der Klinik so offen herumliegen lassen? Sollten denn alle wissen, wo Sally war? Wie konnte ich nur so gedankenlos sein!

Ich verstand überhaupt nichts mehr. Sally war eben Sally. Sie war krank und war in einer Klinik. Einige von unseren Nachbarn waren auch schon krank gewesen und ins Krankenhaus gekommen, aber ihre Familien haben sich dessen nicht geschämt. Meine Eltern schienen jedoch äußersten Wert auf Geheimhaltung zu legen. Das hatte ich jetzt begriffen und bemühte mich von nun an ebenfalls um Verschwiegenheit. Seit diesem Zwischenfall begann ich mich zu schämen, wegen Sallys Krankheit, wegen meiner Familie und meiner selbst.

Ansonsten waren die achtzehn Monate, die Sally im Krankenhaus verbrachte, nichts als eine Verlängerung ihrer Abwesenheit und trugen zu unserer Entfremdung bei. Der einzige Unterschied lag für mich in der Besorgnis meiner Eltern, die hauptsächlich in ihren Diskussionen über Bankkredite zum Ausdruck kam. Mein Vater nahm sein Mittagessen mit ins Büro. Ich mußte zwischen einem Zeichen- und einem Ballettkurs wählen, anstatt an beiden teilzunehmen. Mutter und ich suchten nicht mehr gemeinsam meine Schulkleider aus. Sie brachte jetzt immer heruntergesetzte Sachen mit, die ich zu Hause anprobierte. Bis ich aufs College ging, nähte ich die meisten meiner Kleider mit der Nähmaschine, und Mutter übernahm die Feinarbeiten.

Nach einigen Monaten durften meine Eltern Sally besuchen. Pflichtbewußt fuhren sie nun jedes Wochenende nach Towson, obwohl Sally Mutter nicht sehen wollte. Mutter wartete dann immer im Besucherzimmer oder im Auto. Sally machte eine Gesprächstherapie bei einem Psychiater, der sie ermutigte, mehr Verantwortung für ihr eigenes Leben zu übernehmen. Indem sie Mutter, von der sie immer nur kritisiert worden war, auswich, versuchte sie ihr eben erwachtes Ego zu schützen. Außerdem wollte sie vielleicht die Person, der sie die größte Schuld an ihrem Unglück gab, bestrafen. »Ich konnte Mutters Nähe einfach nicht ertragen«, sagte Sally. »Ich hatte überhaupt kein Selbstbewußtsein, und wenn Mutter da war, fühlte ich mich noch schlechter.«

Ich frage mich, wie Mutter sich fühlte – zurückgewiesen oder erleichtert? Ich kann mir gut vorstellen, daß sie sich vor den Ärzten und dem Krankenhauspersonal schämte, weil ihre Tochter sie so offensichtlich ablehnte. Auf der anderen Seite erlaubte ihr Sallys Haltung zumindest zeitweise eine Flucht vor ihrer Mutterrolle, in der sie ihrer Meinung nach vollkommen versagt hatte.

Damals gab es noch keine Stadtautobahnen in Washington, und die Autofahrt dauerte zwei Stunden länger, als sie heute dauern würde. Meine Eltern fuhren immer samstags nach Towson und verbrachten die Nacht in Baltimore, bevor sie am Sonntagnachmittag nach Arlington zurückkehrten. Ich verbrachte das Wochenende bei einem befreundeten Ehepaar, Lyn und Earl, deren Tochter Alice eine meiner liebsten Spielkameradinnen war. Obwohl ich es während Sallys Abwesenheit immer genoß, meine Eltern für mich allein zu haben, muß ich zugeben, daß diese Wochenenden zu meinen schönsten Kindheitserinnerungen gehören.

Bei Alice zu Hause gab es keine Geheimnisse. Lyn und Earl versetzten mir einen Schock nach dem anderen, weil sie über alles offen redeten. Alice und ihre ältere Schwester Laurie besprachen die peinlichsten Dinge mit ihnen: Büstenhalter, Zungenküsse, Zigarettenrauchen, Menstruation. Lyn war auf eine gesunde Art neugierig. Sie fragte mich nach der Schule, nach meinen Zielen und sogar nach meinen Gefühlen, was mich völlig aus der Fassung brachte. Ich war solche Gespräche einfach nicht gewöhnt. Bei mir zu Hause war es immer still, es sei denn, meine Mutter verlor bei einem Streit die Nerven. Bei Alice redeten alle ständig miteinander, ohne laut zu werden, aber auch ohne betont leise zu sein, denn fast alles, was sie sagten, klang irgendwie temperamentvoll und fröhlich.

Als Kind wünschte ich mir immer, ich könnte ein paar Jahre mit ihnen verbringen, aber das ging natürlich nicht. Nach den Wochenenden, die so voller neuer Eindrücke, Unterhaltungen und gemeinsamer Unternehmungen waren, mußte ich wieder nach Hause.

Dort tat ich mein Bestes, um die gute Tochter, die Freunde hatte, die gern zur Schule ging und die keine Probleme bereitete, zu spielen. Um bei diesen Bemühungen Erfolg zu haben, erschien es mir notwendig, alles was irgendwie an Sally erinnerte, zu vermeiden. Und dies tat ich nicht nur für meine Eltern. Ich hatte schreckliche Angst davor, wie meine Schwester zu werden. Sally aß alles nur mit Ketchup; ich rührte es nicht an. Sallys Zimmer war rosa gestrichen; ich behauptete, diese Farbe zu hassen. Sally spielte Klavier; ich wollte nie üben und hörte schließlich mit dem Unterricht auf, obwohl ich eigentlich gern spielte. Sally sang gern, genau wie ich, aber bis vor kurzem konnte ich mich seltsamerweise an keinen einzigen Text meiner Lieblingslieder erinnern.

Meine halbbewußte Entschlossenheit, anders zu sein, hatte leider auch meine Abneigung gegen das Lesen zur Folge. Ich hatte keine Schwierigkeiten damit, aber bis auf ein paar kurze Anfälle von Lesewut wollte ich von niemandem mit einem Buch erwischt werden. Alle in meiner Familie lasen viel, aber weil Sally es am meisten tat, brachte ich das Lesen mit ihrem sonderbaren Wesen in Verbindung. Außerdem war sie nicht das einzige Beispiel für meine naive Theorie. Nachdem meine Großtante Maude zehn Jahre in einer psychiatrischen Klinik verbracht hatte, arbeitete sie wieder wie zuvor als Bibliothekarin.

Tante Maude hatte eine besondere Vorliebe für Sally, die um so stärker wurde, je mehr sich Sallys Probleme verschlimmerten. Zu Weihnachten schickte sie Sally kistenweise Kinderbücher, die aus der Bibliothek ausrangiert worden waren. Einige waren abgegriffen, andere völlig zerfleddert, aber alle waren sie altmodisch und voll von wunderschönen Bildern. Viele Jahre lang schickte sie mir überhaupt nichts. Als kleines Kind verletzte mich dies sehr, aber als ich größer wurde, war ich eher erleichtert. »Tante Maude hat ein enges Verhältnis zu Sally«, erklärte mir Mutter. Dadurch konnte ich es besser ertragen, daß ich immer leer ausging, denn auf keinen Fall wollte ich zu Tante Maudes und Sallys Club gehören. Mein Vater, Tante Maudes Neffe, war trauriger als ich, wenn ich im Weihnachtspaket vergebens nach einem Geschenk für mich suchte. Ich kann mich nur deshalb so gut daran erinnern, weil ich als jedermanns Liebling einfach nicht begreifen konnte, daß Tante Maude Sally lieber mochte als mich.

Auch körperlich wollte ich mich so sehr wie möglich von Sally unterscheiden. Sallys Haltung war immer sehr schlecht gewesen, also hielt ich mich besonders gerade. Sally wusch sich nicht regelmäßig; ich duschte immer so ausgiebig, daß ich das ganze heiße Wasser verbrauchte. Sally trug Hosen; ich trug Kleider. Sally war fett; ich setzte alles daran, schlank zu bleiben. Es fiel mir nicht im Traum ein, daß es einen grundlegenden Unterschied zwischen uns geben könnte, nämlich, daß Sally krank war und ich nicht. Meine Eltern waren einfach nicht in der Lage, über Sallys Probleme zu reden. So kam ich auf die Idee, daß Sallys Schwierigkeiten an Ketchup, an ihrem rosa Zimmer oder an ihrer Lesewut liegen könnten. Meine Eltern hatten es versäumt, mir rechtzeitig zu erklären, was mit Sally los war. Aber wie hätten sie es mir verständlich machen sollen? Schließlich hat es *ihnen* auch niemand erklärt.

# 10

Sally kam im Herbst 1960 aus dem Sheppard Pratt Krankenhaus zurück. Ich stand damals gerade am Beginn der Mittelstufe. Sie nahm keine Medikamente; damals waren nur wenige der heute gängigen Psychopharmaka auf dem Markt. Einmal in der Woche ging sie zur Gesprächstherapie zu einem Psychiater. Sie wirkte lebendiger als seit Jahren, aber sie zog sich immer noch ziemlich häufig in ihr Zimmer zurück. Zunächst schien Mutter durch Sallys Krankheit irgendwie geläutert zu sein. Ihr Mitleid und eine unbestimmte Angst hielten sie davon ab, Sally so gnadenlos zu kritisieren wie zuvor, aber nach ein paar Wochen konnte sie nicht anders, als an Sallys mangelhafter Hygiene und an ihrem einsiedlerischen Verhalten herumzumäkeln.

Erst heute wird mir klar, wie sehr man ihr im Krankenhaus geholfen haben muß, denn sie konnte sich jetzt endlich mit rechtschaffener Wut zur Wehr setzen, wodurch die Streitereien zwischen ihr und Mutter länger und häßlicher wurden. Fast jeden Abend gab es im Haus ein plötzliches Geschrei. Bei dem Lärm hatte ich Schwierigkeiten, in meinem Zimmer zu lernen. Eines Sonntags, als ich nach der Kirche mit Sally nach Hause ging, sagte ich ihr, ich würde sie hassen, weil sie Mutter immer so schlecht behandelte. »Du machst alles kaputt«, warf ich ihr vor. Sally wollte mir ihren Standpunkt klarmachen, aber ich wollte nicht zuhören. Schließlich gab sie es auf. »Du verstehst das nicht«, sagte sie. Das stimmte. Es war mir auch einerlei, ob ich es nun verstand oder nicht. Ich wollte ein-

fach nur, daß Sally wieder verschwand, damit mein Leben so angenehm wie möglich verlaufen konnte.
Für Sally waren die eineinhalb Jahre im Krankenhaus eine Zeit der Selbstfindung gewesen. »Ich lernte mein wirkliches Ich von meinem Phantasie-Ich zu unterscheiden. Ich lernte mein wirkliches Ich kennen und mögen.«
Auch sie erinnerte sich an unseren Streit nach der Kirche. »Ich stritt immer mit Mutter, weil ich erwachsen wurde«, erklärte sie. »Aus irgendeinem Grund mußt du gedacht haben, daß ich Mutter haßte. Ich habe sie nicht gehaßt, ich wollte nur nicht, daß sie mir ständig sagte, was ich zu tun und zu lassen hatte.«
Sally faßte den Unterschied zwischen ihr und mir zusammen: »Du warst jung – nicht mal ein richtiger Teenager. Du warst selbst noch nicht alt genug, um unabhängig zu sein.«
Sally hatte ins Schwarze getroffen. Denn wie unabhängig ich auch erscheinen mochte, ich war noch ein Kind, immer darum bemüht, Selbständigkeit vorzutäuschen, um geliebt zu werden. Ich brauchte Mutters liebevolle Fürsorge, und ich tat alles, um sie zu bekommen. Sallys Anwesenheit ließ unser Haus durch Feindseligkeiten geradezu erzittern, kein Wunder, daß ich mich davor fürchtete.
Als ich kurze Zeit später ein »richtiger Teenager« wurde, begann ich Sallys Krankheit als sozialen Makel zu empfinden, und der Gruppenzwang trieb mich dazu, sie noch mehr zu meiden. Ich wollte Freunde haben, *nette* Freunde, und ich hatte Angst, daß Sallys Andersartigkeit meine gesellschaftlichen Chancen verringern würde.
Sally bemühte sich sehr, wieder ein normales Leben zu führen. Nach ihrer Entlassung aus dem Sheppard Pratt Krankenhaus hatte sie sich um einen Studienplatz an der Amerikanischen Universität in der Nähe von Washington beworben. Bei dieser Gelegenheit erfuhr sie, daß sie von der Walsingham Akademie lediglich ehrenhalber eine High-School-Abschlußurkunde erhalten hatte. Im Alter von einundzwanzig Jahren brachte sie, übergewichtig und

schüchtern wie sie war, den Mut auf, ihr letztes Schuljahr an der örtlichen High-School zu wiederholen.

Nach ihrem Abschluß ging sie, wie sie es geplant hatte, zur Amerikanischen Universität. Zuerst wohnte sie im Studentenheim, aber das ging nicht lange gut. Sally beschwerte sich empört bei ihrer Zimmergenossin, weil diese einmal spät nachts betrunken zurückkam. Ihre Zimmergenossin rächte sich, indem sie ihre Freunde organisierte, um Sally vom Hof aus laut zu beschimpfen. Sally hielt es dort keine zwei Wochen aus und zog wieder zurück nach Hause.

Sie ging immer noch einmal wöchentlich zur Therapie zu ihrem Psychiater. Erst mit dreißig, als ihre manisch-depressiven Phasen zunahmen, wurde sie mit Lithium und anderen Medikamenten behandelt. Solange sie zu Hause in einer geschützten, relativ streßfreien Umgebung wohnte, war sie in der Lage, den Anforderungen eines normalen Lebens mehr oder weniger gerecht zu werden. Sie war immer noch ziemlich in sich gekehrt, und es fiel ihr schwer, Freundschaften zu schließen, aber der vorgegebene Rahmen von Schule und Familie gab ihr Halt. Nachdem die erste schwierige Phase nach ihrer Entlassung aus dem Sheppard Pratt Krankenhaus überstanden war, arrangierten sie und Mutter sich irgendwie, und es gab nur noch wenige häßliche Streitereien.

Etwa ein Jahr nach Sallys Entlassung begann ich mit einem Jungen auszugehen, der viel zu alt für mich war. Ich glaube, meine Eltern erlaubten es nur, weil sie einfach nicht daran gewöhnt waren, sich um mich kümmern zu müssen. Auch ohne ihre Kontrolle war bei mir alles ziemlich glatt gelaufen. Nun jedoch deuteten sich auch bei mir gewisse Probleme an, aber Mutter und Papa waren so sehr mit Sally beschäftigt, daß sie meine Schwierigkeiten einfach ignorierten. Meine Schulnoten verschlechterten sich. Ich litt häufig unter Übelkeit und konnte dann kein Essen bei mir behalten. Meine Schlaflosigkeit war schon fast chronisch zu nennen. Mit dreizehn traf ich mich dann also mit einem Collegestudenten, der mir Ibsen und Salinger vorlas und der von »körperlichen Bedürfnissen« sprach.

Er war ein sehr kluger junger Mann und stammte aus einer angesehenen und wohlhabenden Familie. Ich war groß und sah älter aus als ich war. Wir lernten uns in den Sommerferien kennen. Im Herbst ging er dann zur Universität von Virginia, und ich kam in die achte Klasse. Er war überrascht, als er herausfand, wie jung ich noch war, aber anscheinend mochte er mich gern genug, um mich weiterhin zu besuchen.

Sally war nur drei Jahre älter als Don, deshalb redete sie mit ihm, als seien sie Altersgenossen. Don wollte nichts davon wissen, äffte sie hinter ihrem Rücken nach und brachte mich dazu, daß ich auch noch darüber lachte. Wenn er mir schrieb, bestellte er Grüße an meine Eltern und an unseren Hund. Dann fügte er noch in winzigen Buchstaben hinzu: Sag Hallo zu Sally.

Während Don sich über Sallys Plumpheit und ihre Versuche, attraktiver zu werden, lustig machte, begann ich mich nach und nach ihrer zu schämen.

# 11

So sehr ich mich auch bemühte, Sally zu verleugnen, ich konnte andererseits nichts dagegen tun, daß ich mich mit ihr identifizierte. Sie war das Kind meiner Eltern, genau wie ich. Wir saßen in einem Boot, sagte mir mein Unterbewußtsein. Sonst wäre ich doch ihretwegen nie so traurig gewesen, oder hätte niemals solche Angst davor gehabt, so zu werden wie sie. Warum war ich nicht in der Lage, Sally meinem Psychologen und meinen Freunden ohne Vorbehalte zu beschreiben? Meine Schwester und ich – die Abneigung, die ich empfand, wenn Sally wieder irgend etwas falsch machte, war nur die eine Seite meiner Gefühle für sie. Auf der anderen Seite hegte ich eine so intensive Zuneigung für sie, daß ich sie nicht beschreiben konnte. Ihren Schmerz versuchte ich stets zu verdrängen, denn wenn ich ihn an mich heranließ, fühlte ich ihn wie meinen eigenen.

Ich weigerte mich also, Sally und dem Teil meines Wesens, der wie sie fühlte, Beachtung zu schenken. Die Folgen dieser Verdrängung konnten nicht ausbleiben. Ich war entsetzlich unglücklich. Jeden Abend während meiner ganzen Jugendzeit, wenn ich zu Bett ging und das Licht ausmachte, begann ich in einen Traum zu fallen und dann in der Dunkelheit zu weinen.

Irgend etwas stimmte nicht mit mir, und ich wußte nicht, was es war – das war Mutters Definition von Depressionen gewesen.

Als außerordentlich gut angepaßtes Kind war ich meist mir selbst überlassen, und irgendwann begann ich mich regelrecht unsichtbar zu fühlen. Als ich mit Don, dem älteren Freund, ausgehen durfte, habe ich mich gefreut und war geschmeichelt, aber unterschwellig fühlte ich mich sehr unsicher. Ich hätte meinen Eltern eine Szene gemacht, wenn sie sich unserer Romanze in den Weg gestellt hätten, aber jetzt weiß ich, daß dieser Streit nichts gewesen wäre im Vergleich zu dem inneren Konflikt, der in mir tobte. Nach einer Weile ging diese Beziehung dann von selbst auseinander.

Eines Abends während meines zweiten High-School-Jahres kam ich nach einer Verabredung mit einem Jungen, den ich kaum kannte, spät nach Hause. Wutschnaubend empfing mich meine Mutter an der Haustür. Sie brüllte: »Du hast also wieder vergessen anzurufen! Immer denkst du nur an dich!« Schnell ging ich in mein Zimmer, schloß die Tür hinter mir und begann zu weinen. Mein Vater war zu Hause, aber er tauchte nicht zu meiner Verteidigung auf.

Ich war mir nicht sicher, ob ich nun schuldig oder unschuldig war. Ich hatte nichts Schlimmes getan, aber ich *hatte* vergessen anzurufen. Das schien ein geringfügiger Anlaß für Mutters Wutanfall zu sein. Sah sie denn nicht, wie unglücklich ich war? Ich fühlte mich ausgelaugt: Es war zu schwierig für mich, die Gründe für Mutters Ärger herauszufinden. Ich erhob mich wieder vom Bett, ging zu meiner Kommode, öffnete eine Schachtel, in der ich Make-up und Toilettenartikel aufbewahrte, und holte eine Rasierklinge heraus. Sorgsam betrachtete ich mein linkes Handgelenk und begann, kleine erforschende Schnitte zu machen. Ich betrachtete die Schichten aus Haut, Fett und Gewebe. Dann stieß ich auf die festen runden Pulsadern. Wie *interessant* das doch aussah! Ich war so abgerückt, es war, als ob ich einen Frosch im Biologielabor sezierte.

Die Schnitte waren nicht tief, aber das Blut begann doch aus den Pulsadern zu laufen, und ich bekam plötzlich Angst. Ich hatte nicht wirklich beabsichtigt, mich umzubringen. Ich kann mich nicht daran erinnern, bei dieser selbstzerstörerischen Tat überhaupt etwas gedacht zu haben. Es war, als hätte eine Schauspielerin meine Rolle gespielt, wäre vom Bett aufgestanden, zur Kommode gegangen …

Ich lief in das dunkle Schlafzimmer meiner Eltern. »Ich habe mir die Pulsadern aufgeschnitten«, sagte ich sachlich, es klang jedoch schon ziemlich dringlich. Das Licht ging an, und ein Handtuch wurde um mein Handgelenk gewickelt. Papa war im Handumdrehen angezogen. Er verfrachtete mich ins Auto.

Wir sind bis nach Washington gefahren, ins George Washington Memorial Krankenhaus. Dort nähte ein junger Arzt indianischer Herkunft meine Wunde und versprach meinem Vater, den »Vorfall« nicht zu melden. Er versicherte, daß die Schnittverletzungen nicht besonders schlimm waren. Erst während ich dies schreibe, wird mir klar, daß ich auf dem Weg zum Krankenhaus hätte sterben können, wären die Schnitte nur ein wenig tiefer gewesen. Anstatt sofort einen Krankenwagen, der allerdings den Nachbarn aufgefallen wäre, zu rufen, hatte mein Vater mich ins Auto gesetzt. Anstatt ins Arlingtoner Krankenhaus, wo wir um elf Uhr nachts noch irgend jemanden hätten treffen können, zu fahren, hatte er beschlossen, mich weiter wegzubringen, wo ein zusätzliches Familiengeheimnis sicher aufgehoben sein würde.

Noch in derselben Nacht fühlte ich mich wieder besser. Durch nichts werden die Gedanken perfekter von seelischen Problemen abgelenkt als durch körperliche Schmerzen. Niemand sprach mit mir, als ich mir das Gesicht wusch und zu Bett ging. Aber am nächsten Morgen fragte mich meine Mutter, ob ich nicht lieber mit Sallys Psychiater sprechen wollte. Ich war entsetzt. Nach all den Jahren, in denen ich mich so sehr bemüht hatte, anders zu sein, wagte sie anzudeuten, ich würde vielleicht psychiatrische Hilfe brauchen – von Sallys Arzt. »Nein!« schrie ich. »Mir geht es gut!« Und augenblicklich ging es mir tatsächlich gut – so gut wie immer jedenfalls.

Seit etwa dieser Zeit – bis ich im Alter von zweiunddreißig Jahren ernsthaft mit einer Therapie begann – dachte ich mindestens zweimal im Jahr an Selbstmord, manchmal wochenlang. Ich konnte mir einfach keine Zukunft vorstellen, in der ich glücklich sein würde. Jedesmal wenn ich vergleichsweise ausgeglichen war, verflüchtigte sich dieses Gefühl schnell wieder; insgeheim war ich überzeugt, daß das Unglück mich irgendwann heimsuchen würde. Ich benahm mich wie meine Eltern, tat einfach so, als sei alles in Ordnung. Meist gelang mir das mit einiger Willensanstrengung. Ich war nicht Sally, schwor ich mir. Ich war *überhaupt* nicht wie Sally. Solange ich diese Überzeugung aufrechterhalten konnte, gelang es mir, meine äußere Fassung zu wahren. Sally hatte Probleme, mit denen sie zu einem Psychiater ging. Würde ich zu einem Psychiater oder Psychologen gehen, dann würde ich gleichsam zugeben, daß auch ich Probleme hatte, sagte ich mir. Ginge ich zu *ihrem* Psychiater, säße ich vollends mit ihr in einem Boot, das mir wohl kaum Schutz vor dem Ertrinken böte. »Macht euch um mich keine Sorgen«, erklärte ich ernsthaft. »Mir geht es wirklich gut.« Meine Eltern fragten mich beide nicht, was mir durch den Kopf ging, als ich meine Pulsadern aufschnitt, und hätten sie gefragt, ich hätte nicht gewußt, was ich antworten sollte. Als einzige Reaktion begann mein Vater Unmengen von Fotos von mir zu machen, als wollte er eine Tochter, die jeden Augenblick verschwinden könnte, im Bild festhalten. Ich besitze eine Reihe von gelblich verblichenen Aufnahmen, auf denen ein schlankes, gepflegtes, fröhliches fünfzehnjähriges Mädchen mit einem weißen Verband am linken Handgelenk zu sehen ist.

# 12

Wir hätten lieber Fotos von Papa machen sollen, denn nur ein paar Monate später, am Silvesterabend 1963, starb er an einem Herzinfarkt.

Alle vier wollten wir an diesem Abend ausgehen. Sally wollte bei einer Familie aus der Nachbarschaft babysitten, und ich war mit einem Jungen verabredet und machte mich schön. Papa putzte gerade Schuhe im Abstellraum, der ihm gleichzeitig als Dunkelkammer und als Werkstatt diente. Als er umfiel, gab es einen lauten Knall, denn der Stuhl, auf dem er gesessen hatte, prallte gegen den Boiler. Unser Cockerspaniel fing an, wütend zu bellen.

Mutter, Sally und ich kamen aus unseren Zimmern, wo wir uns gerade anzogen, um zu sehen, was los war. Ich war als erste bei ihm. Seine Augen waren geschlossen und sein Gesicht knallrot. Zunächst rang er laut röchelnd nach Luft, hörte aber nach ein, zwei Minuten damit auf. Sein Gesicht verfärbte sich bläulich. Ich hielt meine Hand unter seine Nase, aber ich konnte nicht spüren, ob er atmete. Dann legte ich meine Hand fest auf seine Brust, um zu spüren, ob sein Herz noch schlug. Dies brachte ihn für einen kurzen Moment wieder zu sich – sein Mund öffnete sich, und er schnappte geräuschvoll nach Luft. Ich zuckte vor Schreck so sehr zusammen, daß ich mit dem Kopf an den Schraubstock, der hinter mir stand, stieß. Erst viele Jahre später habe ich erfahren, daß man durch Herzlungenmassage einen Menschen retten kann. Plötzlich wurde mir klar, daß mein Vater vielleicht weitergeatmet hätte, wenn ich meine Hände länger auf seine Brust gepreßt hätte. Statt dessen war ich mir seit über zehn Jahren sicher gewesen, daß meine Berührung ihn getötet hatte!

Mittlerweile war meine Mutter neben mir. Ich hörte sie sagen, er hätte einen Herzinfarkt oder einen Schlaganfall. Ich rannte ans Telefon und rief einen Rettungswagen. Man sagte mir, wir sollten ihn warm halten und etwas unter seinen Kopf legen. Ich schnappte mir zwei Mäntel. Einen rollte ich als Kopfkissen zusammen, und mit dem anderen deckte ich ihn zu. Mutter rief einen Nachbarn an, der Arzt war, und bat ihn, schnell zu kommen. Er wohnte nur ein paar Häuser weiter, aber es dauerte eine Viertelstunde, bis er endlich kam. Da war Papa schon tot, obwohl ich das damals noch nicht wußte. Dann raste der Rettungswagen an unserem Haus vorbei, weil man sich in der Adresse geirrt hatte. Ich rannte nach draußen, um ihn aufzuhalten. Ich fragte mich, warum Mutter, die neben Papa kniete, plötzlich so still geworden war.

Zwei Sanitäter trugen ihn auf einer Bahre hinaus. Ich sah, wie Mutter hinter ihnen in den Rettungswagen stieg. Sie fuhren davon. Sie sagte kein einziges Wort zu mir, sie ging einfach. Ich habe keine Ahnung, wo Sally während dieses ganzen Tumults gewesen war. Die Nachbarn kamen aus ihren Häusern, und ich spürte, wie mich jemand an sich zog und in den Arm nahm. Es war ein Mädchen von gegenüber, deren Vater auch vor kurzem gestorben war. Sie schluchzte, aber ich war wie betäubt.

Ich ging ins Haus, ins Schlafzimmer meiner Eltern, und meine Beine wurden ganz schwach. Meine Knie wurden weich, und ich fiel hin.

Ich weiß nicht, wann Mutter nach Hause kam. Ich kann mich nicht daran erinnern, ob sie mit Sally oder mit mir geredet hat. Zwanzig Jahre später sagte sie mir, daß es ihr überhaupt nicht in den Sinn gekommen war, Sally und ich könnten einen ähnlichen Verlust wie sie erlitten haben. Sie fühlte sich vernichtet – ihr Ehemann war die wichtigste Person in ihrem Leben – aber es war ihr

nicht klar, daß es uns ähnlich ging. »Ich denke, auch für euch war es nicht einfach«, überlegte sie später.
Mutter hatte im Krankenhaus Schlaftabletten bekommen, und sie gab Sally und mir auch eine. Ich legte die Tablette auf mein Nachttischchen und machte das Licht aus. Ich lag im Dunkeln und sah durch mein Fenster auf die kahlen Forsythienzweige, die von einer Laterne angestrahlt wurden. Immer wieder fuhren Autos vorbei – die Leute kamen von Parties zurück. Ein- oder zweimal wurde um Mitternacht gehupt, aber nicht öfter, denn die meisten Nachbarn wußten jetzt bereits, was geschehen war. Ich blickte auf die Schlaftablette. Ich dachte daran, wie erstarrt und handlungsunfähig Mutter und Sally gewesen waren, als es nötig war, etwas zu tun. Ich schien die einzige in unserer Familie zu sein, die stark sein konnte. Ich mußte mich zusammenreißen. In jener Nacht lag ich bis zum Morgen wach, aber in der folgenden Nacht schaffte ich es, zu schlafen. Die Tablette lag länger als eine Woche auf meinem Nachttisch, dann warf ich sie weg. Viele Jahre vergingen, bis ich fähig war, um meinen Vater zu weinen, aber als ich endlich zu weinen begann, konnte ich kaum wieder damit aufhören.
Auch Mutter habe ich niemals weinen sehen. Sally jedoch hörte ich manchmal leise hinter ihrer geschlossenen Schlafzimmertür schluchzen. Ich glaube, sie war als einzige von uns dreien halbwegs in der Lage, sich dem Schmerz zu öffnen. Mehr als fünf Jahre lang war sie zu einer Therapie gegangen, und sie hatte gelernt, auf ihre Gefühle zu achten, zumindest ansatzweise. Erst kürzlich sagte sie, sie habe Jahre gebraucht, um über den Tod unseres Vaters hinwegzukommen.
Unsere Familie hatte einen Schicksalsschlag erlitten, und doch teilten wir nie unsere Trauer und versuchten auch nicht, uns gegenseitig zu trösten. Nur der Hund verzehrte sich nach Papa. Nachts heulte und jaulte er – dies war das einzige Zeichen von Trauer in unserem stillen Haus.

Irgendwann während der folgenden Wochen hörte Mutter auf zu essen. Ein, zwei Monate lang bemerkte ich nur, daß sie nicht redete. Erst jetzt wurde mir klar, daß sie zuvor fast ausschließlich mit Papa geredet hatte. Morgens beim Frühstück hatten sie sich Artikel aus der Zeitung vorgelesen, und abends hatten sie immer bei einem Drink – es war nie mehr als einer – über Papas Tag im Büro gesprochen. Sie hatte sich nie viel mit Sally unterhalten, und auch unser letztes ernsthaftes Gespräch lag schon Jahre zurück. Nun schien es, als hätte sie uns nichts zu sagen. Eines Tages bemerkte ich, daß ihre Kleider viel zu weit geworden waren. Eine Sicherheitsnadel mußte ihren Rockbund zusammenhalten, und ihre Bluse hing wie ein Sack an ihr herunter. »Mama, du bist so dünn!« sagte ich.

»Ich weiß«, antwortete sie. »Mach dir darum keine Sorgen.«

Aber ich machte mir große Sorgen. Auch wenn sie mich in keiner Weise unterstützte, war ihre bloße Anwesenheit für mein Wohlbefinden absolut notwendig. Jetzt jedoch schien sie mir immer weniger Aufmerksamkeit zu schenken.

Mutter trauerte nicht nur, sie ängstigte sich auch wegen unserer finanziellen Zukunft. Sie erhielt eine gewisse Summe von der Lebensversicherung, die sie kaum anrührte, weil sie damit den Grundstein für Sallys Treuhandfonds legen wollte. Die Bundesregierung zahlte ihr eine Jahresrente, aber das Geld reichte hinten und vorne nicht. Sie war immer eine begeisterte Leserin gewesen. So schlug Tante Lyn vor, sie solle sich bei der Stadtbibliothek von Arlington bewerben. Sie mußte einen Test machen, und ich kann mich noch genau erinnern, wie sie das Ergebnis erfuhr. Im Literaturteil hatte sie hervorragend abgeschnitten, und auch im mathematischen und naturwissenschaftlichen Bereich war sie gut genug gewesen, um die Prüfung mit Auszeichnung zu bestehen. Bis auf Mutter selbst war davon niemand sonderlich überrascht. Sie hielt den Brief mit dem Ergebnis in der Hand und las ihn immer wieder.

Nach einem Monat begann sie in einer kleinen Stadtteilbibliothek zu arbeiten. Wie die meisten Frauen ihres Alters mit Collegeabschluß hatte sie, als sie eine Familie gründete, aufgehört zu arbeiten. Als sie und mein Vater jung verheiratet waren, während der sechs Jahre, bevor Sally geboren wurde, ging sie unterschiedlichen Beschäftigungen nach. Im Vanderbilt College war ihr Hauptfach zwar Englisch gewesen, nach ihrem Examen arbeitete sie jedoch als Sozialarbeiterin. Dies war praktisch der einzige Beruf, den sie während der Depression ausüben konnte, und sie hat ihn geliebt. Sie hatte gern mit Menschen zu tun, war kein bißchen eingebildet und mochte ihre Schutzbefohlenen sehr. Durch ihre Arbeit hatte sie viel zu erzählen, so auch die Geschichte von der Frau, die wissen wollte, ob man ein Diaphragma flicken könnte wie einen Fahrradschlauch. Warum sie das wissen wollte, fragte Mutter. »Ach, das Baby hat ein Loch reingebissen«, antwortete die Frau ernsthaft.
In der geschäftigen Bibliothek traf Mutter die unterschiedlichsten Menschen, mit denen sie sich schnell anfreundete. Die meisten Bibliothekarinnen waren viel jünger als sie, und Mutter war von ihrer Ungezwungenheit begeistert. Nach und nach wurde sie so glücklich, wie ich sie noch nie erlebt hatte. Sie gab mir den Auftrag, das Essen zu kochen. Sally mußte spülen, und beide zusammen mußten wir das Haus putzen. Jeden Monat bekam sie ihr festes Gehalt. Bis zu ihrer Pensionierung arbeitete sie fünfzehn Jahre lang in der Bibliothek. Diese Jahre nannte sie später immer »die glücklichsten Jahre meiner ganzen Ehe«. Sollte ich sie daran erinnern, daß ihr Ehemann während dieser Zeit schon nicht mehr lebte? Oder daß gerade ihre jüngere Tochter auf eine Katastrophe zusteuerte?
Im Gegensatz zu mir schien Sally Mutters mangelnde Fürsorge als belebend zu empfinden. Wahrscheinlich war sie auch froh, zu Hause endlich unentbehrlich zu sein. Auf alle Fälle legte sie Fähigkeiten an den Tag, die ihr niemand zugetraut hätte. Sie ging weiter zum College und bestand 1967 ihr Examen. Nach Papas Tod hat-

te sie angeboten, mit der Therapie aufzuhören, um Mutter die Kosten zu ersparen, und auch ohne Therapie ging es ihr nach wie vor gut.

Sallys Hauptfach war Pädagogik, denn sie wollte eventuell unterrichten. Nachdem sie jedoch in einigen Klassen hospitiert und den Lehrern gesagt hatte, was sie falsch machten, durfte sie kein Schulpraktikum machen. Sally kann sehr streng und halsstarrig sein, wenn es um die Einhaltung von bestimmten Regeln geht. Sie ist nicht in der Lage, Situationen aus verschiedenen Blickwinkeln zu betrachten. Ich weiß jedoch nicht, inwieweit das mit ihrem Charakter oder mit ihrer Krankheit zusammenhängt. Ihre Professoren hielten sie für »zu unreif«, und heute pflichtet sie diesem Urteil bei. »Ich hätte meinen Mund halten sollen. Ich war einfach nicht geduldig genug, um eine gute Lehrerin zu sein.«

Nach ihrem Examen bewarb sie sich bei zwei Sekretärinnenstellen der Bundesverwaltung. Beide Positionen wurden ihr angeboten. Die erste Zusage kam von der Bibliothek der Landwirtschaftskammer. Sie bekam eine Ganztagsstelle und wohnte weiterhin zu Hause.

Ich fühlte mich immer einsamer. Irgendwann im Frühling fing ich an, mich nachts aus dem Haus zu schleichen. Ich ging zu meinem Freund, der in derselben Straße wohnte. Ein paar Stunden schlief ich dann sicher in seinen Armen und kehrte vor der Morgendämmerung nach Hause zurück. Kurz darauf hatten wir dann zum ersten Mal Sex miteinander, und ich wurde schwanger.

Mein Freund war zwei Jahre älter als ich und wollte mich heiraten. Die Aussicht, ein Kind großziehen zu müssen, schien ihn nicht zu erschrecken. Ich dagegen kam kaum mit meinem Leben klar, und ich wußte auch, daß ich selbst noch ein Kind war. So beschloß ich, das Baby zur Adoption freizugeben.

Den Rest meiner Schwangerschaft verbrachte ich in einiger Entfernung im Haus einer Dame, die Zimmer an Studentinnen vermietete. Ihre Kinder waren erwachsen, und ihr Mann war kürzlich ver-

storben. So hatten sie und ihre Mutter beschlossen, ihr großes Haus mit jungen Leuten zu teilen.
Wie immer, wenn ich fort von zu Hause war, fühlte ich mich glücklich, wie ungünstig die Umstände auch sein mochten. Und jetzt genoß ich mein kurzes Zusammenleben mit Studentinnen, einer fleißigen alten Dame, die ständig strickte, und einer mütterlichen Frau, die gern kochte. Im ganzen Haus duftete es anheimelnd, und ständig wurde freundlich geplaudert. Ich wurde der Liebling der Studentinnen. Sie wollten wissen, wie es ist, schwanger zu sein. Mein ernsthaftes und beflissenes Wesen schien sie zu überraschen. »Wie kann ein so nettes Mädchen bloß in diesen Zustand kommen?« ärgerten sie mich. »Du mußt es ja wohl faustdick hinter den Ohren haben!« Wie selten in meinem Leben fühlte ich mich während dieser Zeit wirklich als kleine Schwester.
Als es soweit war, ging ich ins Krankenhaus. Das Baby wurde am 30. Januar 1965 geboren. Ich gab es über die Barker-Stiftung in Washington zur Adoption frei. Während ich die Papiere unterzeichnete und somit alle Rechte auf meinen Jungen aufgab, war mir klar, daß ich niemals über diesen Verlust hinwegkommen würde.
Ich sagte Sally nichts, denn ich fürchtete, sie würde sich insgeheim über mein Pech freuen, und wenn sie etwas geahnt hat, dann hat sie jedenfalls nie ein Wort darüber verloren.
Siebzehn Jahre nach Papas Tod, als Mutter Sally zu sich nach Hause holte, bat man sie in der psychiatrischen Tagesklinik, Sallys Lebenslauf kurz zu schildern. Man wollte sich über ihren Krankheitsverlauf informieren. Als ich nach Mutters Tod das Haus ausräumte, fand ich das Notizbuch, in dem sie Daten und Ereignisse festgehalten hatte. »31. Dezember 1963 – Bob ist gestorben«, stand dort. Darunter hatte sie mit blasser Schrift, als ob sie es selbst nicht glauben könnte, hinzugefügt: »Sally ist besser klargekommen als Peggy.« Plötzlich spürte ich ein merkwürdiges Wohlgefühl. Das gibt es doch nicht, dachte ich. Sie hat es bemerkt.

# 13

Ich hatte kein enges Verhältnis mehr zu Mutter. Wir stritten uns ständig, als ich Anfang Zwanzig war. An einen Streit kann ich mich besonders gut erinnern. Wir waren im Garten, und ich mähte den Rasen. Mutter war mir ständig auf den Fersen und bestand darauf, daß ich für mein letztes Jahr zurück zum College gehen sollte. Ich brüllte immer wieder »Nein!«, und als ich den Rasenmäher gerade wenden wollte, gab sie mir eine Ohrfeige. Sie wußte sich einfach nicht anders zu helfen. In einem unbedachten Reflex schlug ich zurück. Sie war schockiert und starrte mich einige Sekunden lang ungläubig an, bevor sie langsam zurückwich.

Wir stritten um Geld. Vom Connecticut College hatte ich zu einer billigeren Schule gewechselt. Nun drohte mir Mutter, den Geldhahn zuzudrehen, wenn ich wieder zurückgehen würde, wie ich es vorhatte. Als ich ihr sagte, das sei mir egal, ich wolle sowieso ein Jahr Pause machen und mir das Geld selbst vedienen, war sie außer sich. Erst kürzlich ist mir klargeworden, daß es bei diesem Streit eigentlich um etwas anderes, Tiefgründigeres ging, das mir selbst nicht richtig bewußt war, so daß ich es meiner Mutter auch nicht erklären konnte. Sally war in jenem Jahr ausgezogen, und ich hatte im Unterbewußtsein dort noch einmal als einziges Kind meiner Mutter wohnen wollen. Wenn ich Geld für die Schule verdienen würde, dann müßte ich zu Hause wohnen, um billiger leben zu können. Nach dem Examen würde ich fortgehen und auf mich selbst gestellt sein. Ich muß gespürt haben, daß dies meine letzte

Chance war, ein wenig von der mütterlichen Fürsorge, die ich seit Sallys erstem Zusammenbruch vermißt hatte, zu erhaschen.
Ich setzte meinen Kopf durch. Ich arbeitete als Schreibkraft im Afrikabüro der Agentur für internationale Entwicklung, wo mein Vater in den letzten Jahren seines Lebens gearbeitet hatte. Ich lebte bei Mutter zu Hause. Bei der Arbeit fühlte ich mich wie die Tochter aller Ingenieure meiner Abteilung. Alle hatten sie meinen Vater gut gekannt. Es war ein vertanes, langweiliges und völlig unbefriedigendes Jahr. Mutter hatte alle Hände voll mit Sally zu tun, die fast direkt nach ihrem Auszug einen Zusammenbruch erlitt. Unsere Unterhaltungen beschränkten sich fast ausschließlich aufs Einkaufen und auf Termine. Meine Freunde aus der High-School waren fast alle auf dem College, und ich fühlte mich einsam und langweilte mich. Im folgenden Sommer war mir irgendwie klar, daß ich meinen Rückzug in die Kindheit nicht länger fortsetzen konnte, wollte ich nicht jegliche Hoffnung auf ein gesundes Leben aufgeben. Ich nahm meine Ersparnisse und ging zurück zum Connecticut College, nicht weil ich besondere Lust dazu hatte, sondern weil mir nichts anderes übrigblieb.
Sally war nach Maryland gezogen, wohin die Bibliothek der Landwirtschaftskammer in diesem Jahr umgezogen war. Von Anfang an war es schwierig für sie. Nachdem sie wegen Depressionen im Krankenhaus gewesen war, kehrte sie in ihre Wohnung zurück und wohnte dort drei Jahre lang. In dieser Zeit hatte sie eine Menge Pech mit Mitbewohnerinnen, diverse Autounfälle und viele Streitereien mit ihrer Vermieterin, von der sie schließlich hinausgeworfen wurde. Sally ließ zwei Autos auf dem Parkplatz vergammeln. Einen Wagen hatte sie bei einem Unfall zu Schrott gefahren, und den anderen hatte sie für sechzig Dollar gekauft und nie gefahren.
Ziemlich regelmäßig mußte sie ins Krankenhaus, meist wegen lähmender Depressionen, die durch Angstzustände und Einsamkeit hervorgerufen wurden. Aber sie ging immer wieder zurück zu ihrer Arbeit. Mutter redete nie mit mir über Sallys Probleme. Sie ver-

suchte auch nie, ihre eigene Furcht und Erbitterung mit mir zu teilen. Statt dessen bemühte sie sich, Sallys Zusammenbrüche vor mir zu vertuschen, als könnten sie ansteckend wirken. Ich weiß deshalb nicht viel über die ersten Jahre, in denen Sally nicht mehr zu Hause wohnte.

Ich kann mich lediglich an die anstrengenden Besuche an den Wochenenden erinnern. Sally verließ ihr Zimmer fast nur zu den Mahlzeiten. Mutter lobte Sallys wunderbare Chefin, die ihr nicht kündigte, obwohl sie so oft ausfiel. Als Sally zurück zur Universität ging, um Bibliothekswissenschaften zu studieren, war sie damit einverstanden, sie nur halbtags zu beschäftigen. Dabei blieb es auch, nachdem sie das Studium abgebrochen hatte. Sie wußte, daß eine Ganztagsstelle einfach zu viel für Sally war. Heute ist mir klar, wie wichtig eine solche Chefin für einen psychisch Kranken ist. Er bleibt ein nützliches Mitglied der Gesellschaft. Wenn er auch nicht soviel leisten kann wie ein gesunder Mensch, sollte man es ihm doch ermöglichen, entsprechend seinen Fähigkeiten zu arbeiten. Darüber hinaus wäre dies immer noch billiger für den Staat, als wenn der psychisch Kranke überhaupt nicht arbeitet.

Als ich zurück ins College kam, geriet ich regelrecht in Panik. Ich wußte zwar, daß ich mich nur weit fort von zu Hause frei entfalten konnte, aber ich hatte keine Ahnung, was ich im Frühling tun sollte. Mein Hauptfach war Kunst; man hatte mir Talent bescheinigt. Aber Talent allein reicht eben nicht aus. Mit einundzwanzig fehlten mir der Ehrgeiz und das Selbstvertauen, meine Arbeit richtig ernstzunehmen. Einerseits hatte ich Angst davor, niemals von meiner deprimierenden Familie loszukommen, andererseits konnte ich mir allein auch keine glückliche Zukunft vorstellen. Über meine Fluchtversuche ließ sich nur eines sagen: Wie weit ich mich auch entfernen mochte, ich würde doch immer in den Fängen meiner Familie bleiben, solange ich mich nicht mit meinen liebevollen und meinen ablehnenden Gefühlen auseinandersetzte.

Ich wollte nach dem Studium nicht zurück nach Virginia, und eine Heirat muß mir wohl als der überzeugendste Hinderungsgrund erschienen sein, wenn mir das damals auch nicht bewußt war. Am College war ein junger Mann, den ich schon kennengelernt hatte, als ich zum ersten Mal in Connecticut gewesen war. Auch er war ganz versessen auf unsere gemeinsame Zukunft, und so heiratete ich ihn eine Woche vor dem Examen. Am Ende des Sommers machten Cliff und ich uns dann mit all unseren bescheidenen Besitztümern auf den Weg nach Seattle.

Cliff war beziehungsweise ist aufrichtig und fair. Er feuerte mich an, mein Bestes zu geben und meine Arbeit ernstzunehmen. Niemals hätte ich mir träumen lassen, mich einmal so kompetent und unabhängig zu fühlen. Beide besuchten wir die Universität von Washington. Er wollte seinen Doktor in Mathematik machen und ich mein Magisterexamen in Kunst. Die Ehe hätte gutgehen können, wenn ich mich meinen psychischen Problemen gestellt und versucht hätte, etwas an ihnen zu ändern. Aber noch wehrte ich mich dagegen.

Obwohl Cliff mich ständig ermutigte, wurden meine Depressionen schlimmer. Dauernd dachte ich an Selbstmord und konnte mir nicht erklären, warum. Ich konnte mir einfach nicht vorstellen, wie mein Leben weitergehen sollte. Ich wußte, ich brauchte Hilfe, nur um zu überleben. Schließlich ging ich zu einer Therapeutin, die an der Universität beschäftigt war. Sie war es, der ich nach zwei Jahren Therapie in unserer letzten Sitzung unter Tränen von meiner Schwester erzählte. Dies hätte ein Wendepunkt für mich werden können. Aber instinktiv blockte ich die allzu schmerzlichen Gedanken ab, so wie ich es immer getan hatte.

Ich stahl mich schließlich aus meiner Ehe davon, genau wie ich mich früher aus meiner Familie davongestohlen hatte, wenn das Zusammensein mir zu schwierig und zu belastend wurde. Ich blieb jedoch sechs weitere Jahre lang in Seattle, gab Zeichen- und Malunterricht und stellte meine eigenen Bilder in einer Galerie aus.

Obwohl ich mich in der Stadt recht gut als junge Künstlerin etabliert hatte, war mir der dunkle, nie enden wollende Winter in Seattle immer verhaßt, und häufig wünschte ich mir, an die Ostküste zurückzukehren. Aber immer, wenn ich darüber nachdachte, bekam ich eine Art Nesselfieber. Zweimal überfiel mich solche Angst, daß ich fast ohnmächtig wurde. Ich konnte nicht in die Nähe meiner Familie ziehen, wenn die bloße Vorstellung mich schon krank machte. Langsam wurde mir schmerzlich bewußt, daß ich wie eine Ausgestoßene lebte. Einerseits war es meine Rettung, weit fort von Virginia zu sein, andererseits war es auch eine Strafe. Ich fühlte mich verbannt aus dem Zuhause meiner Kindheit. Meiner Schwester war ich hoffnungslos entfremdet, und auf eine subtile, jedoch schmerzhafte Weise fühlte ich mich von meiner Mutter im Stich gelassen. Ich wollte so gern, daß sie Notiz von meinem Leben nähme – daß sie meine Entschlüsse guthieße. Ich brauchte sie, wie ein kleines Kind seine Mutter braucht: Sieh mal, was ich mache, Mami!

Wollte ich meine Mutter sehen, mußte ich nach Virginia fahren, und dort war auch Sally, zumindest an den Wochenenden. Sally verbrachte meist den halben Tag in ihrem Zimmer, Mutter forderte sie dauernd auf, geselliger zu sein, gegen Abend keiften sie sich dann immer an, so daß Sally sich verständlicherweise nach dem Essen wieder zurückzog. Am folgenden Tag war es das gleiche. Meine Gegenwart schien kaum eine Rolle zu spielen.

Seit ich mit achtzehn von zu Hause ausgezogen war, hatte ich Mutter immer gebeten, ja sogar angefleht, mich ab und zu einmal zu besuchen, aber sie tat es nicht. »Ich kann Sally nicht allein lassen«, lautete ihre Antwort auf alle Einladungen von mir und ihren Freunden, von denen manche in solch hübschen Pensions- oder Feriengegenden wie Südkalifornien oder Hawaii lebten. Mutter lehnte ihre Einladungen sogar in den Jahren ab, als Sally nicht zu Hause lebte und sie von den Ärzten die strikte Anordnung erhalten hatte, ihre Tochter ihr eigenes Leben leben zu lassen. Sie machte sich zu viele Sorgen, was geschehen könnte, wenn sie Sally allein ließ, aber ich glaube auch, daß sie selbst einfach zu deprimiert war, um irgendwelche Anstrengungen zu unternehmen. Auch wenn sie nicht damit beschäftigt war, sich um Sally zu kümmern, sie ins Krankenhaus zu bringen oder die Folgen irgendeiner Krise zu beseitigen, war sie nicht für mich verfügbar. »Ich kann Sally nicht allein lassen – es geht ihr so gut«, sagte sie dann, oder wenn das Gegenteil der Fall war: »Ich kann Sally nicht allein lassen, es geht ihr im Moment ziemlich dreckig.«

Indem sie sich so intensiv um Sally kümmerte, wollte Mutter wohl zum Teil fehlende Zuneigung ihr gegenüber wiedergutmachen. Ich weiß, daß sie Sally von ganzem Herzen liebte, auch wenn ihr dies nicht bewußt war. Es war ein Gefühl, das weit über einfache Zuneigung hinausging. Sie tat, was sie konnte für ihre Tochter, und das war eine ganze Menge. Mutter tat wirklich alles, bis auf das eine, das vielleicht am meisten geholfen hätte: selbst zu einem Therapeuten zu gehen. Ich ermutigte sie, Hilfe zu suchen, denn ich sah langsam ein, daß ihr Verhältnis zu Sally eine Art verdrehte Symbiose war, in der eine Krise die nächste jagte. Beide blieben sie schicksalhaft miteinander verbunden, waren jedoch wütend und unbefriedigt. Mutter weigerte sich. »Mit mir ist alles in Ordnung«, sagte sie erbost.

»Eine Therapie bringt dich nicht in Ordnung. Sie *hilft* dir. Du machst eine Therapie, weil du sie *verdient* hast, nicht weil du sie irgend jemandem schuldest.«

»Ich verdiene ein wenig Ruhe und Frieden. Das ist alles, was ich möchte.«

Als sie erfuhr, daß sie hohen Blutdruck hatte, war sie überrascht, denn sie war schlank und fit, aber sie war sich auch bewußt, daß sie zu viel um die Ohren hatte. Wenn Sally untersucht wurde, war ihr Blutdruck immer normal.

»Natürlich ist er normal«, sagte Mutter bitter. »Worum muß *sie* sich schon Sorgen machen? Ich wünschte, *ich* könnte auch sein wie die Lilien auf dem Felde!«

»Dann versuch doch, eine Lilie auf dem Felde zu sein«, antwortete ich. Wie eine Furie schrie sie, daß ich gut reden hätte, sie war es schließlich, die nach einer Krise die Scherben aufsammelte. Sie hatte recht – ich war nicht da. Aber ich spürte, daß Mutter ebensogut mit Sally fertig werden würde, vielleicht sogar besser, wenn sie lernen könnte, sich nicht so viele Sorgen zu machen. Angst ist ansteckend. Ihre Angst wirkte lähmend auf sie selbst und auf uns.

Mutter war ständig angespannt, immer auf dem Sprung, falls wieder etwas passieren sollte. Dies war ihr nicht einmal bewußt. Sie wartete förmlich auf den nächsten Zusammenbruch, selbst wenn sie glaubte, Sally links liegen und »sie ihr eigenes Leben leben« zu lassen. Sie war wie gefangen in einem ewigen Kreislauf, der damit begann, daß sie erleichtert war, wenn Sally aus dem Krankenhaus entlassen wurde und es ihr gut ging. Als nächstes versuchte sie dann, Sally für eine Weile zu vergessen und ihren eigenen Interessen nachzugehen. Sie arbeitete, las und ging mit Freunden ins Theater. Daraufhin ließen ihre Schuldgefühle nicht lange auf sich warten, gefolgt von bösen Vorahnungen. Auf diese Vorzeichen konnte sie sich fast immer verlassen. Sie kündeten eine neue Krise an. Nach einer erschöpfenden Rettungsaktion begann der Kreislauf von neuem.

Das schlimmste hielt Mutter immer von mir fern. »Sally war wieder im Krankenhaus« war alles, was sie mir erst mitteilte, wenn eine weitere Katastrophe vorüber war. Nur zweimal redete sie mit mir über Sallys Probleme, als diese gerade wieder begannen. Einmal war Sally so verzweifelt, daß sie versuchte, sich das Leben zu nehmen. Sie wurde jedoch rechtzeitig von ihrer Mitbewohnerin gefunden, so daß sie gerettet werden konnte. Mutter erzählte mir nur davon, weil die Reaktion ihrer Freundin auf Sallys Selbstmordversuch sie völlig aus der Fassung gebracht hatte. Die Freundin hatte gesagt: »Arme Sally. Wie schade für sie, daß es nicht geklappt hat.« Mutter war entsetzt. Einige Stunden später, als sie mich fragte, wie jemand nur so herzlos sein konnte, klang ihre Stimme immer noch völlig aufgewühlt.

»Ich weiß es nicht, Mama«, antwortete ich. Ich sagte ihr nicht, daß ich genau das gleiche gedacht hatte. Sallys Dasein erschien mir so hoffnungslos, so chaotisch und einsam – und auch ich hatte schon oft an Selbstmord gedacht. Ich verstand einfach nicht, wie Sally es schaffte weiterzuleben.

Das andere Gespräch fand Jahre später statt, als Sally wegen schwerer Depressionen ins Krankenhaus eingeliefert wurde. »Schreib ihr einen Brief«, drängte Mutter mich, und ich tat es. Ich schrieb Sally, daß auch ich viele Male schrecklich deprimiert gewesen war. Auch ich wüßte nicht, woher die Depressionen kamen, oder wie man sie wieder loswerden konnte. Aber aus Erfahrung wüßte ich, daß die Zeit ihr zu Hilfe kommen würde.

»Sally hat mir erzählt, daß du ihr geschrieben hast. Dein Brief hätte ihr sehr geholfen, aber sie wollte ihn mir nicht zeigen«, sagte Mutter bei unserem nächsten Telefongespräch. Einerseits rührte es sie, daß ich geschrieben hatte, andererseits war sie gekränkt, weil Sally ihr kein Vertrauen geschenkt hatte. Mir war jedoch klar, daß sie jene schwarzen Depressionen, die Sally ins Krankenhaus gebracht hatten und mich ständig an Selbstmord denken ließen, nicht verstehen würde. Wenn ihr ihre eigenen Depressionen jemals zu Bewußtsein kamen, so hat sie zumindest mit uns niemals darüber gesprochen.

Bis auf diese beiden Ausnahmen kümmerte sich Mutter allein um Sallys Probleme. Sie erwartete Dankbarkeit von mir, aber ihre Rücksichtnahme frustrierte mich und machte mich wütend. Ich redete ihr zu, schlechte Nachrichten nicht länger vor mir geheimzuhalten, denn ob sie es mir nun sagte oder nicht, ich spürte doch sofort, wenn etwas nicht in Ordnung war. Viele Jahre lang konnte ich fast bis auf den Tag genau sagen, wann Sally ins Krankenhaus kam. Wahrscheinlich verriet es mir schon der Klang von Mutters

Stimme am Telefon. Oder vielleicht rief sie dann seltener an, oder öfter. Wie auch immer, ich hatte ein ganz sicheres Gespür dafür. Es begann immer mit unbestimmten Angstgefühlen. Ich konnte mich nicht auf meine Arbeit konzentrieren. Ich schlief schlecht. Schließlich fragte ich mich, ob Sally wohl wieder krank war. Das war dann auch immer der Fall. Meinen Freunden erzählte ich manchmal, daß es zwischen meiner Schwester und mir eine merkwürdige Verbindung zu geben schien, obwohl unsere Kommunikation gestört war. Als ich Mutter einmal kritisierte, weil sie immer versuchte, alle Probleme vor mir geheimzuhalten, sagte sie: »Ich möchte nur, daß du glücklich bist. *Einer* von uns kann doch wenigstens glücklich sein.«
Glücklich? dachte ich. Wer kann schon glücklich sein? Meint sie etwa mich? »Ich fühle mich dann immer, als gehörte ich nicht zur Familie, Mutter«, sagte ich.
»Darüber solltest du dich eigentlich freuen!«

Irgendwie konnte ich Mutter überreden, zu meiner Magisterexamensausstellung zu kommen. Ich holte sie am Seattle-Tacoma-Flughafen ab und fuhr mit ihr in meine Wohnung. Cliff und ich hatten uns getrennt, aber wir waren noch immer gute Freunde. Er mochte Mutter, und so hatte ich ihn zum Essen eingeladen. Sie war in ihrer überschwenglichen Stimmung. »Ist Peggys Wohnung nicht einfach niedlich?« fragte sie ihn, als er eintraf. Ich mußte lächeln – ich freute mich so, daß ihr die Wohnung gefiel. Dann sagte sie: »Sie erinnert mich an einige Absteigen, in denen Bob und ich gehaust haben, als wir frisch verheiratet waren.« Während ich früher über so eine Bemerkung hinweggegangen wäre, fand ich sie nun unerträglich. Ich sagte ihr klar und deutlich, daß ihre Worte beleidigend und verletzend waren. »Sei doch nicht gleich so empfindlich«, meinte sie beschwichtigend. »Das habe ich doch nur so dahingesagt.« In Wahrheit war sie neidisch. Sie war ganz begeistert von meiner geräumigen, sonnigen Altbauwohnung. Viele Jahre später gestand sie mir, daß sie damals plötzlich den Wunsch verspürt hätte, ihr Haus zu verkaufen und nach Washington in eine Wohnung umzuziehen. »Alles hat mich an die Zeit erinnert, als dein Vater und ich noch jung, arm und ohne Sorgen waren.«

Der Besuch war für uns beide nicht einfach. Sie wollte raten, welche der ausgestellten Examensarbeiten von mir stammten. Aber nachdem sie fünfzehn Minuten lang gesucht hatte, mußte sie zugeben, daß sie sie nicht finden konnte. Seit Jahren hatte sie keines meiner Bilder mehr gesehen, und auf meine abstrakten Arbeiten war sie einfach nicht gefaßt. Als ich sie ihr zeigte, fuhr sie regelrecht zurück. »Aber sie sehen so wütend aus!« rief sie. Sie waren keineswegs wütend, aber sie waren groß – ein Meter fünfzig hoch und zwei Meter zwanzig breit –, und ihre Farben waren lebhaft und glühend – Rot- und Violettöne und leuchtendes Gold. Für mich waren es anspruchsvolle Bilder – als »kraftvoll« hätte ich sie vielleicht bezeichnet, hätte ich sie beschreiben sollen –, und es waren frohe Bilder. »Sie sind so aggressiv«, beharrte sie. »Sie machen mich nervös.«

Schweigend verließen wir die Galerie. Als wir an einer roten Ampel warten mußten, deutete sie auf zwei ältere Damen auf der anderen Straßenseite. »Wie nett doch diese beiden Frauen aussehen«, sagte sie bestimmt. Die beiden Damen wirkten adrett in ihren nichtssagenden Kostümen, zu denen sie Sportschuhe trugen. »Sehr hübsch«, murmelte sie befriedigt. Mutter befand sich an einem fremden Ort, zusammen mit ihrer plötzlich fremd gewordenen Tochter. So klammerte sie sich an das Normalste, das sie entdecken konnte, an etwas, das keine Herausforderung für sie darstellte.

Es empörte mich außerordentlich, daß sie an den wenigen Dingen, die mir gehörten – meiner Wohnung und meinen Bildern –, herumnörgelte und statt dessen etwas absolut Unscheinbares lobte. Inzwischen bin ich älter, und ich habe Mitgefühl mit einer lebensprühenden, hochintelligenten und aufgeschlossenen Frau, die sich an Alltäglichkeiten klammerte, da sie um ihr inneres Gleichgewicht fürchtete.

In den zwanzig Jahren, die zwischen meinem Auszug von zu Hause und ihrem Tod lagen, besuchte Mutter mich ganze viermal. Und während der vierundzwanzig Jahre, die ihr nach dem Tod meines Vaters noch blieben, verreiste sie nur zweimal. Einmal besuchte sie alte Freunde in Neuengland, und einmal fuhr sie für ein paar Tage nach Nashville zu ihrem fünfzigjährigen Collegetreffen.

# 14

Im Sommer 1979 zog ich nach New York. Es machte mir angst, nur ein paar Fahrstunden von Arlington entfernt zu sein, aber ich glaube, es war der unbewußte Wunsch, mit meiner Familie wieder ins reine zu kommen, der mich zurück an die Ostküste trieb. Wie so viele Menschen, die nicht damit fertig werden, einen behinderten nahen Verwandten zu haben, fühlte ich mich ständig irgendwie schuldig. Immer wenn ich einmal glücklich war, machten mich vage Befürchtungen ganz beklommen. Ich verdiente es einfach nicht, glücklich zu sein, sagte ich mir. Es schien mir beinahe frevelhaft, meine eigenen Ziele zu verfolgen, und wenn ich eines davon erreicht hatte, dann war ich überzeugt, daß irgend etwas mir meinen Erfolg wieder streitig machen würde. Oft versuchte ich bewußt oder unbewußt, Mutter und Sally zu vergessen, aber dies bewirkte nur, daß mich zunächst Besorgnis und später Reue überfielen.

Gelegentlich versuchte ich ernsthaft, Sally eine bessere Schwester und meiner Mutter eine bessere Tochter zu sein. Ich engagierte mich stärker, indem ich häufiger nach Arlington fuhr und dort auch mehr Zeit mit Sally verbrachte. Ich betrachtete diese Annäherungsversuche als eine Art Wiedergutmachung für meine aus meiner Sicht unverdiente Freiheit. Meine Bemühungen in dieser Hinsicht nahmen mich jedoch jedesmal sehr mit.

Sally wohnte noch immer in ihrer eigenen Wohnung. Wenn ich in Arlington zu Besuch war, brachte ich sie auf meinem Rückweg nach New York manchmal nach Hause. Meistens erfand ich irgendeine Entschuldigung, damit ich gleich weiterfahren konnte und nicht mit hineinkommen mußte. Mit angeborenem Spürsinn wußte sie, wo für mich die Grenzen waren.

Einmal bat ich sie, ihre Toilette benutzen zu dürfen. Sie erlaubte es mir voller Begeisterung und wollte mir bei dieser Gelegenheit ihre Häkelarbeiten zeigen. Ihre Wohnung lag im ersten Stock, und wir gingen die Treppe hinauf. Sie öffnete die Tür.

Sally war immer schon schlampig gewesen, aber der Anblick ihres Wohnzimmers übertraf dann doch meine sämtlichen Vermutungen. In der Wohnung roch es muffig. Bettlaken und Decken waren schmierig und vollkommen zerknautscht, und eine dreckige Matratze kam darunter zum Vorschein. Auf dem Boden lagen schmutzige Kleidungsstücke herum. In der Küche standen zahllose überquellende Müllbeutel. Die Anrichten waren mit Essensresten verschmiert.

Sally zeigte mir Unmengen von buntem Acrylgarn. Sie beschrieb mir die Ponchos, die sie gerade häkelte und die sie später häkeln wollte. Für jede Gelegenheit wollte sie einen passenden Poncho anfertigen. So hatte sie einen gelb-weißen Ostereiponcho im Sinn. Außerdem hatte sie Berge von Stoff gekauft, aus denen sie zu jedem Poncho eine passende Hose nähen wollte.

Hätte ich damals nicht so schreckliche Angst gehabt – vor Sallys Verschrobenheit, vor der Bedrücktheit meiner Familie, davor, selbst krank zu werden –, dann wäre ich vielleicht in der Lage gewesen einzusehen: »Das hier geht zu weit, da stimmt etwas nicht. Aber ich konnte Sallys Benehmen nicht objektiv beurteilen, weil ich nicht wußte, wo die Grenze zwischen ihrer Lage und meiner eigenen zu ziehen war. So wurde mein Handeln nur von meinen Gefühlen bestimmt, und ich tat, was ich immer tat. Ich versuchte zu übersehen, was mir in die Augen stach. Ich wollte den stinkenden Mief einfach nicht riechen. Genausowenig ging ich darauf ein, als Sally mir erzählte, jemand versuche, ihren Briefkasten aufzubrechen. Statt dessen konnte ich es kaum erwarten, endlich zu verschwinden. In der Zwischenzeit improvisierte ich. Ich lobte das grellbunte Garn und machte oberflächlich höfliche Bemerkungen. Zwei Wochen später war Sally wieder im Krankenhaus.

Mutter war außer sich, weil ich sie nicht über den Zustand von Sallys Wohnung informiert hatte – ich hätte doch *sehen* müssen, daß Sally krank wurde!

Ich hatte es nicht gesehen. Für mich war alles ein und dasselbe, denn durch meine Verdrängungstaktik konnte ich zwischen Sallys alltäglicher Schlampigkeit und jenem Chaos, das ein deutliches Signal für den Beginn einer seelischen Krise war, nicht unterscheiden. Außerdem hatte ich meine Mutter nicht noch mehr beunruhigen wollen; sie wirkte schon beinahe so deprimiert wie Sally.

Der Zustand von Mutters Haus verschlechterte sich ebenfalls, obwohl es im Vergleich zu Sallys Wohnung noch nicht allzu schlimm war. Viele Fußbodenfliesen hatten Risse. An den Wänden waren Spinnweben, und die Küchenschränke bedurften dringend einer gründlichen Reinigung. Zuerst wirkte Mutter überrascht, als ich ihr sagte, alles sehe langsam etwas heruntergekommen aus. Sie schien den schäbigen und vernachlässigten Zustand nicht zu bemerken. Dann wurde sie wütend. Sie beklagte sich, weil Sally und ich ihr nie halfen, aber ich meinte, sie sollte eine Haushaltshilfe engagieren. Ich wußte, daß sie sich eine Hilfe leisten konnte, aber das war nicht das Problem. »Ich möchte nicht, daß eine fremde Person dieses Haus zu sehen bekommt«, sagte sie schließlich voller Abscheu.

Meine Besuche bedeuteten für mich mittlerweile eine solche Qual, daß ich mich entweder betrank – ich brauchte nicht viel, um mich zu betäuben, da ich sonst fast nie Alkohol trank –, oder ich nahm Valium, um ruhiger zu werden.

1979 wurde Sally ins Spring Grove Staatskrankenhaus inMaryland überwiesen. Sie war durch neue Depressionen wie gelähmt. Sie bat dort bald um Elektroschocks. Sie hatte sie schon einmal bekommen. Eine Nebenwirkung dieser Schocks war die teilweise Beeinträchtigung ihres Kurzzeitgedächtnisses, auf der anderen Seite wirkten sie gegen ihre tiefen Verzweiflungszustände. Ich fuhr nach Arlington, und Mutter bat mich, Sally zu besuchen. Ich packte etwas Brathuhn und Kartoffelsalat ein. Als ich ins Krankenhaus kam, war Sally in ihrem Zimmer. Zunächst wollte ein Pfleger sie holen, aber nach einer Weile kam er zurück und forderte mich auf, ihm zu folgen. Sie saß auf der Bettkante und war noch ganz benommen vom Schlaf. Sie schaffte es »Hallo Peggy« zu sagen, aber dann war sie still, wiegte sich ein wenig hin und her und starrte auf den Boden. Ich hatte sofort das Gefühl, daß sie lieber allein sein wollte, aber vielleicht suchte ich selbst auch nur nach einer Entschuldigung für meine Fluchtgedanken. Als ich ihr das Brathuhn gab, eine ihrer Lieblingsspeisen, dankte sie mir und begann zu essen, aber sie war so weit von der Realität entfernt, daß sie kaum zu wissen schien, was sie tat. Als sie ein Stück Brustfleisch abbiß, knackten die dünnen Rippenknochen. Ich erwartete, daß sie die Knochen ausspucken würde, aber sie kaute einfach weiter und schluckte alles herunter. Zuerst wollte ich ihr das Huhn wegnehmen, aber stattdessen sagte ich: »Iß doch die Knochen nicht mit, Sally.« Sie murmelte zustimmend. Ich war froh, daß sie mich zumindest halbwegs verstanden hatte. Ich wartete, bis sie mit dem Essen fertig war, und ging. Als ich zu meinem Auto kam, setzte ich mich auf den Vordersitz und ließ die Tür offen. Den Kopf legte ich auf meine Knie. Mußte ich mich übergeben oder würde ich ohnmächtig? fragte ich mich. Nichts von beidem geschah. Ich fing nur an zu weinen. Minutenlang schluchzte und zitterte ich. Danach hatte ich mich wieder unter Kontrolle.

Nach einem weiteren schweren Zusammenbruch, bei dem sie von der Polizei ins Krankenhaus gebracht worden war, konnte Sally nicht länger in der Bibliothek arbeiten und mußte eine Erwerbsunfähigkeitsrente beantragen. Fast zwei Jahre lang, nachdem sie ihre Arbeit verloren hatte, lebte Sally in verschiedenen Wohnungen,

Pensionen und möblierten Zimmern in der näheren Umgebung von Washington. 1982 wurde es Mutter schließlich klar, daß Sallys Möglichkeiten, ein unabhängiges Leben zu führen, erschöpft waren. Sally hatte versucht, allein zu leben, sich die Wohnung mit jemandem zu teilen, in einer betreuten Wohngruppe und in einem möblierten Zimmer zu wohnen. Nichts von alledem war für sie praktikabel gewesen, und sie war entweder ausgezogen oder von ihren Vermietern hinausgeworfen worden. Mutter hatte zahllose Umzüge für sie organisiert und hatte es einfach satt. Obwohl ihr bei dem Gedanken, Sally bei sich aufzunehmen, alles andere als wohl war, glaubte sie, Sally auf diese Weise besser unter Kontrolle zu haben und verhindern zu können, daß sie wieder aus dem Gleichgewicht geriet.

Dies war ein Umzug, gegen den sich jeder Arzt und jeder Sozialarbeiter ausgesprochen hätte, der Sally jemals gesehen hatte. Sie zollten Mutter keinerlei Anerkennung für ihre ehrliche, aufopferungsvolle Hilfsbereitschaft. Immer wieder sagten sie ihr, daß Sally niemals erwachsen würde, wenn sie sich weiterhin in alles einmischte. Sie redeten ihr ein, sie sei Gift für ihre ältere Tochter. Immer wenn Sally selbst darum bat, nach Hause ziehen zu dürfen, hatte ihr Mutter pflichtschuldigst erklärt, daß die Ärzte dies für keine gute Idee hielten.

Die Beziehung der beiden war wohl niemals gesund gewesen. Sally hegte ständig einen Groll gegen Mutter, selbst wenn sie sie nötig brauchte. »Bei Mutter durfte ich nie ich selbst sein«, sagte sie oft. Ich erinnerte sie daran, daß sie Mutter ständig bekniet hatte, zurück nach Hause ziehen zu dürfen. »Aber nur weil sie immer gesagt hat, ich dürfte nicht«, meinte sie aufrichtig dazu.

Als sie schließlich wieder bei Mutter wohnte, geriet Sallys Leben nicht mehr aus den Fugen, sie war jedoch weiterhin deprimiert. An manchen Tagen war sie so tief unten, daß ihre Körperfunktionen gestört waren. Beim Gehen schlurfte sie. Ihre Hände zitterten so sehr, daß ihr das Essen von der Gabel fiel. Außerdem zog sie sich so oft sie konnte in ihr Zimmer zurück, um zu schlafen. Einige ihrer Probleme wurden durch die Nebenwirkungen ihrer Medikamente hervorgerufen, aber andere rührten von den Depressionen her. Die Medikamente, besonders das Lithium, machten Sally lustlos, aber wenn sie sich viel ausruhte, schien ihre Tatenlosigkeit ihre Depressionen noch zu verschlimmern. Außer wenn sie während ihrer manischen Phasen in hektische Aktivität verfiel, war Sally von Natur aus faul und träge. So war es schwierig herauszufinden, warum sie sich so zurückzog. Mutter respektierte Sallys Privatsphäre nun jedoch mehr und erlaubte ihr lange Ruhepausen in ihrem Zimmer. Sie überredete sie aber immer wieder, herauszukommen, wenn alte Freunde zu Besuch kamen, wenn ich zu Hause war, oder wenn Nachbarn uns einluden.

Einige psychisch kranke Menschen terrorisieren ihre Familien mit gewalttätigen Wutausbrüchen. Andere hören Stimmen, mit denen sie dann ständig laut reden. Dieses Krankheitsbild bot Sally nie, wenn ich dabei war. Nur manchmal machte sie in Gegenwart anderer unpassende Bemerkungen, die äußerst peinlich sein konnten. Einmal saßen wir im Garten eines befreundeten Ehepaars bei ein paar Drinks. Es waren alte Freunde. Ed hatte mit meinem Vater gearbeitet und mir meinen ersten Job verschafft. Er und seine Frau Pat hatten einen Sohn, mit dem ich in der High-School befreundet gewesen war. Wir plauderten über unsere Familien und über politische Ereignisse. Sally wirkte völlig in sich gekehrt und hatte sich kaum an der Unterhaltung beteiligt. Dann, während einer kurzen Gesprächspause, schien sie plötzlich aufzuwachen. »Als ich klein war, haben Papa und ich doch immer miteinander geschlafen, stimmt's, Mutter?«

Ich kann mich noch an die leuchtend roten Wicken, die sich an einer niedrigen Mauer hochrankten, erinnern. Auch das Klirren des Eises in meinem Glas habe ich noch heute im Ohr. Mutter starrte Sally nur entgeistert an, aber bevor sie etwas sagen konnte, fuhr Sally fröhlich fort. »Weißt du noch? Am Samstagnachmittag hat er doch im Wohnzimmer auf der Couch manchmal ein Nickerchen gemacht. Ich habe mich dann zu ihm gelegt und auch geschlafen.« Alle lachten, aber es war ein nervöses Lachen. Mutter war gekränkt. Mit der Zeit lernte sie jedoch, bei solchen Einwürfen nicht mehr zusammenzuzucken und mit Nachsicht zu reagieren. Sie kamen sowieso nur sehr selten vor.

Ab und zu waren Sally und ich richtig gern zusammen. Mutter konnte Feiertage nicht ausstehen. Weihnachten fand sie immer besonders deprimierend und anstrengend. Sally und ich dagegen liebten die Weihnachtszeit, wenn sie auch unweigerlich gewisse Enttäuschungen mit sich brachte. Jedes Jahr riß ich mir ein Bein aus, um hübsche Geschenke zu finden, in der Hoffnung, daß ich dadurch ein wenig Fröhlichkeit mit nach Hause bringen könnte. Sally war begeistert. »Peggy bringt immer so viel Freude mit«, hatte sie in einem Jahr gesagt. Für Mutter war alles jedoch nichts als Arbeit. Schnitt ich Zweige für einen Kranz, dann dachte sie schon daran, daß sie ihn Neujahr wieder auseinandernehmen mußte, damit sie die Holzform, die Papa vor dreißig Jahren geschnitzt hatte, aufbewahren konnte. Den Wunsch nach einem Weihnachtsbaum gab ich irgendwann auf. Es war zuviel für Mutter, wenn sie ihn nach den Feiertagen wieder hinausschaffen mußte. Sally hätte ihr vielleicht helfen können, aber das stand nicht zur Debatte. Mutter hätte sie zehnmal darum bitten müssen, und das allein wäre schon entnervend gewesen. Häufig beachteten Sally und ich Mutters Nörgeleien einfach nicht und fuhren mit unseren Festvorbereitungen fort. Meist machte Mutter dann doch mit und kochte ein köstliches Weihnachtsessen für uns. Am Ende meines Besuchs gab sie dann regelmäßig zu, daß ihr das ganze Theater doch noch Spaß gemacht hätte.

Im großen und ganzen war es jedoch Sallys Niedergeschlagenheit, mit der ich mich identifizierte. Durch ihre Krankheit war sie isoliert und konnte ihre Träume nicht realisieren; obwohl ich im Vergleich zu ihr Unmengen von sozialen Kontakten hatte, fühlte ich mich irgendwie allein. Ich konnte alles nur halb tun, denn der Teil meines Wesens, der sich mit Sally identifizierte – der Sally war –, wartete darauf, daß etwas Schreckliches passieren würde. Dieser Teil von mir beharrte auch darauf, daß ich krank war und daß ich es nicht verdiente, mein Leben erfolgreich zu meistern. Gleichgültig, was ich erreichte, ich hatte immer das Gefühl, mein Leben sei ein einziges dunkles Rätsel.

1981 begann ich ernsthaft mit einer Therapie. Eines Morgens schilderte ich meiner Therapeutin Fiona einen Traum. Ich fuhr mit dem Bus durch New York. Kurz vor dem Central Park stiegen noch einige Fahrgäste zu. Darunter auch ein kleiner schwarzer Junge und seine Großmutter. Er war behindert, verkrüppelt und teilweise gelähmt. Die anderen Fahrgäste erschraken bei seinem Anblick und starrten ihn an, als er durch den Bus zu einem der hinteren Plätze humpelte. Die angeekelten Grimassen der gutgekleideten Passagiere schnitten mir ins Herz. Dann, als der Bus den Park erreichte, begann der Junge mit einer glockenhellen Sopranstimme wundervoll zu singen. Die anderen saßen mucksmäuschenstill und lauschten tief bewegt seinem wunderschönen Lied.

»Ich glaube, dieses Kind bist du«, sagte Fiona.

Ich dachte über ihre Interpretation nach, sie gefiel mir, aber irgendwie stimmte sie nicht. Plötzlich wußte ich, wen dieser kleine Junge symbolisierte. »Nein, es ist Sally«, sagte ich.

Immer wieder versuchte ich für Sally eine richtige Schwester zu sein. Ich hatte jedoch so wenig Erfahrung, daß ich nicht wußte, was ich von ihr erwarten konnte. Ich wußte nie, ob ich Sally wie ein Kind oder wie eine Erwachsene behandeln sollte, wie jemanden, der von anderen abhängig ist oder der die Verantwortung für sich selbst übernehmen kann. Ihr Seelenleben war mir ein Rätsel. Ich wußte nur, daß sie sehr sprunghaft war. Ich schaffte es einfach nicht, eine enge Beziehung zu ihr aufzubauen, da ihre Gefühle ständigen Schwankungen unterworfen waren. Nicht nur aus diesem Grund war ich mir unsicher, wie ich mit ihr reden sollte. In Wahrheit wollte ich gar nicht in ihre Gedanken und Gefühle eingeweiht werden. Ich brauchte einfach die Distanz, die sich durch Unwissen von selbst einstellt. Deshalb kannte ich sie nicht gut genug, um ihre Reaktionen auf meine Äußerungen richtig einschätzen zu können.

Ich konnte einfach nie mir ihr sprechen, als wären wir gleichberechtigt. Die Unterhaltungen waren einseitig. Die Fragen stellte ich, und Sally erzählte mir, was sie gerade tat. Ihre seltenen persönlichen Fragen an mich erfolgten meist unvermittelt und in keinem Zusammenhang. Und ihre Fragen nach anderen Dingen verschlugen mir oft die Sprache. »Sag mal, Peggy«, begann sie etwa mit kräftiger Stimme, »wann ist denn der richtige Moment, um mit einem Mann zu schlafen?« Ich war völlig perplex und grübelte über die Bedeutung dieser Frage nach. Sollte ich sie fragen, warum sie das wissen wollte? Sollte ich mit ihr über Verhütung und Geschlechtskrankheiten reden? Vielleicht hatte sie die Frage auch einfach nur so gestellt und wollte lediglich wissen, wie ich darüber dachte. Sollte ich ihr sagen, was ich wirklich dachte?

Aber Sally hatte mich, ohne es zu wollen, mit ihrer Frage hereingelegt. Sie hatte einen ehemaligen Sträfling, der wie sie die Tagesklinik besuchte, kennengelernt. Mutter wollte sie von einer Affäre mit ihm abbringen. Auf ihre unschuldige, vage Frage erhielt sie jetzt von mir eine Antwort, die ihre Position gegenüber Mutter stärkte. Nachdem ich etwa eine Minute lang gezögert hatte, antwortete ich ausweichend: »Ich glaube, das ist eine ganz persönliche Entscheidung, Sally.« Wir waren gerade im Garten, wo ich Gartengeräte wegräumte. Sally ging ins Haus und erzählte Mutter, was ich gesagt hatte. Mutter wußte ja nicht, daß ich von dem Konflikt nichts geahnt hatte. So glaubte sie, ich hätte Sally gesagt, sie solle einfach tun, was sie wollte. Als ich mir Mutters wütende Vorwürfe angehört hatte, packte ich meine Sachen und fuhr früher als geplant nach New York zurück.

Während all dieser Jahre kann ich mich nur an eine Unterhaltung erinnern, in der ich ganz natürlich reagierte. Ich fuhr Sally gerade zu einem Arzttermin, als sie mich fragte, wie groß meine Bilder seien. Ich war augenblicklich in gehobener Stimmung. Dies war eine Frage, die ich beantworten konnte, sie betraf mein Leben und war dennoch nicht zu persönlich. Ich erzählte ihr, daß sie ziemlich groß wären, mindestens einen Meter fünfzig breit.

Nach einer Pause sagte sie: »Es ist bestimmt nicht so einfach, sie in deinem kleinen VW Käfer zu transportieren.«

Ich war platt. Sally hatte mich als eigenständigen Menschen behandelt und sich tatsächlich Gedanken über mein Leben gemacht und Verständnis gezeigt.

»Ich muß mir den Bulli eines Freundes ausleihen!« rief ich so aufgekratzt, daß es sie verwirrt haben mußte.

# 15

Mit der Zeit lernte ich nicht zuletzt durch meine Therapie, mich mit meinen Gefühlen gegenüber Sally und meiner Mutter ohne Angst auseinanderzusetzen. Meine Gefühle schwankten anscheinend zwischen unsagbarer Zuneigung und kalter Verachtung – zwischen Liebe und Haß. An manchen Tagen mußte ich weinen, wenn ich daran dachte, wie unglücklich sie waren. Am nächsten Tag weinte ich um meiner selbst willen. Manchmal wünschte ich, daß ich ihnen irgendwie helfen könnte. Dann wieder wünschte ich mir, sie würden verschwinden. Der letztere Wunsch schockierte mich regelrecht, und ich konnte nur mit Fiona darüber reden. Ich war noch entsetzter, als Mutter mir zweimal erzählte, daß sie daran gedacht hätte, sich ein Gewehr zu beschaffen, Sally zu erschießen und dann sich selbst. Sie sagte das in ganz beiläufigem Ton, so wie immer, aber ich glaube, dieser Ausweg war ihr tatsächlich in den Sinn gekommen. In manchen verzweifelten Momenten hat sie wohl ernsthaft darüber nachgedacht.

Ihre Arthritis bereitete ihr starke Schmerzen, was sehr deprimierend war und es noch beschwerlicher machte, sich um Sally zu kümmern. Mutter versuchte Sally gegenüber toleranter zu sein, und gegen Ende ihres Lebens schluckte sie so manche kritische Bemerkung herunter. Sally nutzte Mutters veränderte Haltung voll aus, kippte Unmengen von Ketchup auf ihre Eier, verbarrikadierte sich in ihrem Zimmer, wenn ihr danach war. Da Mutter ruhiger geworden war, legte sich die Spannung zwischen ihnen ein wenig.

Häufig jedoch waren sie ein genauso wütendes, aufgebrachtes und deprimierendes Gespann wie eh und je. Aber sogar wenn sie sich stritten, waren sie in dieser meiner Ansicht nach kranken Symbiose miteinander verstrickt.

Manchmal hatte ich Mitleid mit Sally und manchmal mit Mutter. Als meine Depressionen anfingen zu verschwinden, änderten sich meine Gefühle für Sally jedoch. Ich identifizierte mich wohl nicht länger so sehr mit ihrer Traurigkeit und hatte nach und nach immer weniger Geduld mit ihr, was vielleicht auch unfair war. Schließlich hatte sie sich nicht verändert. Sie konnte weder mit noch ohne Mutter leben. Sie befand sich in einem ewigen Kreislauf von übertriebenem Optimismus auf der einen Seite und resigniertem Bedauern auf der anderen. So begannen meine Sympathien sich langsam zu verlagern – nicht nur, weil ich Sally nun anders sah, sondern weil ich mich in gewisser Weise darauf vorbereitete, Mutters Rolle zu übernehmen.

Und diese Aussicht genügte völlig, um mich augenblicklich in tiefe Verzweiflung zu stürzen. Ich hatte Mutter dabei beobachtet, wie sie zugelassen hatte, daß Sallys Krankheit ihr eigenes Leben bestimmte und wie sie die Krankheit als Entschuldigung für alles benutzte, was sie selbst nicht fertiggebracht hatte. Ich bemerkte, daß auch ich in diese Richtung tendierte, und mir graute vor der Aussicht, so zu werden wie meine Mutter. Sie war deprimiert und ausgelaugt, und die ständigen Sorgen hatten ihr ihre ganze Lebensfreude genommen. Sie war zu störrisch und zu stolz, um selbst Hilfe zu suchen. Irgendwann habe ich dann aufgehört, sie zu einer Therapie überreden zu wollen. Aber ich beschloß, daß ich die Sache anders angehen würde, wenn ich an die Reihe käme.

Im Frühling 1981 lud ich Sally ein, mich in New York zu besuchen. Ich arbeitete ganztags bei einer politischen Illustrierten. So nahm ich mir einen Tag frei und lud sie zu einem verlängerten Wochenende ein. Ich war nach einer Mononukleose, die ich mir im vorangegangenen Sommer geholt hatte, endlich wieder auf den

Beinen. Als ich krank war, hatte ich kaum zu dem Laden an der nächsten Ecke gehen können, ohne mich auf einer Eingangsstufe auszuruhen. Sechs Monate später ging ich mit einer Freundin essen, und mir fiel auf, daß ich mich irgendwie merkwürdig fühlte. Ich genoß es, daß ich in der Lage war, eine Treppe hinaufzugehen, ohne mich am Geländer festhalten zu müssen. Ich war wieder gesund, wurde mir plötzlich klar. Ich hatte vergessen, wie das war.

Ich hatte an der Universität Kunstgeschichte unterrichtet, als ich krank wurde. Da ich auf Honorarbasis arbeitete, hatte ich keine Krankenversicherung, keine Lohnfortzahlung, keinen Urlaub. Als ich endlich wieder arbeiten konnte, waren all meine Ersparnisse aufgebraucht, und ich fühlte mich so unsicher wie noch niemals zuvor. Nun sah ich mich nach einer Arbeit um, die mir auch Sozialleistungen bieten würde, und ich fand einen Job beim *Newsweek* Nachrichtenmagazin. Ende 1980 fing ich dort an, die Leserbriefe zu bearbeiten. Zusammen mit achtzehn gewitzten und freundlichen Kollegen arbeitete ich in einem großen sonnigen Raum. Die Gespräche im Büro waren immer lustig und albern, ernst und literarisch und vor allem immer unterhaltsam. Unsere Chefin war eine brillante Frau, die mir so gut sie konnte beim Verfassen meiner Antwortbriefe half. Ihre Ermutigung eröffnete mir eine Dimension, nach der ich lange gesucht hatte.

Schon als Teenager hatte ich immer schreiben wollen, aber ich habe mich nie getraut. Nach dem Tod meines Vaters reichte ich ein Gedicht über seine Beerdigung bei der Literaturzeitung unserer High-School ein. Ich fand es damals gut, und als es mir vor zehn Jahren zufällig wieder in die Hände geriet, gefiel es mir sogar noch besser. Als es abgelehnt worden war, war ich nicht nur enttäuscht gewesen. Ich war am Boden zerstört. Viele Dinge waren mir einfach so zugeflogen, brachten mir jedoch keine besondere Befriedigung. Und nun am tiefsten Punkt meines bisherigen Lebens scheiterte ich in der einen Sache, an der mir am meisten lag. Der Job bei *Newsweek*, so unbedeutend er manchen Leuten auch erscheinen mochte, gab mir das Gefühl, endlich etwas erreicht zu haben. Er gab mir auch die Kraft, eine Therapie zu beginnen.

Zwei Jahre lang malte ich weiter. Ich verbrachte Stunden in meinem Studio in der Oberstadt. Die Lage war denkbar schlecht, denn es lag weit entfernt von Manhattan, wo die meisten Künstler ihre Ateliers hatten. Von Anfang an war ich immer entsetzlich einsam dort gewesen, und meine Arbeiten reflektierten meine Traurigkeit. Sie wurden schwach, beinahe hübsch, mit Pastellfarben und immer gleichen Strukturen, und ich verachtete sie. Nachdem ich bei *Newsweek* angefangen hatte, grübelte ich für eine Weile nicht mehr so viel, da ich die heilsame Gesellschaft meiner Kollegen und die Herausforderung einer neuen Beschäftigung so richtig genoß. Die Bilder an den Wänden meines Studios klagten mich an, wodurch ich noch weniger gern dorthin ging. Schließlich kündigte ich meinen Mietvertrag und brachte meine Bilder in einen Lagerraum.

Als Sally zu Besuch kam, ging es mir körperlich gut, und ich war zufrieden mit meinem neuen Job. Aber ich fühlte mich beim Schreiben noch sehr unsicher. Ich litt darunter, daß ich das Malen aufgegeben und bei meiner neuen Arbeit noch kein rechtes Selbstvertrauen gefunden hatte. Ich fühlte mich stark genug für dieses Wochenende, aber es war wohl doch zu früh für mich gewesen. Ich hatte selbst noch mit zu vielen Problemen zu kämpfen.

Am Freitag abend holte ich Sally am Port Authority ab. Als wir mit der U-Bahn zu meiner Wohnung im Westen von Manhattan fuhren, wirkte sie nervös. Aber jeder, der fremd in dieser Stadt war, konnte beim Anblick der dreckigen, mit Graffiti beschmierten Züge nervös werden. Auch in den belebten Straßen schien Sally unsicher. Als wir endlich meine Wohnung erreichten, war sie sichtlich erleichtert. »Die Wohnung ist wunderschön!« rief sie fröhlich. »Ich dachte gar nicht, daß es so gemütlich bei dir wäre.« Ich lebte damals von der Hand in den Mund, und die meisten meiner Möbel stammten vom Sperrmüll, aber sie war ganz begeistert. Von jedem Zimmer machte sie Fotos. Als sie sich auf dem Bettsofa in meinem

Wohnzimmer schlafen legte, meinte sie, sie habe immer von so einer Wohnung geträumt. Jeden Tag sagte sie das ein paarmal. Sie machte auch ein Foto von meinem Eßtisch, den ich für zwanzig Dollar gebraucht gekauft hatte und der nicht einmal lackiert war. »So einen Tisch habe ich schon immer gesucht!« rief sie aus.

Ich hatte dieses Wochenende sorgfältig geplant: Am ersten Abend sollte es Pizza geben, ein Matineebesuch am Samstagmorgen, danach waren wir bei einer Freundin zum Essen eingeladen. Am Sonntag wollten wir mit einer Bekannten von *Newsweek* in den Bronx-Tierpark gehen, am nächsten Tag sollten wir mit der Fähre nach Staten Island fahren und uns einen Reptilienzoo anschauen, dann wurden wir von einer anderen Bekannten zum Essen erwartet. Am Dienstag morgen würde ich ihr, bevor ich zur Arbeit mußte, ein Taxi zum Busbahnhof bestellen. Ich wollte, daß sie sich amüsierte, aber ich wollte auch dieses untätige Herumsitzen, das mich bei Mutter immer so deprimierte, vermeiden. Dabei blieb jedoch für Sally kaum Zeit zum Ausruhen.

Vor dem Besuch hatte ich gedacht, daß wir bei den vielen geplanten Unternehmungen in eine ungezwungene fröhliche Stimmung kommen würden. Aber das Gefühl, in der Falle zu sitzen, lag offensichtlich nicht nur am untätigen Herumhängen in Arlington, wie ich bald feststellen sollte.

Gleich am ersten Abend blickte Sally finster drein, als ich in der Pizzeria eine kleine Pizza bestellte, obwohl ich ihr versicherte, daß wir niemals eine große schaffen würden. »*Ich* würde eine große schaffen«, sagte sie bestimmt und schmollte die ganze Zeit, während wir auf unser Essen warteten.

»Ich esse oft hier, Sally«, versuchte ich sie zu überzeugen. »Du kannst mir ruhig glauben.« Sie hatte keine Ruhe, bis der Kellner unsere ziemlich großen, dick belegten Pizzen brachte. Glücklich rief sie aus: »Du hast recht!« Ich hatte vergessen, wie wichtig Nahrung für sie war. Sie konnte nicht über ihren Schatten springen und ein wenig plaudern, solange sie auch nur der geringste Zweifel plagte, daß sie genug zu essen bekam. Wie immer aß sie schweigend und konzentrierte sich völlig auf ihren Teller. Als wir fertig waren, sagte sie jedoch immer wieder: »Unter einer ›kleinen‹ Pizza verstehe ich aber wirklich etwas anderes.«

Ich war meinen Freundinnen April und Mary Joan für ihre Einladungen sehr dankbar. Ich wußte, daß Sally sich bei ihnen wohl fühlen würde. Auch ich würde in ihrer Gegenwart nicht unsicher sein. Meine Kollegin Alison kannte ich noch nicht so lange, und bei dem Gedanken an unseren gemeinsamen Zoobesuch war mir ein wenig unbehaglich. »Rede nicht über persönliche Dinge, wenn wir mit Alison zusammen sind«, schärfte ich Sally ein. »Ich kenne sie noch nicht lange genug, und ich möchte, daß du dich ein bißchen zurückhältst.« Als hätte ich genau das Gegenteil gesagt, begann Sally über einen ehemaligen Freund zu reden, sobald wir im Tierpark unser Picknick ausgepackt hatten. Ich wußte ein paar ziemlich delikate Dinge über diesen Mann und war heilfroh, als ich endlich das Thema wechseln konnte. Zu Hause sagte ich Sally, daß ich wütend auf sie sei.

»Ich schreibe dir doch auch nicht vor, wie du mit *deinen* Freunden reden sollst«, entgegnete sie.

»Sie ist aber nicht deine Freundin, Sally.«

»Ich betrachte Alison aber als meine Freundin«, erwiderte Sally beleidigt.

Ich ließ das Thema fallen, und hoffte, daß es bloß ein Mißverständnis gewesen war.

Das Wochenende nahm seinen Lauf. Bei Mary Joan lobte Sally das Essen über alle Maßen. »Ich würde dich gern öfter besuchen, wenn ich darf«, fuhr sie strahlend fort. Nachdem Mary Joan versichert hatte, sie dürfe jederzeit wiederkommen, sagte Sally: »Ich würde auch Peggy gern öfter besuchen, aber sie braucht ihren Freiraum.« Ich mußte schlucken. »Ich *liebe* Peggy.« Wie hinterhältig und berechnend dieser Satz in meinen Ohren klang! »Sie ist eine wundervolle Schwester.« Mary Joan sah mich mitleidig an.

Auf dem Heimweg fragte Sally dann nach dem Preis eines Hotelzimmers in New York.
»Warum willst du das wissen?« fragte ich.
»Nun, wenn ich beim nächsten Besuch in einem Hotel wohnen würde, dann säße ich dir nicht so sehr auf der Pelle.«
Im Reptilienzoo auf Staten Island kamen wir auf die Familie zu sprechen. Und dort erklärte mir Sally: »Alles war wunderbar zwischen Mutter, Papa und mir, bis du kamst.« Ich war so sehr vor den Kopf gestoßen, daß ich glaubte, ich hätte mich verhört, deshalb forderte ich sie auf, ihre Äußerung zu wiederholen. Sie sagte es noch einmal, und ich war sprachlos, aber ich ahnte, daß Sally mich nicht anklagen wollte, sondern einfach ihr eigenes Leben beschrieb. Die Peggy, der sie ihre Geschichte erzählte, war nicht genau identisch mit der Peggy, die ihre Kindheit zerstört hatte.
Später an jenem Abend erzählte sie mir, daß sie davon träumte, selbst ein kleines Heim zu eröffnen – ein Plan, den sie während ihrer letzten manischen Phase gefaßt hatte. Es brachte mich schon in Rage, daß sie auch nur wieder daran dachte.
»Warum versuchst du nicht einfach, mit dir selbst klarzukommen, Sally?« warf ich ihr an den Kopf.
Sally fühlte sich natürlich angegriffen, und einige Minuten lang schien sie ihre Gedanken zu ordnen.
»Du hast Mutter versprochen, daß du dich immer um mich kümmern wirst«, meinte sie schließlich.
Das stimmte. Ich habe das jedesmal gesagt, wenn Mutter sich Sorgen machte, was nach ihrem Tod aus Sally werden sollte. »Ja, das habe ich gesagt«, gab ich also zu.
Mit erzwungener Freundlichkeit stieß Sally zwischen den Zähnen hervor: »Ich weiß deine Fürsorglichkeit zu schätzen.«
Aber? dachte ich.
»Aber ich lasse dich nun eines wissen.« Diese Formulierung benutzte sie immer, wenn sie sich zu Unrecht angeklagt fühlte. »Ich brauche deine Hilfe nicht.«

»Toll!« sagte ich ernsthaft, aber auch ein wenig hinterhältig. Ich war hocherfreut, daß es vielleicht doch ein Hintertürchen geben könnte, das mich aus meiner Verantwortung entließ, und ich hoffte, Sally würde das Thema fallenlassen.

Ich begann Mutters Frustration zu verstehen. Und auch ich war offensichtlich nicht in der Lage, Sallys Gewohnheiten nach meinen Maßstäben umzuformen. Ich konnte Sally nicht dazu bringen, ihre Zähne zu putzen. »Ich tue es später«, sagte sie immer nur, und nach zwei Tagen hatte sie furchtbaren Zahnbelag. Sie vergaß, ihre Medikamente pünktlich einzunehmen, und wenn ich sie daran erinnerte, warf sie mir einen grimmigen Blick zu. Und jetzt erklärte sie, daß sie meine Hilfe nicht brauchte. Ich war wütend, weil sie ohne ständige Ermahnungen offensichtlich nichts auf die Reihe bekam. Heute denke ich, daß meine Nörgeleien im Grunde mein eigenes Problem waren. *Nach meinen Vorstellungen* sollte sie sich eben hübsch machen, ihre Medikamente nehmen und ihr Leben in den Griff bekommen. Dabei hatte ich etwas Wichtiges übersehen: Sally brachte es bei einem späteren Zusammenbruch auf den Punkt: »Es ist doch mein inneres Ich, das zählt.« Sie war nur ein Wochenende lang bei mir, und ich hätte wirklich toleranter sein können. Aber schließlich hatte ich mir solche Mühe gegeben, und jetzt besaß sie doch tatsächlich die Frechheit, mich zu kritisieren!

»Du willst dich immer als die große Wohltäterin aufspielen«, sagte sie in unheimlich scharfem Ton. Auch sie war wütend, und sie machte ihrem jahrelang aufgestauten Ärger Luft. »Ständig willst du, daß man sich bei dir bedankt. Wenn du mich wirklich als deinesgleichen ansehen würdest, dann wäre es etwas ganz anderes.«

»Wie gern würde ich dich wie meinesgleichen behandeln, Sally«, begann ich.

Sally schnitt mir das Wort ab, bevor ich ihr erklären konnte, warum mir dies unmöglich war. »Du glaubst, ich werde nicht selbst mit meinem Leben fertig«, sagte sie und hoffte oder erwartete vielleicht sogar, daß ich ihr widersprechen würde.

Ich hatte mir angewöhnt, Sally gegenüber gnadenlos ehrlich zu sein. Einerseits wollte ich sie nicht an der Nase herumführen, andererseits versuchte ich gerade, zusammen mit meinem Psychiater, über meine eigenen Gefühle Klarheit zu gewinnen. Auf diese Weise war es mir fast unmöglich zu heucheln. Ich war darüber hinaus in meine eigene Art der Verdrängungstaktik verstrickt. So konnte ich Sally einfach nicht mit der gleichen Freundlichkeit behandeln, die ich jedem anderen behinderten Menschen entgegengebracht hätte. Ich konnte mich bei dieser Unterhaltung nicht einmal ansatzweise in Sallys Rolle versetzen – und auch über meine eigene Rolle war ich mir kaum im klaren. »Das stimmt«, sagte ich schonungslos. »Du bist nicht in der Lage, mit deinem Leben klarzukommen.«

Der Abend war gelaufen, und der Rest des Wochenendes schien vorprogrammiert. Sally gab sich jedoch Mühe, das mußte ich anerkennen. Die Matinee war recht unterhaltsam, aber als wir nach der Show noch ins Theatercafé gingen, kam Sally plötzlich wieder auf ihren ehemaligen Freund zu sprechen. »Ich war richtig froh, als er mich endlich eingeritten hatte«, sagte sie ganz beiläufig.

»Sally!« zischte ich. Ich blickte mich ängstlich um, aber wir waren allein, niemand hatte sie gehört. Ihre Sprache hatte mich schockiert. Außerdem fand ich es unmöglich, in der Öffentlichkeit über Sex zu sprechen. Jetzt denke ich, daß sie wahrscheinlich niemanden hatte, mit dem sie über diese Dinge reden konnte. Mutter hätte sie sich mit Sicherheit nicht anvertrauen mögen, und sie hatte nur wenige Freundinnen. Offensichtlich hatte sie aber mit irgend jemandem über Sex gesprochen, dessen Sprache bediente sie sich nun. Ihr Ausdruck, der mir so vulgär erschien, war vielleicht einfach ihre Umschreibung, so wie ich sagen würde »miteinander schlafen«, wenn ich »Geschlechtsverkehr« meinte. Während wir mit der U-Bahn zu April fuhren, versuchte ich »um schön Wetter zu bitten«. Aber Sally ging verständlicherweise nicht darauf ein. Erst als wir schon eine Weile bei April waren, taute sie langsam auf. Wir wollten gerade mit dem Essen beginnen, da erwähnte Sally ihre Gedichte, die alle mit »Wäre ich …« begannen. Wir baten sie, ein paar davon zu zitieren, und wir waren von ihrer Schönheit ganz bezaubert. Ihr hübscher Vortrag fesselte uns. Mit sanfter rhythmischer Stimme rezitierte sie die Gedichte. Zuerst nannte sie den Titel, und nach jedem Gedicht machte sie eine kleine Pause. »Ein kleines Seepferdchen«, begann sie.

*Wäre ich ein kleines Seepferdchen,*
*Dann gehörte ich den Meerjungfrauen,*
*Und sie würden mit mir dahinreiten*
*Über die Wiesen aus grünen Wasserpflanzen.*

*Die Korallenriffe würden wir hinunterjagen,*
*Vorbei an winkenden Seeanemonen,*
*Schließlich zurück in meinen Muschelstall,*
*Auf dem Unterwasserschloß der Meerjungfrauen.*

*Dann ginge ich in meine Box,*
*Meinen Schweif ließe ich über das Gatter baumeln,*
*Dann würde ich etwas Hafer essen*
*Und aus einem Muscheleimer Seemilch trinken.*

*Dann würde ich meine sanften braunen Augen schließen,*
*Und die ganze Nacht träumen,*
*Und auf die Morgendämmerung warten,*
*Mit der ein neuer, fröhlicher, blauer Meerestag beginnt.*

»Ein Unkraut«

*Wäre ich ein Unkraut, dann wüßte ich,*
*wo ich mich versteckte,*

*In einem riesengroßen Narzissenbeet,*
*Wo selbst der aufmerksamste Gärtner*
*Mich nicht entdecken würde.*
*Und wenn mich doch einer entdeckte,*
*Dann blieben immer noch meine Wurzeln,*
*Versteckt im Narzissenbeet;*
*Und irgendwann würde ich wieder blühen.*

»Eine Marmorbüste«

*Wäre ich eine Marmorbüste,*
*Ich würde glücklich dastehen*
*Und über andere nachsinnen,*
*Während sie über mich nachsinnen würden.*

»Ein kleiner Schmetterling«

*Wäre ich ein kleiner Schmetterling,*
*Dann flöge ich von Blume zu Blume*
*Und schlürfte die glänzenden Tautropfen*
*Aus jedem lieblichen Kelch.*

*Und wenn ich damit fertig wäre,*
*Dann würde ich überall herumflattern,*
*Und alle Bilder in mich aufsaugen,*
*Während ich hoch in der Luft wäre.*

»Eine Blume«

*Wäre ich eine Blume,*
*Wie traurig wäre ich dann!*

*Man würde mich beobachten*
*Und bald abpflücken.*

*Sie würden mich in eine wunderschöne Vase stecken,*
*Aber ach, so weit fort von meinem Garten*
*Würde ich bald sterben!*
*Deshalb wäre ich*
*Wohl doch lieber*
*Ein kleiner Baum.*

»Ein Füllfederhalter«

*Wäre ich ein Füllfederhalter,*
*Dann würde ich ab und zu schreiben.*
*Meine Tinte würde niemals alle,*
*Niemals würde ich mich verschreiben,*
*Und niemandem würde durch mich Kummer bereitet.*

»Ein Pinsel«

*Wäre ich ein Pinsel,*
*Wie glücklich wäre ich dann!*
*Denn mit Farbe kann man Dinge schnell abdecken.*
*So zum Beispiel Fehler.*
*Jemand muß schon sehr gewitzt sein,*
*Wenn er dieses Versteckspiel durchschauen will!*

»Ein Budget«

*Wäre ich ein Budget,*
*Dann wäre ich so klug bemessen,*

*Daß sich niemand*
*Jemals über mich beklagen würde.*

Und zum Schluß: »Ein Wurm«

*Wäre ich ein Wurm, dann hielte ich mich fern*
*Von jenen kleinen Jungen, die angeln,*
*Denn an ihren Gesichtern kann ich sehen,*
*Was sich diese Jungen wünschen.*

*Einen kleinen Wurm wie mich*
*Wollen sie auf ihren Haken spießen,*
*Und ich will niemals in irgendeinem Buch*
*Als dummer Wurm beschrieben werden!*

April und ich applaudierten und machten ihr aufrichtige Komplimente. Dies war ein ungewöhnlich glückliches Zwischenspiel an diesem Wochenende, und es war mehr als das. Es erinnerte mich daran, wie sehr ich Sally trotz all unserer Schwierigkeiten liebte und bewunderte. In diesem Augenblick waren wir durch mehr verbunden als durch unser Blut. Wir brauchten einander und waren einander verpflichtet.
Während der letzten Nacht ihres Besuchs kam Sally nicht zur Ruhe. Auch ich konnte nicht schlafen und hörte, wie sie im Wohnzimmer auf und ab lief, den Reißverschluß ihres Koffers öffnete und schloß. Gegen Morgen war ich wie zerschlagen, und ich war sehr deprimiert, wenn ich an die häßlichen Streitgespräche dachte, die wir geführt hatten. Das Wochenende war zum großen Teil eine Katastrophe gewesen. Ich lag im Bett, und während es langsam hell wurde, fühlte ich mich eingesperrter als je zuvor. Einerseits war ich böse auf Sally, andererseits empfand ich eine tiefe Zuneigung zu ihr. Einen Moment lang dachte ich an Selbstmord, und

zum ersten Mal wurde mir klar, daß nur meine widerstreitenden Gefühle der Grund dafür waren. Wie sehr ich mich auch bemühte, Sally zu vergessen – wir gehörten doch zu einer Familie. Sie würde immer meine Schwester bleiben. Ich würde sie immer genug lieben, um es als meine Verpflichtung anzusehen, mich um sie zu kümmern. Und sie würde dies immer ablehnen.

Als wir uns nach dem Frühstück verabschiedeten, sagte ich Sally, daß ich hoffte, sie würde wegen unserer Streitereien nicht traurig sein. »Ach, Blödsinn«, sagte sie herzlich. Als befürchte sie, ich hätte ihre zahlreichen Andeutungen nicht verstanden, fügte sie hinzu: »Ganz im Gegenteil, ich würde gern wiederkommen!«

Ich antwortete ihr nicht, konnte ihr nicht antworten, und sie ließ das Thema fallen. Als sie ins Taxi stieg, sagte sie noch: »Ich möchte dir gern jeden Tag schreiben, wenn es dir recht ist, Peggy.«

»Nein, Sally, es ist mir nicht recht«, antwortete ich bestimmt.

Ich wollte nicht ihr seelischer Mülleimer werden. Ich wollte nicht detailliert über all ihre Sorgen und Nöte informiert werden. Ich wollte nicht der Rettungsanker für ihre angeknackste Seele werden. Ich schlug die Autotür zu.

»Du müßtest meine Briefe ja nicht beantworten«, sagte sie.

»Das weiß ich, Sally«, sagte ich leise. Dann machte ich dem Fahrer ein Zeichen, endlich loszufahren.

Als ich in dieser Woche zu meinem Termin bei Fiona ging, erzählte ich ihr von meinen Suizidgedanken. Ich beschrieb die Ereignisse des vergangenen Wochenendes und meine Schuldgefühle, weil ich Sally gegenüber so grausam ehrlich gewesen war.

»Mir war nicht bewußt, daß Sally aggressiv ist«, meinte Fiona nachdenklich.

»Was? Sally ist niemals aggressiv!«

»Also, für mich klingt das ganz schön aggressiv«, sagte Fiona. »Sie möchte in deine Wohnung ziehen, deine Freunde zu ihren machen, und dein ganzes Leben zu ihrem machen.«

»Aber sie hat doch so wenig«, sagte ich.

»Sie weigert sich, aus dem, was sie hat, das Beste zu machen«, antwortete Fiona.
Fionas Worte brachten eine Saite in mir zum Klingen, und ich vergaß sie nie. *Sally weigert sich, aus dem, was sie hat, das Beste zu machen.* Ich war oft wütend auf Sally, aber ich hielt sie für ihre Taten nicht verantwortlich. Ich erwartete kaum selbstverantwortliches Handeln von ihr. Heute ist mir klar, wie respektlos, wie herablassend das war. Jetzt weiß ich, daß Sally viel größere Fähigkeiten besaß, als ich ihr jemals zugetraut hätte. Dadurch, daß mir Sallys Aggressivität klargeworden war, konnte ich endlich auch ihre eigene Entscheidungsfähigkeit anerkennen.
Kurz nach ihrer Rückkehr nach Arlington wurde Sally wieder krank und mußte ins Krankenhaus. Sie muß bei mir am Rande einer manischen Phase gewesen sein, und ihr Gerede über Sex, ihre großartigen Pläne für ein eigenes Wohnheim und für einen weiteren Besuch in New York waren nur die Vorboten dafür gewesen. Aus ihrer Hochstimmung stürzte sie schnell wieder in Depressionen. »Sally sagte, daß du ihr gegenüber ganz schön ungehobelt warst«, ließ Mutter mich wissen. »Aber sie wollte sich nicht näher dazu äußern.« Noch Jahre nach diesem Besuch sah mich Sally jedesmal haßerfüllt an, wenn ich in Arlington war. Wenn wir bei einem Festtagsessen im Eßzimmer saßen, wußte ich ohne aufzusehen, daß sie mir die ganze Zeit grimmige Blicke zuwarf.
Ich hatte gelernt, Sallys wütende oder traurige Blicke genauso zu ignorieren wie Mutters Blicke. Mir war klar, daß es besser für mich war, wenn ich nicht genau wußte, was in ihren Köpfen vorging. Ich konnte nur spekulieren, daß Sally immer noch beleidigt war, weil ich ihre Fähigkeiten so gering einschätzte und weil sie mich um mein vergleichsweise reiches Leben beneidete. Außerdem hegte ich den starken Verdacht, daß ihr beständiger Groll, den sie nicht ausleben konnte, sich hauptsächlich gegen meine entschlossene Verteidigung meiner Privatsphäre richtete.

# Dritter Teil

## Mein Name ist Peggy

# 16

Im letzten Jahr vor ihrem Tode schien Mutter plötzlich alt zu werden. Als sie auf die siebzig zuging, überlegte sie, ob sie sich das Haar färben sollte, da sie einige weiße Strähnen hatte, aber sie konnte sich dann doch nicht dazu entschließen. Vielleicht erschien es ihr zu extravagant. Statt dessen nahm sie jeden Morgen ihren benutzten Teebeutel und preßte ihn auf ihre grauen Strähnen, so daß sie eine hellbraune Farbe annahmen und nicht mehr so auffielen. Durch ihre lebhafte Art und ihre schlanke Figur sah sie viel jünger aus, und da ihre politischen Ansichten im Lauf der Jahre immer liberaler wurden, wirkte sie auch vom Wesen her jung. Ihr Leben lang hatte sie auf Rohkost und Vollkornprodukte geschworen, und so nahm sie an, sie würde sehr alt werden.

Im Sommer 1986, als sie vierundsiebzig war, kamen sie und Sally zu mir nach Catskills im Norden des Staates New York. Ich hatte dort gerade ein kleines Haus gekauft und wollte es vorzeigen. Ich lud sie beide zusammen ein, damit Mutter nicht wieder mit der Begründung ablehnte, sie müsse sich um Sally kümmern. Außerdem wußte ich, daß Sally begeistert sein würde. Sie brauchte Ferien und liebte das Land. Außerdem hatte ich auch meine Tante Irene, ihre Tochter Trenie, deren Ehemann und ihr neun Monate altes Baby eingeladen. Es war ein richtiges kleines Familientreffen, und alle freuten sich darauf.

Ich arbeitete als Redakteurin für das *ARTnews*-Magazin, nachdem ich bei *Newsweek* Erfahrungen in fast allen Redaktionsbereichen hatte sammeln können. So sehr es mir auch bei *Newsweek* gefiel, so war ich doch immer ein wenig traurig, daß ich bei meiner Arbeit gar nichts mehr mit Kunst zu tun hatte. Als dieses Gefühl irgendwann die Überhand gewann, begann ich als freie Mitarbeiterin bei *ARTnews* Kunstausstellungen zu rezensieren. Ein Jahr später kündigte meine Redakteurin dort, um ein Buch zu schreiben, und ich bewarb mich erfolgreich um ihre Stelle. Das Leben meinte es gut mit mir: Ich liebte meine Arbeit und fand Freunde unter meinen Kollegen; ich hatte einen festen Freund, den ich sehr gern hatte; außerdem hatten sechs Jahre Therapie meine seelische Verfassung gestärkt. Ich wußte, daß eine Woche zusammen mit meiner Familie mich nicht aus der Bahn werfen würde.

Mutter und Sally kamen als erste. Ich holte sie am Flughafen von Albany ab. Während meiner ersten Urlaubswoche hatte ich mein Haus ein wenig renoviert und geglaubt, ich würde mich auf ihre Ankunft freuen. Auf dem Weg zum Flughafen jedoch spürte ich Angst in mir aufsteigen. Während ich die Autobahn in Richtung Norden fuhr, befiel mich plötzlich eine unerklärliche bleierne Müdigkeit. Ich begann zu schwitzen, die Straße schien zu glühen. Wenige Meilen vor der Ausfahrt zum Flughafen schreckte ich plötzlich auf. Ich fuhr bereits auf dem Randstreifen und war der Leitplanke bedenklich nahe gekommen. Der Fahrer neben mir hupte laut. Ich war am Steuer eingeschlafen. Ich brachte den Wagen auf dem Seitenstreifen zum Stehen. Nach ein paar Minuten setzte ich meine Fahrt fort. Ich war jetzt hellwach vor Entsetzen, und mein Herz raste.

Zuerst sah ich Sally aus dem Flugzeug steigen. Sie wirkte aufgeregt, aber auch ein wenig angespannt, vermutlich weil sie nicht gern flog. Dann sah ich Mutter, die langsam hinter ihr herkam. Etwas in mir weigerte sich zunächst, sie wiederzuerkennen. Ich hatte sie seit dem vergangenen Weihnachtsfest nicht mehr gesehen, und in diesen sechs Monaten war sie um Jahre gealtert. Ich wußte, daß sie ständig von ihrer Arthritis geplagt wurde, besonders nachts. Sie sah müde aus, und obwohl sie fast nie wegen ihrer Knie klagte, benutzte sie nun einen Stock. Ihre Haltung war noch nie die beste gewesen, aber jetzt war sie regelrecht krumm. Jeder Schritt bereitete ihr offenbar Schmerzen. Zum ersten Mal sah sie aus wie eine alte Frau. Auch der Trick mit den Teebeuteln wirkte offensichtlich nicht mehr; ihr Haar war ganz weiß geworden.

Dieser erste beunruhigende Eindruck blieb während der ganzen Urlaubswoche bestehen. Wenn ich sie morgens langsam die Landstraße ins Dorf, wo sie immer die *New York Times* kaufte, entlanggehen sah, brach es mir fast das Herz. Noch vor ein paar Jahren war sie mir bei unseren gemeinsamen Wanderungen durch die hügelige Landschaft um Arlington davongelaufen.

Ich genoß es jedoch, sie bei mir zu haben, besonders weil sie das Haus ebensosehr mochte wie ich. Es gefiel ihr wie mir um so besser, weil es nur fünfzehntausend Dollar gekostet hatte. »Andere Leute geben fast genausoviel für eine Garage aus«, sagte sie. Manchmal starrte sie aus dem Küchenfenster auf den breiten klaren Fluß, der an den Garten grenzte, und meinte: »Für solch einen Ausblick müßtest du in der Nähe von Washington mindestens hunderttausend bezahlen.« Wie gern sah ich, daß sie sich über etwas freute, besonders über etwas, das mir gehörte.

Auch Sally verliebte sich in das Haus, genauer gesagt in den Garten, wo sie fast den ganzen Tag verbrachte. Ganz still saß sie da und rauchte. Sie entdeckte ein Pirolnest in der Trauerweide, und eines Abends sah sie Fledermäuse, die am Flußufer auf Insektenjagd waren. Ein Jahr später hörte ich, wie sie jemandem erzählte: »Von so einem Ort kann man hier nur träumen.«

Ihr beträchtliches Übergewicht ließ sie schnell außer Atem geraten. Außerdem nahm sie viele Medikamente, besonders Lithium. Beides zusammen machte sie schläfrig. Sie hatte immer einen guten Teil des Tages verschlafen. Nun jedoch blieb sie nur etwa eine Stunde lang wach, bevor sie wieder einnickte. Ich fragte mich schon, ob sie vielleicht unter Narkolepsie litt. Die Ärzte hatten nichts Derartiges feststellen können. Sie sollte abnehmen – sie wog mittlerweile hundertdreißig Kilo – und nicht mehr rauchen, aber ich bezweifelte, daß sie jemals aufhören könnte. Einige Jahre zuvor hatte sie eine schwere Lungenentzündung gehabt. Sie kam auf die Intensivstation und mußte einige Tage unter einem Sauerstoffzelt verbringen. Sie hätte sterben können, sagte Mutter. Sobald sie sich wieder erholt hatte, rauchte Sally jedoch unverdrossen weiter. Trotz allem war sie nach Mutters Worten gesund wie ein Fisch im Wasser. Ihre Konstitution war erstaunlich gut.

Kurz nachdem Mutter und Sally sich bei mir häuslich niedergelassen hatten, trafen Tante Irene, Trenie und das Baby ein. Mark hatte leider keinen Urlaub bekommen können, und so war kein Mann da, der die gespannte Atmosphäre hätte entschärfen können. Bei Trenie hatten wir vor einigen Jahren ein schönes gemeinsames Weihnachtsfest verbracht. Diesmal jedoch kamen wir nicht besonders gut miteinander aus. Obwohl es gar nicht ihre Art war, benahm sich Tante Irene wie eine Prinzessin und ließ sich sogar das Frühstück servieren. »Wenn ich Urlaub mache, dann mache ich Urlaub«, sagte sie. Trenie hatte mit ihrem Baby alle Hände voll zu tun und kümmerte sich auch noch um ihre Mutter. Meine Mutter hörte nach eineinhalb Tagen damit auf, den Urlaub zu genießen. Sie wurde launisch und rechthaberisch. Als wolle sie demonstrieren, wie wenig sie mit Tante Irene gemein hatte, machte sie sich dauernd im Haushalt zu schaffen. Jeden Teller wusch sie unverzüglich ab und beklagte sich ständig über das »fürchterliche Durcheinander«.

Alle zeigten wir uns von unserer schlechtesten Seite. Tante Irene war ganz entsetzt über Sallys Eßmanieren, wie sie ihre Milch schlürfte oder auf einem Knochen herumkaute. Es erinnerte mich daran, wie mein Freund damals, als ich dreizehn war, Sally immer verunglimpft hatte. Zu jener Zeit war sie mir fremd geworden; ich begann, sie mit seinen Augen zu sehen. Als ich jetzt beobachten konnte, wie Tante Irene erschauerte, war ich ganz auf Sallys Seite.

Am liebsten hätte ich geschrien: Laß sie doch in Ruhe, verdammt noch mal! Aber Sally registrierte Tante Irenes Blicke nicht, und ich habe sie selbstverständlich auch nicht darauf aufmerksam gemacht.
Mutter ermahnte Sally ständig, nicht an den Knochen zu nagen. »Ich muß schließlich die Zahnarztrechnungen bezahlen«, sagte sie drei- oder viermal wütend. Es kam, wie es kommen mußte; Sally biß sich einen ganzen Zahn aus, während sie einen Hühnerknochen bearbeitete. Mutter war außer sich und konnte nicht aufhören, über die Höhe der zu erwartenden Kosten zu spekulieren. Sally senkte den Kopf und tat so, als hörte sie nichts. Bei jeder Mahlzeit kam Mutter auf den ausgebissenen Zahn zurück. Ständig wurde man an den Zahn erinnert, denn jedesmal, wenn Sally lächelte, sprach oder – und das geschah am häufigsten – gähnte, sah man die Lücke.
Sogar das Wetter spielte uns einen Streich. Die ganze Woche über war es kalt und regnerisch, so daß wir gezwungen waren, den größten Teil des Tages im Haus zu verbringen. Jeder von uns mußte das Ende dieses Urlaubs herbeisehnen.
An einem Tag machte ich allein mit Sally einen Ausflug in einen nahegelegenen Tierpark. Dort ritt sie auf einem Elefanten. Sie war die einzige erwachsene Person auf dem riesigen Tier, und sie war so dick, daß sie Schwierigkeiten hatte, rittlings zu sitzen. Es muß schrecklich an ihren Oberschenkeln gescheuert haben, denn noch Tage später war sie ganz wund. Trotzdem sah sie dabei ganz begeistert aus, und beharrte darauf, der Ritt habe ihr Spaß gemacht.
Erstaunlicherweise schien Sally die Woche mehr genossen zu haben als wir anderen. Am letzten Tag auf dem Weg zum Flughafen merkte ich, daß sie nur ungern wegfuhr. Sie saß schweigend neben mir auf dem Beifahrersitz. Ihre Augenbrauen waren zusammengezogen; sie würde mich jeden Moment fragen, wann sie wiederkommen dürfte. Vor dieser Bitte fürchtete ich mich. So versuchte ich, Sally durch fröhliches Geplauder auf andere Gedanken zu bringen. Aber noch hinter der Sperre, schon auf dem Weg zum

Flugzeug, drehte sie sich noch einmal um, sah mir ins Gesicht und sagte, was ich schon vorausgesehen hatte: »Wann kann ich wiederkommen, Peggy?« Sie starrte mich beschwörend an. Ich antwortete nicht sofort, und sie sagte: »Bitte laß mich bald zu dir kommen!« Als ob sie es nicht noch ein Jahr ohne mich aushalten könnte.

Ihr herzzerreißender Abschied erinnerte mich an ihren schrecklichen Besuch in New York. Wie damals dachte ich auch jetzt wieder, daß sie in Virginia kein eigenes Leben führte, zumindest keines, das ihr etwas bedeutete. Ihre Bedürftigkeit erschien mir unendlich groß. In ihren Worten hatte ein leiser Vorwurf mitgeschwungen – eine Woche war ihr nicht genug gewesen. Was auch immer ich ihr gab, es reichte niemals aus. Und wieder war mir bewußt, daß ich Sally vorerst nicht so schnell wieder einladen würde. Ich konnte diese Schuldgefühle einfach nicht ertragen.

Zwei Wochen nach der Reise war Sally wieder im Krankenhaus. »Ich glaube, sie war schon wieder auf dem Weg nach unten, als wir bei dir waren«, sagte Mutter. Vielleicht war es gar nicht gut für Sally, mich zu besuchen, weil sie dann ihr eigenes Leben noch unerträglicher fand, dachte ich.

Mutter hörte sich erschöpft an. Sonst war sie oft streitsüchtig, wenn Sally wieder stationär behandelt werden mußte. Sie verwandte viel Energie darauf, Sally aus dem Krankenhaus herauszuhalten, denn Sallys Krankenversicherung deckte die Krankenhauskosten nur mit insgesamt fünfundsiebzigtausend Dollar (berechnet auf das ganze Leben). Dies war nicht viel, da die Tagessätze sehr hoch waren. Sally hatte die Kliniken unserer Meinung nach manchmal wie Kurorte benutzt, wenn sie eine Pause oder Erholung brauchte, oder auch nur, weil sie dort mehr beachtet wurde. Die Sozialarbeiter, Krankenschwestern und Ärzte im psychiatrischen Zentrum in Arlington wiesen sie wieder ab, wenn sie nicht richtig krank war – wenn sie einfach deprimiert oder ängstlich war, so wie es fast jeder ab und zu ist. Erst jetzt hat man eingesehen, daß lange Klinikaufenthalte es den psychisch Kranken erschweren, ins normale Leben zurückzukehren. Die Hilfe und Unterstützung einer ambulanten Tagesklinik ist in jedem Fall einer stationären Behandlung vorzuziehen. Leider fehlen in vielen Gemeinden derartige Einrichtungen. Sally brachte ihre Betreuer schier um den Verstand, und Mutter überredete einen ihrer früheren Ärzte, sie ins Providence Krankenhaus zu überweisen. Diesmal akzeptierte Mutter Sallys Bedürfnis, sich für eine Weile aus dem normalen Alltagsleben zurückzuziehen. »Sally ist wirklich deprimiert«, sagte sie mit matter Stimme und seufzte tief. Diese Feststellung traf auch auf sie selbst zu.

# 17

Ich hatte keine direkte Vorahnung vom Tod meiner Mutter, aber in jenem Herbst ging ich zu einer Selbsthilfegruppe, zu den »Friends and Advocates of the Mentally Ill« (FAMI) (Freunde und Fürsprecher der psychisch Kranken). Dies war die New Yorker Untergruppe der »National Alliance for the Mentally Ill« (NAMI) (Nationale Vereinigung für psychisch Kranke). Als kleine Basisgruppe hatten einige Eltern sich zusammengeschlossen und diese Organisation ins Leben gerufen, die heute einhundertdreißigtausend Mitglieder zählt. Außer mir waren keine Geschwister anwesend; alle anderen waren Eltern. Als ich an der Reihe war, konnte ich nur sagen, daß meine Mutter älter wurde, daß ich ihr nicht sonderlich viel half und daß ich mich vor dem Tag fürchtete, an dem die Verantwortung für meine Schwester mir zufallen würde. Die Eltern blickten mich ausdruckslos an. Keiner sagte etwas. Es war, als hätte ich über *ihren* Tod gesprochen und mich davor gefürchtet, mich um *ihre* kranken Kinder zu kümmern. Als sie mich so anstarrten, schämte ich mich plötzlich, weil ich so frei war und so weit von meiner Familie und den ewigen nervenaufreibenden Problemen, mit denen hier alle zu kämpfen hatten, entfernt lebte. Die Gruppenleiterin, die genausowenig Verständnis hatte wie die anderen, ging schnell zum nächsten Teilnehmer über. Sie sagte mir nicht, daß es eine andere Selbsthilfegruppe speziell für Geschwister und für erwachsene Kinder von psychisch kranken Eltern gab. Viele der Teilnehmer hatten nicht – oder noch nicht – die volle Verantwortung für ihre kranken Geschwister oder Eltern. Ich verließ den Gruppenabend in dem verzweifelten Bewußtsein, daß ich mit niemandem reden konnte und daß ich darüber hinaus gar keine Hilfe verdiente. Meine Mutter war schließlich noch am Leben und kümmerte sich um Sally. Worüber beklagte ich mich eigentlich?

Aber da waren meine Ängste, meine Zweifel an meinen eigenen Fähigkeiten, meine Unsicherheit, was meine eigene seelische Gesundheit anging und Dutzende von anderen Befürchtungen, über die ich mit anderen hätte sprechen sollen. Jeder in einer Geschwister- oder Kinder-Angehörigengruppe hätte mich augenblicklich verstanden, aber das wußte ich nicht. So beschloß ich, meine Sorgen für mich zu behalten, und ging nach Hause.

Dieser Herbst war warm und sonnig und schien ewig zu dauern. Für uns jedoch war er öde und traurig. Tante Ginny, die Schwester meines Vaters und unsere Lieblingstante, starb im Oktober. Tante Ginny verteilte ihre Liebe verschwenderisch in unserer Familie. Sie hatte Geld, mit dem sie vernünftig, aber großzügig umging, und Sally gehörte zu denen, für die sie es ausgab. Als Sally sie einmal besuchte und nur einen leeren Koffer mitbrachte, lachte sie. »Du kaufst mir doch sowieso immer neue Sachen. So habe ich in meinem Koffer wenigstens Platz dafür«, meinte Sally.

Sally fuhr zu Tante Ginnys Beerdigung nach Pennsylvania, aber Mutter blieb zu Hause. Sie konnte Beerdigungen nicht ertragen, konnte ihre Trauer nicht zulassen. Sie brachte es nicht über sich, Tante Ginnys Haus noch einmal zu sehen und zu wissen, daß sie nie wieder dahin zurückkehren würde. Mit Tante Ginny hatte sie immer reden können, und ihr Tod deprimierte sie so sehr, daß sie wie gelähmt war. »Ich habe einfach nur so dagesessen, seit es passiert ist«, erzählte sie, als ich sie am darauffolgenden Montag anrief. Tante Ginny hatte keine Kinder, und so hatte sie bestimmt, daß zwei Drittel ihres Vermögens Sallys Treuhandfonds zugute kommen sollten, der Rest sollte unter den anderen Verwandten aufgeteilt werden. Auch die Möbel wollte sie den übrigen Verwandten vermachen. Als Sally zusah, wie wir den Hausrat aufteilten, tat sie mir leid. Sie konnte sich wahrscheinlich denken, daß Tante Ginny ihr kein großes Möbelstück hinterlassen hatte, da sie in einem möblierten Zimmer wohnte und keinen Platz hatte. Sie sah sich um und bat um ein kleines Porzellaneichhörnchen als Erinnerung. Als jemand meinte, wie großzügig Tante Ginny doch Sally gegenüber gewesen war, antwortete sie geradeheraus: »Geld bedeutet mir nichts.« Das Geld war auch nicht nur für Sallys Wohlergehen bestimmt, sondern ebenso für Mutter und mich; wir waren gezwungen, wegen Sally Geld nun einmal eine größere Bedeutung zuzumessen.

Mutter sprach ständig von ihrem Tod. Daher war ich sicher, daß sie die notwendigen Vorkehrungen getroffen hatte. Nun fand ich jedoch heraus, daß sie nicht einmal ein ordentliches Testament gemacht hatte. Ich bestand darauf, einen Notar aufzusuchen, der ein Testament und die Bestimmungen für einen Treuhandfonds für Sally abfassen sollte. Zufälligerweise hatte Mutter gerade von einem Treffen im psychosozialen Zentrum gehört, das von der NAMI gesponsert wurde. Bei dem Treffen sollte über Treuhandvermögen geredet werden. Die Frage, was mit psychisch und geistig Behinderten nach dem Tod ihrer Sorgeberechtigten geschehen sollte, stand im Mittelpunkt. Sie ging zu dem Treffen, bei dem eine Sozialarbeiterin namens Rhonda Buckner den Anwesenden eine neue Organisation vorstellte, das »Planned Lifetime Assistance Network« (PLAN) (Lebenslängliches soziales Hilfsnetz).

PLAN war in Virginia von Eltern mit geistig oder psychisch behinderten Kindern ins Leben gerufen worden. Fachkräfte, die mit Gruppen wie der »Association for Retarded Citizens« (ACR) (Vereinigung behinderter Mitbürger) zusammenarbeiteten, um die zentrale Frage aller Eltern anzugehen: »Was geschieht, wenn ich nicht mehr da bin?« PLAN sollte Eltern in die Lage versetzen, ihren behinderten Nachkommen all die Hilfe zuzusichern, die normalerweise von anderen sozialen Organisationen nicht geleistet werden kann. Ein PLAN-Sozialarbeiter half einem Klienten beispielsweise beim Kauf eines Wintermantels, glich das Konto aus und sorgte dafür, daß Rechnungen bezahlt wurden, achtete darauf, daß Geburtstage und Feiertage nicht vergessen wurden, und hielt das soziale Netz aus Freunden, Bekannten und Verwandten aufrecht. Der letzte Punkt erschien mir am wichtigsten. Mußte der Klient zum Arzt gebracht werden, kümmerte PLAN sich darum. Wollte der Klient verreisen, half PLAN ihm bei den Reisevorbereitungen und beim Kofferpacken. Mußte ein Klient ins Krankenhaus, unterzeichnete ein PLAN-Sozialarbeiter die Einverständniserklärung. Mit anderen Worten, PLAN sollte es dem Betreffenden ermöglichen, sein gewohntes Leben auch nach dem Tod der Eltern oder des Vormunds fortzusetzen.

Es war mir dabei nicht entgangen, daß PLAN auch *mir* ermöglichen würde, mein gewohntes Leben fortzusetzen. Eine der wichtigsten Prämissen von PLAN war es, die noch lebenden Familienmitglieder von der Bürde der ständigen Verantwortung für den Behinderten zu befreien. Kein Elternteil wünscht sich, daß ein gesundes Kind all seine Pläne und Zielsetzungen in privater und beruflicher Hinsicht aufgeben muß, um die Hauptverantwortung für den Bruder oder die Schwester zu übernehmen. Dies kann sich auch kein gesundes Kind wünschen, so sehr es seine Geschwister auch lieben mag. Laut PLAN sollten Eltern, die über die notwendigen Mittel verfügten, einen Treuhandfonds bei PLAN eröffnen. Mit dem Fonds und den daraus erwachsenden Zinsen sollten die PLAN-Sozialarbeiter bezahlt werden.

Die Existenz dieser neuen Organisation versetzte mich augenblicklich in Hochstimmung. Mein Herz begann vor Aufregung schneller zu schlagen. Ich fühlte mich plötzlich unwahrscheinlich wohl – es war ein seltsames, leichtes Gefühl, das ich zunächst gar nicht einordnen konnte. Mit einem Mal wußte ich meine Freunde, meine Arbeit und meine Wohnung viel besser zu schätzen, konnte ich doch nun hoffen, all diese Dinge auch in Zukunft genießen zu dürfen. Meine Erleichterung war grenzenlos, aber immer noch konnte ich mich mit einer wichtigen Tatsache nicht abfinden: Die Behinderung meiner Schwester war ein machtvoller, allgegenwärtiger Faktor für mein eigenes Leben. Ich war jedoch einfach noch nicht bereit, mich mit dieser Erkenntnis auseinanderzusetzen. Noch immer suchte ich unbewußt nach einem Fluchtweg, und PLAN bot mir die beste Fluchtmöglichkeit, von der ich bis dahin gehört hatte.

Mutter und ich gingen zu Rhonda, die damals den PLAN-Bezirk von Nordvirginia verwaltete. »Liebe auf den ersten Blick«, erzählte ich später lachend meinen Freunden. Rhonda kam aus New York. Sie hatte eine sehr realistische Einstellung zu ihrem Beruf und ließ sich nichts vormachen, wobei sie jedoch die Gefühle und Meinungen anderer stets respektierte. Ihr Lachen klang warm und herzlich, und sie hatte Sinn für Humor. Sie sah aus, als könnte sie durch nichts so leicht aus der Fassung gebracht werden. Schnell faßten wir Vertrauen zu ihr. Verständnisvoll und ruhig hörte sie Mutter und mir über eine Stunde lang zu.

Rhonda machte sich Notizen über Sallys Interessen, über ihre Freunde und Bekannten, über Freunde der Familie, die Sally vielleicht ab und zu zum Essen einladen würden, wenn man sie daran erinnerte, und nicht zuletzt über Sallys Krankengeschichte und ihre Ärzte. Sie wollte wissen, was Mutter alles für Sally tat und was nach ihrem Tod alles für sie erledigt werden müßte. Mutter begann zu reden. Es war eine endlose Aufzählung. Rhonda notierte alles, las es noch einmal durch und fragte: »Glauben Sie, daß Sally ein paar von diesen Dingen selbst erledigen könnte? Wir wollen zwar helfen, aber wir wollen auch die Selbständigkeit unserer Klienten fördern.«

»Natürlich könnte sie«, erwiderte Mutter in scharfem Ton. »Aber

sie wird nichts tun, solange ich da bin und alles für sie erledige.« Es klang fast beleidigt – sie war einfach völlig erschöpft.
»Sie könnten unsere Dienste auch jetzt schon ab und zu in Anspruch nehmen«, bot Rhonda an. »Wir könnten uns um die Sachen kümmern, die Ihnen am schwersten fallen. Meist sind es die Geldangelegenheiten.«
»Ja, das ist wirklich das schlimmste«, gab Mutter zu. Sie stockte Sallys Arbeitsunfähigkeitsrente mit mehr als fünftausend Dollar im Jahr auf. Dadurch konnte sie bei ihrer Steuererklärung geltend machen, daß eine Angehörige von ihrer finanziellen Unterstützung abhängig war. Für ihre Hilfe verlangte Mutter nur, daß Sally vernünftig mit ihrem Geld umging, ihre Ausgaben notierte und ihr Konto immer ausglich. Dies waren jedoch drei Dinge, die Sally unwahrscheinlich schwerfielen.
»Sie wissen, es gibt eine Menge Leute, die Ihre Probleme teilen«, sagte Rhonda sanft. »Vielleicht möchten Sie ja zu einer Selbsthilfegruppe für Eltern gehen. Ich könnte herausfinden, wann und wo das nächste Treffen stattfindet.«
»Da könnte man natürlich hingehen. Aber ich habe einfach keine Lust, mehr über dieses Thema zu reden als unbedingt nötig, muß ich Ihnen gestehen. Es deprimiert mich auch so schon genug. Ich möchte nicht auch noch bei irgendeinem Treffen darüber sprechen, wenn ich statt dessen zu Hause vor dem Fernseher sitzen und alles für eine Weile vergessen könnte.«
Rhonda zuckte mit den Schultern. Dann versuchte sie Mutter ein wenig Mut zu machen. »Ich glaube, die meisten Leute denken zunächst so wie Sie. Aber in der Regel finden sie in der Gruppe dann doch Erleichterung. Manchmal hilft es schon, wenn man weiß, daß man nicht allein ist.«
Mutter unterbrach sie höflich, und wir verabschiedeten uns. Zum ersten Mal war ich optimistisch. Mutters Hoffnung wurde jedoch durch einige Bedenken getrübt. Der Gedanke, das Treuhandvermögen von immerhin fünfzehntausend Dollar einer so neuen Or-

ganisation wie PLAN anzuvertrauen, verursachte ihr Unbehagen. Außerdem zweifelte sie daran, daß das PLAN-Konzept auch tatsächlich funktionieren würde. Ich dagegen war ganz begeistert von diesem Hilfsangebot, das mir meine Freiheit garantierte. Immer mußte ich daran denken, was Rhonda mir gesagt hatte. »Meine Schwester muß mir nicht beim Kauf eines Wintermantels helfen. Sie braucht auch nicht meine Rechnungen zu bezahlen und mir beim Kofferpacken zu helfen. Sie sollten diese Dinge nicht für Ihre Schwester tun müssen, Peggy. Durch PLAN können Sie beide das sein, was Sie sind – Schwestern.«

Als nächstes mußte Mutters Testament niedergelegt werden. Dies deprimierte sie sehr. Für die meisten Menschen ist es wahrscheinlich eine traurige Notwendigkeit. »Es ist, als sähe man dem Tod ins Gesicht«, sagte Mutter. Trotzdem vereinbarte sie einen Termin mit Gerard Rugel. Seine Kanzlei war im selben Gebäude wie Rhondas Büro. Er arbeitete auch für die Nationale Vereinigung der psychisch Kranken (NAMI).

»Du würdest ihn mögen«, sagte sie nach ihrem ersten Termin.

»*Du* denn nicht?« fragte ich.

»Er kommt mir ein bißchen zu jung vor. Er fährt mit dem Fahrrad in die Kanzlei.«

Sie kannte mich: Schon jetzt war er mir sympathisch. Ich bewunderte sie, weil sie bei ihm blieb, obwohl er kaum dem weißhaarigen Anwaltstyp entsprach, dem sie am ehesten vertraut hätte.

Sie nahm ihre Gespräche auf Band auf. Die Aufnahmen habe ich noch. Ihre nervöse Stimme stellte sachdienliche und intelligente Fragen über Testamentsvollstrecker, Treuhänder und Vermögenswerte. Und dann klagte sie, daß sie sich nicht vorstellen konnte, was ohne ihre ständigen Nörgeleien und Ermahnungen aus Sally werden sollte. »Wahrscheinlich ist es besser für sie, wenn ich tot bin«, sagte sie zweimal. Gerry mußte sie dann immer an ihr eigentliches Anliegen erinnern.

Im Spätherbst hatte Gerry ein Testament und einen »verschwenderischen« Treuhandfonds entworfen. Ich sollte die Testamentsvollstreckerin und Sallys Treuhänderin werden. Mutter hatte zuerst eine Bank als Treuhänder einsetzen wollen, aber die Gebühren waren ziemlich hoch. Gerry hatte sie überzeugt, mich einzusetzen, wozu ich gern bereit war. So konnte Geld gespart werden. Auf diese Weise würde der gesamte Treuhandfonds mitsamt der Zinsen ausschließlich Sally zugute kommen und nicht irgendeine Bank reicher machen. Seit damals sind mir nicht wenige Geschichten zu Ohren gekommen, die mich darin bestätigen, daß wir das richtige getan haben. Eine Bekannte, deren Schwester das gesamte Vermögen ihrer Eltern als Treuhandfonds überschrieben bekam, klagt jetzt gegen die Bank, die den Fonds verwaltet. Nach zehn aufreibenden Jahren, während derer ihre Schwester sich stets weigerte, ihre Medikamente zu nehmen und sich ihren Sozialarbeitern widersetzte, begann die Bank das Treuhandvermögen beinahe wahllos zu verschleudern. Meine Bekannte ist zu der Überzeugung gelangt, daß die Bank das Vermögen so schnell wie möglich dezimieren will, um die nervenaufreibende Verantwortung für ihre Schwester so schnell wie möglich loszuwerden. Mutter wollte eigentlich nicht, daß ich mich um Sallys Geldangelegenheiten kümmern muß, deshalb ließ sie eine Klausel hinzusetzen, nach der ich die Treuhandschaft auch auf jemand anderen übertragen, sie jedoch auch selbst jederzeit wieder übernehmen kann.

Der Zweck von Sallys Treuhandfonds wurde wie folgt festgelegt: Der Fonds soll für die Bedürfnisse der Nutznießerin, die über die ihr von Rechts wegen zustehenden Beihilfen hinausgehen, verwendet werden. Sinn des Fonds ist es, das Leben der Nutznießerin so angenehm, bequem und glücklich zu machen, wie es unter den gegebenen Umständen möglich ist.

Als Treuhänderin ist es mir ausdrücklich untersagt, für die immensen Kosten einer stationären Behandlung oder die Pflegekosten einer staatlichen Einrichtung zu bezahlen. Der Fonds und die daraus entstehenden Zinsen werden dem Nutznießer nicht als Einkommen oder Vermögen angerechnet. Dies bedeutet beispielsweise, daß Sallys Anspruch auf Wohngeld bestehen bleibt. Der Fonds bleibt bei jetzigen oder späteren Verschuldungen der Nutznießerin gegenüber einem öffentlichen oder privaten Kreditgeber unantastbar, wodurch Sallys Geld auch bei gerichtlichen Verfügungen geschützt ist. Als Treuhandverwalterin habe ich das Recht, den Treuhandfonds zu schließen, als sei die Nutznießerin verstorben, wenn ein Gericht beschließen sollte, daß der Fonds für den Unterhalt und die medizinische Versorgung, die ansonsten von sozialen Einrichtungen getragen würden, einzusetzen sei.

Nachdem der Treuhandfonds festgelegt worden war, mußten wir nun Mutters Kapitalvermögen auflisten. Alles sollte in den Fonds fließen, bis auf das Haus. Meine Eltern hatten es zusammen entworfen und gebaut, ich war darin aufgewachsen, und ich wollte bei ihrem Tod nicht gezwungen sein, es zu verkaufen. Gerry schlug vor, sie solle ihren Besitz aufteilen und Sally die größtmögliche Summe zukommen lassen, denn sie würde mehr Geld brauchen als ich. Mutter stimmte im Prinzip mit ihm überein, aber sie wollte, daß auch ich etwas erbte. »Ein bißchen Spaß sollst du schließlich auch haben«, sagte sie zu mir. Ich entgegnete zwar, daß es meine größte Freude sei, Sally gut versorgt zu wissen, aber sie blieb bei ihrem Entschluß, mir das Haus, das weit weniger wert war als ihr übriges Vermögen, zu hinterlassen. Alles andere sollte in den Fonds übergehen. Sie schickte mir die Treuhandpapiere, ich unterschrieb sie und schickte sie zurück, das war alles.

»Ist es nicht doch gut, daß nun alles seine Ordnung hat?« fragte ich Mutter.

»Ja, das ist es wohl«, meinte sie vage.

»Was ist los?«

»Ach, ich fühle mich, als ob ich jetzt nur noch sterben müßte.«

# 18

In der Nacht vor dem Erntedankfest – am letzten Donnerstag im November –, fünf Wochen nach Tante Ginnys Tod, war es furchtbar stürmisch gewesen. Deshalb fuhr ich erst am Morgen des Feiertags nach Arlington. Es war ein heller, feuchter Morgen, die Straßen waren frei, und ich fuhr in wahrer Rekordzeit. Als ich den George Washington Memorial Parkway erreicht hatte, beschloß ich, etwas langsamer zu fahren. Ich öffnete das Fenster, und die feuchte Luft strömte in den Wagen. Ein schwerer, leicht rauchiger Geruch versetzte mich für einen Augenblick in meine Kindheit zurück. Es war der Geruch von nassen Eichenblättern. Er erinnerte mich an einen längst vergangenen Herbsttag, an dem ich im Garten geschaukelt hatte.

Ich hatte den ganzen Monat um Tante Ginny getrauert, und diese hübsche kleine Erinnerung war wie eine angenehme Atempause für mich. Oft wurde ich auf dem Nachhauseweg an solche schönen Kindheitserlebnisse erinnert, und obwohl meine Besuche meist nicht besonders angenehm verliefen, liebte ich die Landschaft im Potomac-Tal.

Während des Nachmittags verflüchtigten sich meine Erinnerungen, jedoch nicht aus den üblichen Gründen. Wir waren alle wegen Tante Ginnys Tod noch ziemlich niedergeschlagen und stritten uns nicht wie sonst üblich. Mutter war merkwürdig still und wirkte, als stünde sie immer noch unter Schock. Ich blieb nur eine Nacht und fuhr am nächsten Tag nach Pennsylvania, wo ich noch einige Möbel, die mir Tante Ginny hinterlassen hatte, abholen wollte.

Mutter schien mit der Zeit immer deprimierter zu werden. Immer schon hatte sie die Feiertage gefürchtet, aber diesmal war es besonders schlimm. Sie wollte niemanden sehen, obwohl wir sonst immer unsere Nachbarn Donald und Betty zum Weihnachtsessen einluden. Betty war eine alte Freundin, die Mutter schon seit ihrer High-School-Zeit in Nashville kannte. Sie und ihren Mann Donald nicht einzuladen war fast so, als ob sie Sally und mich nicht einladen würde. Schon Anfang Dezember begann Mutter zu mahnen: »Kauft bloß keine Geschenke für mich. Ich meine es ernst. Ich brauche wirklich rein gar nichts.« Als ich am Heiligabend zu Hause ankam, wirkte sie verwirrt und abwesend. »Ich bin diese ewige Kocherei leid«, erklärte sie, woraufhin ich anbot, das Weihnachtsessen zuzubereiten. Als ich jedoch am nächsten Morgen erwachte, konnte ich schon die gebratenen Zwiebeln für die Truthahnfüllung riechen. »Du brauchst mir nicht zu helfen«, sagte sie verdrießlich, als ich in die Küche kam. »Ich mache es schon allein. Ich will hier drin nicht den ganzen Tag so ein Durcheinander haben.« Als wir unsere Geschenke öffneten, bekam ich nur ein Buch und Sally ein paar Aufbewahrungskisten aus Plastik. Die übrigen Geschenke hatte ich aus New York mitgebracht. »Ich habe es dir doch verboten«, zischte Mutter ärgerlich.

Kurz nach meiner Ankunft meinte Sally, sie wolle sich eine Wohnung suchen. Ihr nahegelegenes möbliertes Zimmer, in das sie, nachdem sie einige Jahre zu Hause gelebt hatte, gezogen war, konnte sie nicht mehr ausstehen. Sie wußte schon, daß sie genug Wohngeld bekommen würde, um sich eine höhere Miete leisten zu können. Mutter wollte kein Wort davon hören. Sie dachte nur an die Unannehmlichkeiten, die wieder auf sie zukommen würden. Sallys Einrichtungsgegenstände müßten in die neue Wohnung geschafft werden, ein neuer Telefonanschluß müßte bezahlt werden, ständig müßte sie Sally daran erinnern, die Rechnung der

Stadtwerke zu bezahlen. Im schlimmsten Fall müßte sie die Wohnung wieder räumen oder die Miete übernehmen, wenn Sally wieder ins Krankenhaus eingeliefert würde. Sally hatte schon alle erdenklichen Wohnformen ausprobiert und es nirgends lange ausgehalten. Mutter hatte allen Grund, wieder mit dem Schlimmsten zu rechnen.

»Sie scheint aber wirklich fest entschlossen zu sein«, meinte ich.

»O ja, das ist sie!« rief Mutter. »Was kümmert es sie, wenn sie mich dadurch ins Grab bringt!«

»Kannst du sie daran hindern?«

»Natürlich kann ich das nicht!«

Sally hatte eine ganze Reihe freier Wohnungen in der Zeitung gefunden. Eine lag an einer Bushaltestelle. Zur Tagesklinik im psychiatrischen Zentrum waren es von dort nur einige Minuten zu Fuß. Wenn sie schon eine eigene Wohnung haben mußte, dann schien diese wirklich ideal zu sein. Sie machte einen Besichtigungstermin mit dem Hausverwalter aus und holte den Busfahrplan heraus.

Ich hatte nichts Besonderes vor und bot ihr deshalb an, sie dorthin zu fahren. Aber kaum hatte ich mein Angebot ausgesprochen, als meine Mutter einen regelrechten Wutanfall bekam. Ich solle mich um meine eigenen Angelegenheiten kümmern, ich hätte mich wohl mit Sally gegen sie verbündet und würde mich einen Dreck um meine Mutter scheren. Ich wollte sie davon überzeugen, daß wir Sally nicht daran hindern könnten, zu wohnen, wo sie wollte. Mutter tobte, wie ich es lange nicht mehr miterlebt hatte. »All das Geld, das ich jahrelang für ihre Kapriolen zum Fenster hinausgeworfen habe! Wenn alles wieder zu Bruch gegangen ist, dann muß ich ganz allein die Scherben aufsammeln! Hätte ich sie doch nur schon längst entmündigen lassen!« schrie sie.

Sally ignorierte Mutter einfach und zog sich in ihr Zimmer zurück. Tatsächlich war sie auch kaum betroffen, da sich Mutters Zorn ausschließlich auf mich konzentrierte. Jedesmal wenn ich wieder ins Wohnzimmer kam, fiel sie erneut über mich her. Schließlich verließ ich das Haus und fuhr stundenlang in der Gegend herum. Als ich zurückkam, forderte ich sie auf, mit ihren Beschimpfungen aufzuhören, da ich sonst sofort wieder abfahren würde. Daraufhin setzte sie sich vor den Fernseher und sah sich leise weinend ein Footballspiel an.

Sally zog gleich nach Weihnachten in ihre neue Wohnung, und plötzlich war Mutter ganz begeistert. »Was für eine hübsche Wohnung!« rief sie am Telefon. »Wie gut, daß du sie hingebracht hast. Sonst hätte jemand sie ihr womöglich vor der Nase weggeschnappt. Wer wäre wohl nicht begeistert von dieser Helligkeit. Ich habe Sally gesagt, daß ich am liebsten in dasselbe Gebäude ziehen würde. Dann kann sie sich um mich kümmern, wenn ich alt und grau bin!« Ich konnte mir gut vorstellen, was Sally von diesem Wunschtraum hielt.

Ich war böse auf Mutter, weil sie mich so fertiggemacht hatte, nur weil ich Sally zu dem Besichtigungstermin gebracht hatte. Und jetzt wirkte sie plötzlich so angetan. Ich weigerte mich, in ihre Freudenbekundungen einzustimmen.

Nach einem Monat begann Sally sich einsam zu fühlen. Den ganzen Tag hatte sie niemanden, mit dem sie reden konnte. Wenn sie nachmittags von der Tagesklinik zurückkam, ging sie sofort ins Bett und schlief erst einmal lange.

Eine enervierende Nachbarin, die noch einsamer als Sally war, klopfte jeden Tag an ihre Tür, in der Hoffnung, eine geduldige Zuhörerin zu finden, aber Sally wollte sich nicht mit ihr anfreunden. Meiner Meinung nach zog sie es vor, sich an stärkere Menschen anzuschließen, an Menschen, die sie inspirierten und deren Persönlichkeit sie erforschte, um sie sich so weit wie möglich anzueignen. Einige Jahre lang hatte sie bei einem Ehepaar namens Tammy und Mike ein möbliertes Zimmer bewohnt. Sally war meist in einen von beiden, fast immer in Tammy, verliebt. »Sie ist die Mutter, die ich nie hatte«, erklärte Sally einmal während einer

Familientherapiesitzung, woraufhin Mutter aufstand und das Zimmer verließ.

Tammy und Mike waren nicht gerade respektable Leute. Sie steckten oft in finanziellen Schwierigkeiten, und ihre häßlichen Streitereien über Geld und andere heikle Themen arteten bisweilen in Gewalttätigkeiten aus. Sie schienen Sally jedoch wirklich gern zu haben und auch zu bewundern – sie hatte nicht nur einen guten Charakter, sondern war auch klüger und gebildeter als die beiden –, trotzdem nutzten sie Sally aus, wo sie nur konnten. Sally hatte Mutter und den Mitarbeitern in der Tagesklinik Dinge über Tammy und Mike erzählt, durch die diese Vermutung bestätigt wurde. »Sie blocken einfach alles ab, was sie nicht nachvollziehen können«, sagte Mutter und war den beiden gegenüber verständlicherweise argwöhnisch. Durch nichts konnte sie Sally von ihrer Zuneigung abbringen, bis Sallys Vernarrtheit eines Tages von allein dahinschwand und sie auszog.

Zunächst war Sally ganz begeistert davon, eine eigene Wohnung zu haben. Sie lud Franklin, ihren besten Freund, zum Essen ein und genoß ihre neue Rolle als Hausherrin. Nachdem sich ein Gefühl von Einsamkeit eingeschlichen hatte, besuchte sie gelegentlich Tammy und Mike, hing Kaffee schlürfend in deren Küche herum, hörte Radio und sah ihrem bewegten Leben zu, als sei es eine Seifenoper. Jeden Abend rief sie Mutter an. »Ich bin ihr wohl ganz schön auf die Nerven gegangen«, erzählte sie mir später.

Nur durch Mutter wußte ich von Sallys Einsamkeit. In all den Jahren, nachdem ich von zu Hause fortgezogen war, rief Sally mich kein einziges Mal an. Jetzt kommt es mir schon sehr merkwürdig vor, daß wir nicht öfter miteinander sprachen, aber damals machte ich mir keine Gedanken darüber. Es war einfach ein weiteres gestörtes Verhaltensmuster, das mir völlig normal erschien.

# 19

Als ich am 2. März 1987 nach der Mittagspause in mein Büro zurückkam, ließ mir die Empfangsdame ausrichten, daß Sally mehrmals angerufen hatte.

Ich erreichte Sally in ihrer Wohnung, wo sie schon auf meinen Anruf wartete. »Mutter ist auf der Intensivstation. Sie hatte einen Schlaganfall.«

»Wie schlimm?«

»Das einzige, worauf sie eine Reaktion zeigt, ist Schmerz«, sagte Sally und wiederholte damit, was ihr ein Arzt gesagt hatte. Die Worte hallten in meinem Kopf wider. Obwohl ich wußte, daß sie nur einen einfachen medizinischen Test beschrieben, bedeuteten sie viel mehr für mich. Mutter hatte in ihrem Leben auf so viele Schmerzen reagieren müssen. Ich wußte, sie würde nicht wieder zu Bewußtsein kommen. Ich wußte, daß sie im Sterben lag. Ich hatte keinerlei Hoffnung.

Ich rannte aus dem Büro und nahm ein Taxi zum Flughafen. Meine Tränen konnte ich nicht zurückhalten. Als ich nach Arlington kam, fühlte ich mich fast krank vom vielen Weinen.

Ich fuhr direkt zum Krankenhaus. Auf der Intensivstation schienen die Schwestern mich merkwürdig anzustarren. Auch sie wußten, daß sie starb – in Wahrheit schon gestorben war, obwohl ihr Atem durch Apparate noch in Gang gehalten wurde –, und sie schienen sich zu fragen, wieviel sie mir wohl erklären müßten.

Sie sah ganz friedlich aus, wie sie dort in ihrem weißen Bett lag und sanft durch den Schlauch atmete, der Sauerstoff in ihre Lungen pumpte. Sie sah auch wunderschön aus, wie schon seit langem nicht mehr. Ihre Brauen waren nicht gerunzelt. Sie wirkte ganz ruhig. Bis auf das Summen der Maschinen war es ganz still in dem Raum. Ich nahm ihre Hand.

»Kann sie mich hören?« fragte ich.

»Wahrscheinlich nicht«, sagte der Arzt. »Sie hat einen erheblichen Gehirnschaden erlitten.«

Er mußte bemerkt haben, wie sehr mich seine Worte erschütterten, denn er fügte hinzu: »Aber man kann nie wissen, ob sie nicht doch etwas hört.«

Er verließ das Zimmer, und ich redete eine lange Zeit mit ihr. Ich lehnte mich dicht an ihr Ohr und sagte ihr, wie sehr ich sie liebte und bewunderte, mehr als jeden anderen Menschen, daß ich nicht wüßte, was ich ohne sie anfangen sollte. »Mama, Mama«, flüsterte ich. »Oh, Mama, du darfst nicht sterben!«

Lyn und Earl erschienen im Flur vor dem Zimmer. Lyn trat an Mutters Bett. Sie nahm ihre Hand und sagte ihr auf Wiedersehen. Dann brachten sie mich zu ihrem Auto. Wir holten Sally in ihrer Wohnung ab, und sie begleiteten uns zu Mutters Haus. Als ich zuvor mit Sally gesprochen hatte, meinte sie großzügig: »Ich kaufe ein, und du kannst bei mir wohnen!« Ich schnitt ihr das Wort ab. Es war ein freundliches Angebot, für mich war es jedoch unvorstellbar. Ich konnte Sallys Großzügigkeit einfach nicht annehmen, konnte sie nicht für uns beide sorgen lassen. »Wir werden solange in Mutters Haus wohnen«, sagte ich barsch. Nun waren wir dort angekommen, und ich fragte mich einen Moment lang, ob ich meinen Entschluß vielleicht doch etwas voreilig getroffen hatte.

Als Kind hatte es mir sehr viel bedeutet, daß meine Mutter immer da war, wenn ich nach Hause kam. Wenn ich sie später, als ich schon erwachsen war, besuchte, freute ich mich schon im voraus auf ihren fröhlichen, erwartungsvollen Gesichtsausdruck, den sie stets bei meiner Rückkehr hatte. Sie sah dann immer besonders

jung aus. Heute war das Haus dunkel und so still, daß ich beim Schlagen der Uhr zusammenzuckte.
Ich machte im ganzen Haus Licht an und fragte Sally, was genau an diesem Tag geschehen war.
Am Morgen hatte Mutter bei Sally angerufen und gesagt, daß sie sich auf den Weg zu ihrer Wohnung machen wollte. Sally ging nach draußen, um dort auf Mutter zu warten, aber als sie nicht kam, ging sie wieder hinein und legte sich hin. Einige Zeit später wurde ihr klar, daß etwas nicht stimmte, deshalb rief sie Donald und Betty an und bat sie, nach Mutter zu sehen. Sie fanden Mutter in ihrem Sessel sitzend. Sie hatte sich ihre Schuhe anziehen wollen. Als sie sich dazu hinsetzte, mußte sie den Schlaganfall bekommen haben. Sie war bei Bewußtsein, war aber sehr schwach und verwirrt. »Ich fühle mich so merkwürdig«, wiederholte sie ständig. Dann sagte sie: »Jemand soll Sally anrufen.« Betty hatte gedacht, sie hätte sich versprochen und statt dessen mich gemeint. Sie dachte, Mutter wollte Hilfe suchen. Aber ich weiß genau, daß sie Sally meinte. Sie wußte, Sally wartete auf sie. Sie lag im Sterben, aber trotzdem sorgte sie sich noch um Sally.
Betty rief einen Rettungswagen, aber Mutter verlor bereits vor seiner Ankunft das Bewußtsein.
Sachlich und nüchtern berichtete Sally mir alles, was sie wußte. Die Tragweite des Geschehens schien ihr noch nicht richtig bewußt zu sein. Kurze Zeit später ging sie zu Bett. Ich blieb noch eine Weile auf und rief meine engsten Freunde an. Ich war jetzt ganz ruhig, aber ich fühlte mich von allen Dingen um mich herum irgendwie abgeschnitten, sogar von der Luft. Ein Jahr später beschrieb eine Freundin ihre Trauer, nachdem ihr Bruder bei einem Verkehrsunfall ums Leben gekommen war. »Ich fühle mich wie eine Fliege, die in einem Glas gefangen sitzt«, sagte sie. »Alles ist verzerrt. Ich kann nicht einmal hören, was draußen vor sich geht.«
Ich erreichte meine Freundin Elizabeth in Seattle. »Ich nehme ein Flugzeug, dann kann ich morgen abend bei dir sein.« Allein ihr

Versprechen, sofort zu kommen, milderte meine Verzweiflung ein wenig. Sie solle noch warten, sagte ich ihr. Falls ich doch nicht allein zurechtkäme, würde ich sie anrufen, versprach ich. Mir war eingefallen, daß ihre finanzielle Lage nicht gerade rosig war. Gegen Mitternacht ging auch ich zu Bett.

Wie vor zwanzig Jahren, in der Nacht, als mein Vater gestorben war, lag ich im Dunkeln und redete mir ein, daß ich stark sein müßte. Mein Leben würde nie mehr sein wie bisher. Ich hatte jetzt keine Eltern mehr. Diese Erkenntnis war überwältigend für mich. Im Nebenzimmer konnte ich Sallys lautes Schnarchen hören. Ich konnte nicht schlafen. Um zwei Uhr stand ich schließlich auf, warf mir einen Mantel über und ging hinaus in den Garten.

Wunderschön war es dort. Die Äste der alten Eiche warfen bizarre Schatten. Über dem Baum stand ein wundervoller Vollmond, der alles in ein sanftes Licht tauchte. Ungefähr eine Viertelstunde lang stand ich still da und zitterte, obwohl mir nicht kalt war. Schließlich ging ich zurück ins Haus und schlief endlich ein.

# 20

Am nächsten Morgen war ich sofort hellwach. Sally schlief noch. Ich klopfte an ihre Tür.

»Sally? Steh auf und geh duschen. Ich mache in der Zwischenzeit Frühstück und dusche dann später.«

»Okay«, rief sie ungewöhnlich schwungvoll. Sie stand augenblicklich auf und verschwand im Bad.

Anscheinend dachte ich, es sei außerordentlich wichtig, daß Sally nicht aus ihrem gewohnten Rhythmus kam, denn ich bestand darauf, daß sie wie sonst in die Tagesklinik ging. Ich hörte mich selbst, wie ich sie herumkommandierte, als sei ich Mutter, und ich beobachtete, wie sie meinen Kommandoton anscheinend als tröstend empfand. Es sah mir nicht ähnlich, so mit ihr umzuspringen, und doch konnte ich nicht anders. Jetzt kommt es mir vor, als ob ich versucht hätte, Mutter zu *sein*, nicht weil ich meinte, Sally in dieser Weise beaufsichtigen zu müssen, sondern weil ich Mutter dadurch am Leben halten wollte. Für kurze Zeit fühlten wir uns beide wohl dabei.

Wir fuhren ins Krankenhaus. Sally ging in die Tagesklinik, und ich ging nach oben zur Intensivstation, wo ich mit Mutters Arzt reden wollte. Sally fragte nicht, ob sie mich begleiten dürfe – ich gab ihr auch keine Gelegenheit dazu. Als der Arzt kam, erinnerte er mich daran, daß Mutter schriftlich festgelegt hatte, ihr Leben solle nicht künstlich erhalten werden. Dies war ihr immer sehr wichtig gewesen.

Später an diesem Morgen kam Sally in Mutters Zimmer, um sich zu verabschieden. Ohne meine ständigen Befehle hatte sie in der Zwischenzeit nachgedacht, und ihr war klargeworden, daß sie Mutter noch einmal sehen mußte. Sie schluchzte am Bett, und ich nahm sie in den Arm. Ich glaube, ihr wurde erst in diesem Moment klar, daß Mutter nicht wieder wach werden würde.

»Der Arzt wird das Beatmungsgerät später abschalten«, sagte ich ihr. »Ich werde auf ihn warten, und dann hole ich dich ab.«

Sally ging in ihre Tagesabteilung zurück. »Ich bin okay«, versicherte sie mir tapfer.

Ich fühlte mich plötzlich so allein wie niemals zuvor in meinem Leben, und das machte mir angst. In der Nähe wohnte noch ein alter High-School-Freund von mir, aber seine Nummer stand nicht im Telefonbuch. Ich rief einen anderen Bekannten an und fragte verzweifelt nach Toms Nummer. Nach einer halben Stunde kamen beide Männer ins Krankenhaus. Ich war ihnen unsagbar dankbar, aber mir entging nicht, daß ihre Gegenwart jenes neue Gefühl der Isoliertheit nicht vertreiben konnte. Ich bekam noch mehr Angst. Hiervor war ich mein Leben lang davongelaufen – vor einem Schmerz und einer Traurigkeit, durch die ich von meiner Umwelt abgeschnitten war.

Meine Freunde boten mir an, bei mir zu bleiben, aber nach einer Weile bat ich sie zu gehen. Der Arzt würde bald kommen, und ich wußte, daß ich mit Mutter allein sein mußte, wenn die Apparate abgeschaltet wurden. Als der Arzt endlich kam, riet er mir, beim Abschalten der Geräte nicht im Zimmer zu bleiben. »Dafür besteht keine Notwendigkeit«, erklärte er. Ich bestand jedoch darauf. Ich hielt Mutters Hand und legte meine Finger auf ihr Handgelenk. Ich fühlte, wie ihr Puls langsam, langsam schwächer wurde und schließlich nicht mehr zu spüren war. Nach ein paar Minuten war alles vorbei. Ich sah in ihr Gesicht und erschrak, denn ich hatte vergessen, wie ein Mensch aussieht, der aufgehört hat zu leben. Nur einmal hatte ich es gesehen, und Mutters Anblick brachte augen-

blicklich die Erinnerung zurück. Es war das Gesicht meines Vaters ebensosehr wie das meiner Mutter.
Noch vom Krankenhaus aus rief ich das Bestattungsunternehmen an. Dort mußten sie wissen, was als nächstes zu tun war. Dann rief ich die Friedhofsverwaltung an, wo Vater begraben lag, und bei der Kirche, wo Mutter vor Jahren im Chor gesungen hatte. Ich rief Rhonda an, damit sie Bescheid wußte. Im Augenblick gab es noch nichts, was sie für Sally tun sollte. Dann telefonierte ich mit Gerry Rugel und fragte ihn, was wegen Mutters Testament zu tun sei. »Sie müssen jetzt erst einmal Ihre Trauer bewältigen«, sagte er sanft. Ich dachte: Meine Trauer bewältige ich, indem ich einen Telefonanruf nach dem anderen mache.
Ich holte Sally ab und fuhr nach Hause. Am Tag zuvor war sie wie betäubt gewesen – sie hatte getan, was man ihr sagte, und war ganz ruhig, jedoch irgendwie entrückt. Heute war sie aufgeregt, weinte andauernd und rauchte eine Zigarette nach der anderen. Auf dem Beifahrersitz wiegte sie sich leicht hin und her und starrte aus dem Fenster. Mir fiel auf, daß ihre Brillengläser schmutzig und voller schmieriger Fingerabdrücke waren. Ich sagte nichts dazu. Wenn sie sich so fühlte wie ich, spielte es einfach keine Rolle, ob sie gut sehen konnte oder nicht. Einmal stöhnte sie auf, es klang ziemlich gequält.
»Ist alles in Ordnung, Sally?« fragte ich sie.
»Oh, Peggy, wenn ich Betty und Donald nur eher angerufen hätte! Dann wäre Mutter vielleicht noch am Leben.« Sie blickte mich flehend an und hoffte, daß ich sie trösten würde.
»Es hätte nichts genützt, Sally«, sagte ich und versuchte, meiner Stimme Nachdruck zu verleihen, obwohl ich mir längst die gleiche Frage gestellt hatte. Ich hatte daran gedacht, wie Sally zurück ins Bett gegangen war, während Mutter bewegungsunfähig, aber bei vollem Bewußtsein in ihrem Sessel saß. Ich hatte gegen diesen Gedanken angekämpft, ich mochte es mir einfach nicht vorstellen. Jetzt nützte es sowieso nichts mehr. Später sprach ich noch einmal

mit einem Arzt und erzählte ihm von Sallys Schuldgefühlen. Er antwortete mit den gleichen Worten, mit denen ich Sally instinktiv geantwortet hatte. Mutter hatte bei ihrem Schlaganfall einen so massiven Blutsturz erlitten, daß man sie auch dann nicht hätte retten können, wenn sie früher ins Krankenhaus gekommen wäre.

Zu Hause lief ich einige Minuten ziellos im Haus herum. Sally ging zu Bett. Ich beschloß, mir etwas zu essen zu machen; seit meiner letzten Mahlzeit waren mehr als vierundzwanzig Stunden vergangen. Im Kühlschrank fand ich Eisbergsalat, Pilze, Brokkoli, Möhren, Tomaten, Kohl, Joghurt, Käse und Milch – alles war gesund und frisch. Ich machte mir einen Salat und setzte mich an Mutters alten selbstgebauten Schreibtisch, auf dem eine akribische Ordnung herrschte und nicht so ein Chaos wie bei mir. Die Kugelschreiber und Bleistifte lagen alle in Reih und Glied in einer Schale. Ein Packen Notizpapier lag rechts auf einer sauberen Schreibtischunterlage. Auf einer Plastikablage waren Briefmarken, Büroklammern, Tesafilm, Tippex und Adressenaufkleber. Mitten auf der Schreibtischunterlage lag ein ordentlicher Stapel von Briefen.

Ich öffnete die oberste Schublade und sah einen weißen Briefumschlag, auf dem mein Name stand. Er war nicht zugeklebt und enthielt drei Bögen liniertes Papier, jeder Bogen war mit einer Überschrift versehen. »Personen, die im Falle meines Todes zu informieren sind«, »Vermögensverhältnisse, Stand 1. Januar 1987«, »Wichtige Telefonnummern und Adressen«.

Es war, als hätte meine Mutter ihren Tod erwartet.

Ich begann, ihre Freunde anzurufen, von denen viele schon Bescheid wußten. Alle boten sie an, weitere Bekannte zu informieren, was ich dankbar annahm. Auf dem zweiten Bogen waren US-Schatzbriefe, Aktien und Sparbücher mit dem jeweiligen Sparguthaben aufgelistet. Auf dem dritten Blatt standen die Adressen der Banken. Ihr Testament befände sich in ihrem Schließfach. Vor Jahren hatte sie mir einmal einen Zweitschlüssel für das Fach gegeben. Den Schlüssel hatte ich so gut versteckt, daß ich jetzt überhaupt nicht mehr wußte, wo er sein könnte.

Ich hinterließ Sally eine Nachricht und fuhr zu der nahegelegenen Bank. Eine Frau namens Mrs. Potter verwaltete die Schließfächer, verriet mir das Namensschild auf ihrem Tisch. Ich setzte mich und wartete, bis sie ihr Telefongespräch beendet hatte. Als sie aufgelegt hatte, sah ich sie an und merkte, daß ich nicht sprechen konnte. Zum ersten Mal mußte ich einer fremden Person sagen, was geschehen war, und meine Kehle war wie zugeschnürt. Ich fing an zu weinen, und sie reichte mir ein Papiertaschentuch. Sie wartete, bis ich mich ein wenig gefangen hatte. Schließlich konnte ich ihr endlich sagen, wer ich war und warum ich gekommen war. »Wie heißt Ihre Mutter?« fragte sie. Ich sagte es ihr. Sie schien bestürzt und sah mich ein wenig genauer an. »Sara?« sagte sie. Ich nickte. Sie schüttelte den Kopf und versicherte mir, wie leid es ihr täte. Sie fragte mich, wann es passiert wäre, und wir unterhielten uns ein paar Minuten lang. Dann erkundigte sie sich, wie Sally es aufgenommen hätte.

Ich war nicht auf ihre Anteilnahme vorbereitet und fing wieder an zu weinen. Ich wüßte es selbst noch nicht genau, sagte ich schließlich, und sie nickte wieder. Sally sei oft mit in die Bank gekommen. Ich spürte, daß sie wußte, wie schwer Sally mit einem solchen Verlust zurechtkommen würde.

Ich sagte Mrs. Potter, daß ich nicht wußte, wo mein Schlüssel sein könnte oder wo meine Mutter den ihren aufbewahrte. Sie beschrieb den Schlüssel und nannte alle denkbaren Aufbewahrungsorte. »Sehen Sie zuerst in der Kommode nach«, riet sie mir.

Ich fuhr nach Hause, öffnete die oberste Schublade ihrer riesigen alten schwarzen Kommode und begann meine Suche zwischen Taschentüchern, Strümpfen und Unterwäsche. Da war auch eine Schachtel. Ich öffnete sie und entdeckte ein Puppen-Teeservice, das Sally Mutter einmal geschenkt hatte, als sie noch in Williamsburg auf dem Internat war. Gegen meinen Willen konnte ich

Mutters ironischen Gesichtsausdruck beim Auspacken des Geschenks noch vor mir sehen. Das Service war als Kinderspielzeug gedacht, oder höchstens für jemanden, der so einen Kitsch sammelte. Und dennoch hatte sie es all die Jahre aufbewahrt. Ich betrachtete die winzigen Täßchen und Untertäßchen, und da war auch der Schließfachschlüssel.

Die nächsten beiden Tage arbeitete ich von morgens bis abends, erstellte eine Liste von Dingen, die getan werden mußten. Immer wenn ich etwas erledigt hatte, hakte ich es auf der Liste ab. Abends waren wir dann bei Nachbarn oder Freunden zum Essen eingeladen. Dann brachte ich Sally zurück in ihre Wohnung.

Ich wußte, wie einsam Sally vor Mutters Tod gewesen war, und ich hätte darauf bestehen sollen, daß sie bei mir in Mutters Haus wohnte, aber ich fürchtete, es würde um so schwieriger für sie, in ihre Wohnung zurückzukehren, je länger sie nicht dort war. Es war dumm von mir und gefühllos. Sally fragte einige Male: »Kann ich nicht bei dir wohnen, solange du hier bist?«

Am nächsten Morgen wollte sie wissen, was aus Mutters Haus werden würde.

»Ich glaube, ich werde es eine Weile vermieten«, antwortete ich.

Ich konnte förmlich sehen, wie sie nachdachte. »Hat Mutter dir das Haus vererbt?« fragte sie schließlich.

Als ich dies bestätigte, schwieg Sally. Ich versicherte ihr, daß alles andere, was Mutter in all den Jahren zusammengespart hatte, in ihren Treuhandfonds wandern würde, damit sie sich um nichts zu sorgen brauchte. Sie gab keine Antwort. Was ist schon ein Treuhandfonds, mag sie gedacht haben, besonders wenn man selbst keinerlei Vollmacht darüber hat, im Vergleich zu dem Haus, in dem man aufgewachsen ist?

Wir redeten über die Trauerfeier. Mutter hatte Beerdigungen immer gehaßt. Sie wollte verbrannt und »verbuddelt« werden, wie sie in ihrer direkten Art immer gesagt hatte. Genau wie Papa erwiderte ich stets darauf, daß es dieses eine Mal nach uns gehen würde, aber jetzt beschloß ich, auf einen Gottesdienst am Grab zu verzichten. Dies war ihr immer ein ganz besonderer Greuel gewesen. Statt dessen planten wir eine Trauerfeier in der Kirche, zu der alle Nachbarn und Freunde kommen konnten, und eine weitere nur mit Lyn und Earl, Donald und Betty auf dem Friedhof, wo wir gemeinsam ihre Urne beisetzen wollten. Mutter hatte immer eine Feier für ihre Freunde gewollt, deshalb luden wir sie alle zum Kaffee in ihr Haus ein.

Ich rief den Pfarrer an und erklärte ihm unsere Vorstellungen. Er machte uns einen kurzen Besuch. Er kannte uns und Mutter nicht, aber er wußte, daß wir schon seit langer Zeit Mitglieder seiner Kirche waren und uns früher aktiv an der Gemeindearbeit beteiligt hatten. Er behandelte uns sehr respektvoll, da er sich im Vergleich zu uns wie ein Neuling in der Gemeinde vorkommen mußte. Sally wählte die Lieder aus. Wir unterhielten uns nicht besonders lange. Schließlich baten wir den Pfarrer noch, daß am Ende des Gottesdienstes jeder der Trauergäste ein paar Worte sagen dürfte, ähnlich wie bei einem Quäkergottesdienst. Obwohl ihm diese Vorstellung nicht besonders zu behagen schien, stimmte er sofort zu.

Sally wirkte mehr und mehr abwesend und begann die meiste Zeit im Bett zu verbringen. Ich hatte großes Mitgefühl für sie, aber für mich war es furchtbar anstrengend, mit ihr zusammenzusein, auch wenn es nur für eine kurze Zeit war. Das Schlimmste war, daß ich nicht schlafen konnte, obwohl ich restlos erschöpft war. Wegen ihrer Medikamente mußte Sally ständig Wasser lassen, und ich hörte, wie sie mehrmals in der Nacht zur Toilette ging. Jedes Geräusch ließ mich sofort aufschrecken. Ich konnte genau hören, wie sie ihre Tür öffnete, über den Flur ins Badezimmer und wieder zurück in ihr Bett schlurfte, wo sie augenblicklich wieder zu schnarchen begann. Danach lag ich immer eine ganze Weile wach. Jeden Morgen klingelte ihr Wecker, damit sie rechtzeitig in die Tagesklinik ging. Ich war dann immer sofort hellwach und dachte an all die Dinge, die zu erledigen waren. An Schlaf war nicht mehr zu denken, und so schleppte ich mich ins Bad, duschte und zog mich an. Sally hielt sich offensichtlich nicht besonders sauber und wechselte auch nicht ihre Wäsche. Bald begann sie zu stinken. Nahm ich sie im Auto mit, mußte ich ein Fenster öffnen. Schließlich sagte ich ihr, sie müßte endlich baden und saubere Sachen anziehen. Ich hielt ihr ständig Strafpredigten, und nach ein, zwei Tagen sagte sie aus Versehen »Mama« zu mir. Sie schien es gar nicht bemerkt zu haben, aber mir jagte ihr Versprecher einen gehörigen Schreck ein.

Ich sagte ihr, daß ich am folgenden Tag nach New York fahren würde, um meinen Schreibtisch dort in Ordnung zu bringen. Schon am Abend wollte ich zurück sein. Es kam eine Menge Schreibarbeit auf mich zu, denn das Geld von Mutters Konten mußte in den Treuhandfonds überschrieben werden. Ich wußte, daß es einige Zeit in Anspruch nehmen würde, deshalb hatte ich beschlossen, meine beiden Katzen mitzubringen und ein paar Wochen in Virginia zu bleiben, damit ich soviel wie möglich persönlich erledigen konnte.

Als ich Sally meinen Plan mitgeteilt hatte, sah sie mir direkt in die Augen. »Fahr vorsichtig, du mußt es mir versprechen«, flehte sie mich an. »Was sollte ich bloß tun, wenn dir etwas passieren würde?« Sie begann zu schluchzen.

»Mir wird nichts passieren«, versprach ich ihr.

Am nächsten Tag, als ich den Highway 95 von New York nach Washington hinunterkam, habe ich mich irgendwie verfahren. Ich war deprimiert und übermüdet, starrte auf die Straße und hielt das Lenkrad umklammert. Krampfhaft bemühte ich mich, wach zu bleiben. Ich mußte mich zwingen, an den Mautstationen anzuhalten, die Tankanzeige zu beobachten, nicht langsamer als fünfundvierzig und nicht schneller als sechzig Meilen zu fahren. Es ging mir überhaupt nicht gut. Plötzlich bemerkte ich, daß ich nicht mehr auf dem Highway 95, sondern auf einer alten Landstraße irgendwo in einer ländlichen Gegend in Maryland war. Weit und breit gab es keine Schilder, an denen ich mich orientieren konnte.

Es war wie in einem Gruselfilm. Jetzt war ich hellwach und wartete, daß endlich eine Tankstelle oder ein Restaurant am Straßenrand auftauchte. Eine halbe Stunde fuhr ich so dahin. Nichts. Die Abfahrten wiesen nicht auf mir bekannte Orte hin, die Straßennamen sagten mir nichts. Ich mußte mich südlich von Baltimore befinden, denn ich war durch den Tunnel gefahren. Als nächstes mußte Washington kommen, es sei denn, ich war auf dem Weg landeinwärts, dann würde ich noch vor Ende der Nacht in Appalachia landen. Ich hatte keine Karte und konnte mir nicht vorstellen, wie ich vom Highway 95 auf diese verlassene Landstraße gekommen war.

Ich mußte an Sallys Worte denken: *Wenn dir nun irgend etwas passiert?* Plötzlich hatte auch ich schreckliche Angst davor. Es war etwa Mitternacht, Donnerstag abend, und niemand außer mir fuhr so spät noch hier draußen herum. Dann sah ich plötzlich den Mond vor mir auftauchen, diesen wunderschönen Mond, der mich drei Nächte zuvor getröstet hatte, als ich in Mutters Garten stand und mich fragte, ob ich jemals würde einschlafen können. Er stand etwa an der gleichen Stelle wie in jener Nacht. Also versuchte ich ihm zu folgen und bog in eine Seitenstraße ein, die direkt auf ihn zuzuführen schien. Nach kurzer Zeit tauchten Einkaufszentren und Autowerkstätten auf. Ich mußte mich in der Nähe von Washington befinden. Schon war ich in der Stadt, aber ich wußte nicht wo und hatte das Gefühl, im Kreis zu fahren. An einer roten Ampel mußte ich halten. Dort fragte ich ein junges Pärchen nach dem Weg zur M-Straße.

Sie sahen sich verständnislos an. Dann sagte der Mann: »Dies hier ist die M-Straße, meine Dame. Sie können entweder rechts oder links fahren.«

Eine Minute später fuhr ich über die Key-Brücke und war in Arlington, und schon stand ich in Mutters Einfahrt. »Danke«, murmelte ich und blickte hinauf zum Mond.

Das Haus war still, nur meine Katzen liefen leise durch die Zim-

mer und machten sich mit ihrem neuen Zuhause vertraut. Ich fand einen Bleistift und einen Notizblock, legte mich auf mein Bett und schrieb mir auf, was ich am nächsten Tag erledigen mußte.
Am nächsten Morgen erwachte ich. Der Notizblock lag noch auf meiner Brust und der Bleistift neben dem Bett auf dem Boden.

# 21

Im Lauf des Morgens kam Tante Irene von Knoxville, und Onkel John, der Bruder meines Vaters, war von Chicago hergeflogen. Trenie hatte ihr Baby bei Mark in Pittsburgh gelassen und war allein heruntergefahren. Auch mein Freund Rick war gekommen und half mir, Verwandte und Bekannte vom Flughafen und Bahnhof abzuholen und wieder wegzubringen. Den ganzen Tag trafen Beileidstelegramme von Mutters Vettern und Kusinen aus Nashville und von alten Freunden ein. All dieser Trubel tröstete mich. Ich mußte Betten beziehen und ständig die Haustür öffnen. Sally dagegen wurde immer stiller. Eine Weile saß sie mit Tante Irene, Onkel John und Trenie im Wohnzimmer, aber bald entschuldigte sie sich und zog sich in ihr Zimmer zurück.

Meine vielen Aufgaben hatten mich gerade ein wenig abgelenkt, als ein Angestellter des Beerdigungsinstituts anrief und mich bat, Mutters Leiche zu identifizieren. Sie könnten ihre sterblichen Überreste nicht verbrennen, bevor ein Familienmitglied sie identifiziert hatte, und außerdem war da auch noch der Papierkram … Ich konnte es kaum ertragen, ihm zuzuhören. Seine Stimme hatte nicht jenen salbungsvollen Klang, den ich erwartet hatte. Wahrscheinlich war es auch besser, er sprach ganz normal, dachte ich. Dennoch brachte mich sein forscher, geschäftsmäßiger Tonfall außer Fassung. Aber ich mußte tun, worum er mich bat. So sagte ich ihm, ich würde um zwei Uhr nachmittags kommen.

Als ich nach dem Mittagessen losfahren wollte zum Bestattungsinstitut, fragte Sally, ob sie mich begleiten dürfe. Ich hatte ihr nicht gesagt, daß Mutters Körper identifiziert werden mußte, weil ich befürchtete, es würde sie zu sehr schockieren. So sagte ich ihr, sie solle zu Hause bleiben und sich dort um alles kümmern. Aber gerade von dort hätte sie eine Weile weggemußt. Ich versuchte, sie so weit wie möglich in die Vorbereitungen für die Trauerfeier einzubeziehen, aber heute ist mir klar, daß ich sie von allem ausschloß, was Mutters Tod direkt anging. Ich verwehrte ihr wichtige Erfahrungen, auf die sie ein Recht gehabt hätte. Wie Mutter behandelte auch ich sie wie ein Kind. Gerade an diesem Punkt unseres Lebens hätte ich sie zumindest als gleichberechtigt behandeln müssen. Besonders im Angesicht außergewöhnlicher Ereignisse und Schicksalsschläge hatte sich Sally immer als stärker erwiesen, als man es von ihr erwartet hätte. Sie konnte den Tatsachen besser als jeder andere, den ich kannte, ins Gesicht sehen. Als ich Mutter dort liegen sah, bedeckt mit einem Leichentuch, wurde mir klar, daß ich selbst auch nicht gerade in guter Verfassung war. Meine Knie zitterten, ich mußte mich aufstützen und ein paarmal tief atmen, bevor ich dem Bestatter in sein Büro folgen und die notwendigen Papiere unterzeichnen konnte.

Der sechste März war einer jener ungewöhnlich warmen Vorfrühlingstage, die die Welt neu zu schaffen scheinen. Um zehn Uhr trafen wir uns mit Donald, Lyn und Earl auf dem Friedhof, wo der Pfarrer uns erwartete. Ich ging zu dem kleinen Backsteinhäuschen, wo ich Mutters Asche abholte. Der Metallkasten war nur so groß wie eine Teedose, aber als ich ihn in Empfang nahm, war ich von seinem Gewicht überrascht.

Mutter hatte immer gesagt, sie wolle verbrannt werden, und weil ich für mich irgendwann dasselbe wollte, war mir nicht in den Sinn gekommen, mich ihrem Wunsch zu widersetzen. Als wir aber zum Grab meines Vaters gingen und ich das Loch sah, das man gegraben hatte, nicht einmal einen halben Quadratmeter groß, erschien mir alles furchtbar unangemessen. Es war so ein kleines Loch und so eine kleine Urne für die Überreste eines so bedeutenden Menschen. Am liebsten wäre ich mit der Urne weggerannt und hätte die Asche in meinem Garten verstreut. Alle Blumen, die später dort gewachsen wären, hätten mich an Mutter erinnert. Ich war unsagbar traurig. Doch als ich Sally weinen sah, fühlte ich mich plötzlich stark, wenn es auch eine künstliche Stärke war, und legte meinen Arm um ihre Schultern.

Der Pfarrer sprach. Ich fragte Sally, ob sie die Urne ins Grab stellen wolle, aber sie schüttelte den Kopf. Ich stellte sie in die schwarze Erde und stand wieder auf. Tante Lyn mußte mich daran erinnern, die Blumen, die ich mitgebracht hatte, auf die Urne zu legen. Erschrocken gab ich auch Sally einige davon. Sally weinte hemmungslos. Ich war wie betäubt und versuchte gegen meinen verrückten Wunsch anzugehen, das Grab mit Erde zu füllen, damit niemand die Asche stehlen konnte. Ich wußte, daß der Friedhofsgärtner, bei dem ich die Urne abgeholt hatte, diese Aufgabe unverzüglich ausführen würde. Ich konnte ihn sogar sehen, wie er diskret im Hintergrund wartete. Aber diese kleine Urne sah so verwundbar aus, so schutzlos, daß ich mich kaum davon losreißen konnte.

Ich hatte den Termin für den Trauergottesdienst auf einen Samstag um ein Uhr festgesetzt, damit auch Mutters jüngere Freunde, die arbeiteten, daran teilnehmen konnten. Gegen halb eins sah ich, wie die Nachbarn langsam die Straße hinauf zur Kirche gingen. Als wir ankamen, war die Kirche schon voller Leute, von denen ich viele seit Jahren nicht mehr gesehen hatte: die Schulleiterin meiner Grundschule, Mutters Kolleginnen aus der Bibliothek, Gemeindemitglieder, die ich schon fast vergessen hatte, Sozialarbeiter, die Sally noch von früher kannten, und Krankenschwestern aus der Tagesklinik.

Sally und ich setzten uns zusammen mit Onkel John, Tante Irene,

Trenie und Rick in die erste Bankreihe. Der Organist spielte eines der Lieder, die Sally ausgewählt hatte, als Prozessionshymne. Ich wußte, daß Sally das Lied gern singen wollte, statt nur die Musik zu hören, und ich konnte ihre Enttäuschung spüren. Warum hatte der Pfarrer nicht mit Sally darüber gesprochen? Aber ich wußte, daß psychisch kranke Menschen dauernd so etwas erleben. Ständig werden ihre Pläne von Leuten durchkreuzt, die denken, sie würden es sowieso nicht bemerken.

Als der Gottesdienst beendet war, durften die Trauergäste reden. Lyn machte den Anfang und berichtete, wie Mutter immer ihr Selbstwertgefühl gestärkt hätte. Eine alte Freundin, die zusammen mit Mutter Pfadfindergruppen geleitet hatte, sagte, daß Mutter immer gewußt hätte, was zu tun war, ob es nun um die Organisation eines Campingausflugs oder des weihnachtlichen Plätzchenverkaufs gegangen wäre. Ein Mann aus der Kirchengemeinde stand auf und erklärte, daß die Chorproben, nachdem Sara aus Zeitgründen nicht mehr mitsingen konnte, einfach nicht mehr soviel Spaß gemacht hätten.

Alle Redner erwähnten Mutters Offenheit. »Sara hat dir immer gesagt, was sie wirklich dachte«, sagten sie, und alle lächelten. »Sara hat immer offen ihre Meinung gesagt.« Mutters Freunde hatten ihre schonungslose Aufrichtigkeit, die für Sally und mich immer problematisch gewesen war, offenbar alle bewundert. In jener vornehmen, südstaatlichen Atmosphäre, in der sie lebte, war ihre direkte Art erfrischend gewesen.

Ich stand auf und sagte den Anwesenden, daß Mutter zu denen, die sie am liebsten mochte, immer besonders barsch gewesen war. Ihre Freunde lächelten. Sally rückte nervös auf ihrem Platz hin und her. Dann stand sie auf und beschrieb, wieviel Mutter für sie getan hatte. »Ich wollte immer, daß sie stolz auf mich ist«, sagte sie mit tränenerstickter Stimme. Für eine Weile war es ganz still in der Kirche.

Ich legte meinen Arm um sie. »Mutter *war* stolz auf dich, Sally«, flüsterte ich. Ich wußte, daß es stimmte, aber ich bezweifelte, daß Sally mir glaubte.

Der Pfarrer beendete die Trauerfeier mit einem Gebet, und dann spielte der Organist ein anderes von Sally ausgewähltes Lied als Abschlußhymne. Es wurde mir damals nicht klar, daß ich Sally nach dem gleichen Schema behandelte. Zwar fragte ich sie aus Höflichkeit nach ihrer Meinung und ihren Wünschen – um danach alles nach meinen eigenen Vorstellungen zu organisieren. »Sollen wir Mutters Freunde nach dem Trauergottesdienst noch zu uns nach Hause einladen?« hatte ich sie zwei Tage zuvor gefragt, obwohl ich schon längst ein Restaurant mit der Essenslieferung beauftragt hatte, während sie schlief. Automatisch hatte sie ja gesagt. Sie hätte sich mir nie in den Weg gestellt, denn sie war es gewohnt, nach den Plänen anderer zu leben.

Nach der Trauerfeier gingen wir zurück zu Mutters Haus. Ich sah all die Freunde von Mutter und dachte, daß ich viele von ihnen wohl niemals wiedersehen würde.

Die kleine Feier dauerte nicht lange. Die meisten Gäste waren schon gegangen, als Sally wütend zu mir kam. Ich fragte sie, was los sei. »Zwei Frauen haben ihren *Hund* mitgebracht«, sagte sie aufgebracht. »Ich werde ihnen jetzt sagen, daß sie lieber gehen sollen.«

Sie sprach von meinen Freundinnen Debbie und Andrea, deren Terrier fröhlich auf dem Bürgersteig herumsprang, nachdem er während des Gottesdienstes im Auto eingesperrt war. »Sie haben extra den weiten Weg von New York gemacht. Es ist noch ein Welpe, und sie wußten nicht, wohin mit ihm.«

»Ach, das wußte ich nicht«, sagte Sally. »Und sie sind extra wegen Mutters Beerdigung diesen weiten Weg gefahren?«

»Ja«, sagte ich. Sally schien darüber nachzudenken.

»Haben sie sie denn so gut gekannt?«

»Debbie kannte sie recht gut, aber ich glaube, sie sind hauptsächlich wegen mir gekommen.«

Eine halbe Stunde später machte Tante Irene eine Bemerkung über

die große Zahl der Trauergäste. »Ihr habt wirklich eine Menge Freunde«, meinte sie.
Sally sah auf. »*Peggy* hat viele Freunde«, sagte sie, als wolle sie Tante Irene korrigieren. »Sie und Mutter.«

## 22

Die folgenden Tage waren außergewöhnlich schön. Der ganze März war warm und sonnig. Jeden Morgen öffnete ich Fenster und Türen, um die frische Frühlingsluft ins Haus zu lassen. Während ich an Mutters Schreibtisch saß, telefonierte und mir Notizen machte, konnte ich meine Katzen beobachten, die es genossen, draußen herumzutollen, anstatt in meiner Wohnung eingesperrt zu sein. Auch ich war froh, nicht in New York zu sein, genoß die sonnendurchfluteten hohen Räume, lauschte auf das Vogelgezwitscher im Garten. Ab und zu hörte ich ein paar Kinder, die in Gummistiefeln zum Bach gingen. Im Garten blühten unzählige Narzissen und Tulpen, die ich gepflanzt hatte. Die Luft duftete süß nach Blüten und feuchter Erde. Freunde und Nachbarn riefen an oder kamen vorbei, um nach mir zu sehen. Es geht mir gut, antwortete ich ehrlich. Es geht mir wirklich gut.

Morgens fuhr Sally mit dem Bus in die Tagesklinik. Wenn sie nachmittags zurückkam, legte sie sich sofort schlafen. Wir verbrachten bis auf die Abende nicht viel Zeit miteinander. Jeden Abend waren wir bei Freunden zum Essen eingeladen, und obwohl uns dies tröstete, war es doch für Sally sehr ermüdend. Wir mußten jeden Abend ein wenig früher nach Hause gehen. Sie aß schweigend, und danach rutschte sie nervös auf dem Stuhl herum oder zwang sich still zu sitzen, wobei man ihre innere Anspannung förmlich spüren konnte. Manchmal meinte sie dann: »Ich glaube, es ist besser, wenn ich jetzt nach Hause gehe.« Meist brauchte sie gar nichts zu sagen, ich hatte sie auch ohne Worte verstanden.

Gelegentlich überraschte Sally mich. Eines Nachmittags, als wir in Mutters Wagen fuhren, stellte ich fest, daß der Tank fast leer war. »Schon wieder!« beklagte ich mich. »Mein Honda braucht nur halb soviel Benzin wie dieser hier!«

»Deiner hat aber auch ein Schaltgetriebe, stimmt's?« fragte Sally.

»Ja, und?«

»Automatikwagen brauchen immer mehr Benzin«, meinte sie in sachlichem Tonfall.

Ich hatte bisher nur Autos mit Gangschaltung gefahren und wußte das nicht. »Woher weißt du das?« fragte ich Sally.

»Das weiß doch jeder«, sagte sie kopfschüttelnd und lächelte über meine dumme Frage.

Es dauerte eine ganze Woche, bis ich alle Konten und Wertpapiere entsprechend den Verfügungen umgeschrieben hatte. Später würde ich alles auf den Treuhandfonds überschreiben müssen. Ich ließ Mutters Rentenzahlungen stornieren. Ich rief Kreditinstitute an, bei denen sie Kreditkarten hatte, und kündigte ihre Konten. Ich ging zum Gericht und ließ mich offiziell als Testamentsvollstreckerin bestätigen. Ich ging zum Standesamt und besorgte Sterbeurkunden, die ich für die Umschreibung ihrer Wertpapiere und Schatzbriefe benötigte. Unzählige Dinge mußten per Post abgewickelt werden. Es war wichtig, daß ich Geld hatte, um, falls nötig, für Sally Rechnungen zu bezahlen, deshalb ging ich zur Bank und eröffnete Sparbücher und Girokonten für den Treuhandfonds. Ich hatte nie zuvor Wertpapiere oder Aktien gekauft, und niemals hatte ich mehr als ein paar tausend Dollar auf dem Sparbuch. Nun mußte ich mit für meine Begriffe riesigen Summen umgehen. Es fiel mir schwer, alle Transaktionen gedanklich nachzuvollziehen. Zu dieser Zeit begann ich mich Mutter gegenüber zu verteidigen und ihr zu sagen, daß ich mein Bestes täte. Ich hätte es nicht erklären können, aber sie schien ganz in meiner Nähe zu sein, als ob sie sich Zeit ließe, in den Himmel zu kommen. Ich stellte mir vor, wie sie zögerte, mich mit all dem hier alleinzulassen,

und ich spürte förmlich, wie sie meine erbärmlichen Rechenkünste und meine chaotische Unordnung kritisierte. Eines Morgens sagte ich laut: »Hör jetzt auf!« Der Klang meiner eigenen Stimme ließ mich aufschrecken. Ich gab mir so viel Mühe, dachte ich. Ich konnte niemanden gebrauchen, der mir immer über die Schulter sah.
Auch jetzt kann ich nicht mit Bestimmtheit sagen, daß sie mir nicht über die Schulter gesehen hat.

Obwohl ich vollauf damit beschäftigt war, alles zu tun, was offensichtlich getan werden mußte, waren meine Gedanken ständig bei Sally. Wenn wir zusammen waren, schien sie sich an mich zu klammern. Sie weinte oft. Ich bat sie aufzuschreiben, was Mutter immer für sie getan hatte und was PLAN davon übernehmen könnte. Ihre Liste war kurz – sie hatte sich beim Schreiben nicht konzentrieren können. Als wir jedoch zu Rhonda ins Büro kamen, fiel Sally eine Menge ein. »Mutter hat jede Woche mit mir Lebensmittel eingekauft«, begann sie.
»An welchem Tag würden Sie das gern tun?« fragte Rhonda.
Sally setzte einen Tag fest. Da gab es noch andere Dinge – ihr Scheckbuch kontrollieren, ihre Finanzen überprüfen, sie zum Zahnarzt schicken... Am Schluß der langen Liste sagte Sally: »Ich bin am Wochenende meist nach Hause gegangen, und ich habe jeden Abend mit ihr telefoniert.«
Diese Worte schnitten mir ins Herz, aber Rhonda antwortete klar und mit Bedacht. »Wir müssen fürs Wochenende ein paar Unternehmungen planen. Und ich kann mich nicht jeden Abend mit Ihnen unterhalten, aber Sie können mich jederzeit im Büro anrufen.« Sie nannte Sally die Öffnungszeiten und gab ihr ein paar Visitenkarten, auf denen sie die Telefonnummer unterstrichen hatte.
»*Ich* werde dich anrufen, Sally«, versprach ich.
In Sallys Blick mischten sich Resignation und Dankbarkeit. Sie wußte, daß ich kein richtiger Ersatz sein würde. »Ja, gut«, sagte sie.

Ich fragte mich, worüber wir wohl sprechen würden. Mutter hatte sich in alles eingemischt und war über jedes Detail von Sallys Tagesablauf informiert, und sie interessierte sich auch dafür. Sie war ständig auf der Hut vor Schwierigkeiten, und ihr entging wahrscheinlich nicht der leiseste Unterton in Sallys Berichten über ihr Leben. Sie wußte auch genau über Sallys Medikamente Bescheid, wußte, wann Sallys Blut untersucht werden mußte, um die exakte Dosierung des Lithiums zu bestimmen. Mutter hatte ihr eigenes Leben gut organisiert und übertrug diesen Standard auch auf Sally. Ich dagegen mußte immer durch Postkarten und Telefonanrufe an Arzttermine und ähnliches erinnert werden. Gott sei Dank gab es jetzt Rhonda, die sich um diese Dinge kümmerte. Dennoch nahm ich mir vor, mich mehr für Sallys tagtägliches Leben zu interessieren.

Rhonda erwähnte ACRI (Arlington Community Residences, Inc.), einen von der Gemeinde unterstützten Wohlfahrtsverband, der Sally geholfen hatte, eine bezuschußte Wohnung zu finden. Der ACRI bot verschiedene Gruppenabende für seine Mitglieder an und organisierte auch Feste und Ausflüge. Wie wohl die meisten Leute mochte Sally solche organisierten Aktivitäten nicht besonders, aber sie versprach, daß sie sich ein paar Wochenendveranstaltungen des ACRI ansehen würde. Rhonda erinnerte sie daran, daß ihr ACRI-Betreuer sie weiterhin ab und zu in ihrer Wohnung besuchen würde, um zu sehen, wie es ihr dort ging. Sie fragte, ob Sally sich jetzt, da sie darauf angewiesen war, mehr auf den ACRI und andere Organisationen stützen wolle. Sally versprach es zu versuchen.

Nachdem wir Rhondas Büro verlassen hatten, war Sally sehr still. Sie aß Unmengen und hatte noch mehr zugenommen. Ihre Kleidung sah aus, als habe sie sie achtlos übergeworfen. Sie trug ein Kapuzensweatshirt, das einmal wollweiß gewesen war. Jetzt jedoch war es schmutzig grau. An einigen Stellen war sie irgendwo hängen geblieben und hatte sich Fäden gezogen. Ihre Schuhe waren an den

Fersen völlig heruntergetreten. Sie schlurfte damit herum, als wären es Hausschlappen. Ihren Kopf hielt sie stets gesenkt in ihrer blinden Traurigkeit.

Als ich später einmal allein mit Rhonda über Sallys äußere Erscheinung redete, meinte sie, Sally sähe noch ganz gut aus, wenn man bedachte, was sie durchmachte. Ihre Antwort erleichterte mich – sie schien zu wissen, worauf es wirklich ankam. Ich wußte jedoch auch, daß Sallys Äußeres oft ein Spiegel ihrer inneren Verfassung war, und ich machte mir Sorgen um sie. Auf der anderen Seite war mir klar, daß es wahrscheinlich keine positiven Auswirkungen auf Sallys Stimmung haben würde, wenn ich versuchte, ihr Aussehen zu verbessern. Ihr schlampiges Aussehen war nur ein Symptom für die Krankheit, die dahintersteckte.

Im Auto fragte ich Sally, ob sie mich zur Bank begleiten wolle, wo ich Mutters Schließfach kündigen wollte.

»Was ist denn darin?« wollte sie wissen. Ich zählte alles auf: die Besitzurkunde des Hauses, Mutters Diamantring, Informationen über ihre Schatzbriefe, unsere Geburtsurkunden und noch ein paar Kleinigkeiten wie die Anstecknadel von Mutters Collegeverbindung.

Als wir in die Bank kamen, sprach Mrs. Porter Sally ihr aufrichtiges Beileid aus. Sally dankte ihr, setzte sich hin und wartete auf mich. Als ich aus dem Tresorraum zurückkam, erklärte Sally, sie wolle auch ein Schließfach haben. Auf meine Frage, wozu sie eines brauche, erklärte sie, sie wolle vielleicht Papiere darin aufbewahren. Ich versuchte, es ihr auszureden, da ich sicher war, sie würde genau wie ich den Schlüssel verlieren oder verlegen, aber ich bohrte nicht weiter nach den Gründen für ihren Wunsch. Schließlich gab ich nach. Es kostete nur fünfundzwanzig Dollar im Jahr. Ich half ihr beim Ausfüllen des Formulars und zahlte die Gebühr.

Auf unserem Weg zum Auto schien Sally all ihren Mut zusammenzunehmen, um mich etwas zu fragen. Ich wartete. Schließlich sagte sie in beiläufigem Tonfall, der so aufgesetzt klang wie der

Dialog in einem albernen Schauspiel: »Was ich noch sagen wollte, Peggy – kann ich meine Geburtsurkunde haben?«

»Nein«, antwortete ich, ohne sie zu fragen, warum. »Ich werde sie aufbewahren. Mutter hat sie vorher aufbewahrt, und jetzt bewahre ich sie auf. Es gäbe zu viel Rennerei, wenn sie verlorenginge.«

»Ich werde sie in mein Schließfach legen«, sagte sie.

Wieder sagte ich nein. Wenn sie die Urkunde hineinlegen konnte, dann konnte sie sie auch herausnehmen, und wenn sie sie herausnehmen konnte, dann konnte sie sie auch verlieren.

Erst jetzt fragte ich sie, warum sie sie haben wollte.

Sie rutschte nervös hin und her und wich meinem Blick aus, daher wußte ich, daß sie lügen würde. Sally ist von Natur aus so ehrlich, daß sie einfach nicht lügen kann. »Wenn ich meinen Paß verliere, dann brauche ich sie, um einen neuen zu bekommen«, stotterte sie. Das stimmte, denn Mutter hatte einmal geklagt, daß sie die Urkunde für Sally holen mußte. »Weshalb noch?« bohrte ich und fragte mich, was sie im Hinterkopf haben mochte.

Zu meiner Überraschung antwortete sie geradeheraus. »Ich möchte meinen Führerschein eines Tages wiederbekommen«, sagte sie vorsichtig und projizierte diesen Traum in eine weit entfernte Zukunft, um mich nicht zu beunruhigen. Seit etwa fünfzehn Jahren war Sally jetzt schon nicht mehr gefahren. Ich blickte zu ihr hinüber. Sie wirkte leicht gequält und teilnahmslos. Sie säuberte ihre Brille fast nie – immer waren die Gläser ganz verschmiert. Ihr Blick war jedoch so nach innen gekehrt, so abwesend, daß es ihr wahrscheinlich die meiste Zeit gar nicht auffiel. Ich konnte sie mir einfach nicht am Lenkrad vorstellen und eine Tonne Metall die Straße entlangsteuern. Seit sie Medikamente nahm, waren ihre Bewegungen immer fahriger geworden. Einmal machte sie einen Test, um in einer speziellen Werkstatt unter Aufsicht arbeiten zu können. Bei dem Test wurde festgestellt, daß ihre manuelle Geschicklichkeit unter dem Normalen lag. Ich bezweifelte, daß sie die Fahrprüfung bestehen würde, aber ich konnte nicht sicher sein.

Sallys Wunsch, wieder zu fahren, war auf der anderen Seite nicht einmal so abwegig. Durch Mutters Tod fehlte ihr nicht zuletzt ein wichtiges Transportmittel. Mit dem Besitz der Geburtsurkunde hätte sie selbst entscheiden können, wann sie sich in der Lage fühlte, wieder zu fahren, ohne mich zu fragen. Es war ein Schritt auf eine Unabhängigkeit zu, die sie viele Jahre nicht genossen hatte. Ich hatte zwar Verständnis dafür, wollte aber nicht das geringste Risiko eingehen, etwas zu verlieren, das so schwer zu ersetzen war.

»Ich werde deine Geburtsurkunde aufbewahren, Sally«, sagte ich deshalb. »Und wenn du sie für deinen Führerschein brauchst, dann werde ich sie dir sofort schicken.« Damit schien sie für den Moment zufrieden zu sein, und das Thema war beendet. Da war jedoch noch der Schließfachschlüssel. Ich bat Sally – nein, ich befahl ihr –, ihn in ihrem Medizinschränkchen aufzubewahren. Sie willigte ein. Wenn ihr mein herrschsüchtiger Ton mißfiel, so sagte sie dies jedenfalls nicht.

Meine Stimme begann mich zu erschrecken. Sally wurde mit jedem Tag unselbständiger und verzweifelter, und ich herrschte sie immer öfter an. Mit der Zeit verstand ich sehr gut, warum Mutters Stimme dauernd so wütend geklungen hatte. All die Dinge, die ich noch erledigen mußte, bevor ich wieder zur Arbeit gehen konnte, erdrückten mich förmlich. Sally dagegen schien keinerlei Pläne für ihre eigene Zukunft zu machen. Sie war dazu auch gar nicht in der Lage. Es war ihr beinahe unmöglich, einen Tag hinter sich zu bringen, ohne in Tränen auszubrechen. Es war gut, daß sie weinte, sie trauerte unmittelbar und intensiv um Mutter. Ich dagegen wurde durch meine nicht enden wollenden Verpflichtungen davon abgelenkt, zu trauern. Sally war beinahe stumm vor Angst und Traurigkeit. Ab und zu sah sie zu mir herüber, wie um sich zu vergewissern, daß ich noch da war. Ich fragte mich, was sie wohl ohne mich getan hätte.

Einmal telefonierte ich spätabends noch mit meiner Freundin Elizabeth und sagte: »Ich weiß nicht, was passieren würde, wenn ich selbst eine Familie hätte.«

Elizabeth schwieg einen Moment. »Vielleicht hast du deshalb auch noch keine«, meinte sie schließlich.

Eines Morgens ging ich zum psychiatrischen Zentrum, um mich mit Sallys Krankenschwester Marjorie zu treffen. Ich dankte ihr für ihre Teilnahme an der Trauerfeier, aber sie winkte ab. »Ich mochte Mrs. Moorman wirklich gern«, sagte sie. »Ich werde sie sehr vermissen.« Auch Mutter hatte Marjorie immer gern gehabt und in den höchsten Tönen gelobt: »Sie hat einen scharfen Verstand und weiß genau, was sie tut.«

Ich fragte Marjorie, welchen Eindruck Sally auf sie mache.

»Ich bin sicher, daß es Sally bald besser gehen wird«, antwortete Marjorie und hörte sich sehr überzeugt an. »Sie besitzt viel mehr Fähigkeiten, als man glauben möchte. Sally hat eine Stärke in sich, die noch nie zum Vorschein gekommen ist.« Ich hörte ihr ein wenig traurig zu. Marjorie hatte schon seit Jahren mit Sally gearbeitet, und sie kannte all ihre Maschen und Winkelzüge. Aber irgendwie spürte ich, daß sie Sallys zarte Seite nicht besonders gut kannte und nicht verstand, wie verzweifelt und hoffnungslos sie jetzt war. Auch als ich sie an Tante Ginnys Tod erinnerte, der für Sally ebenfalls ein großer Verlust gewesen war, blieb Marjorie bei ihrer Überzeugung, es ginge Sally gut. Trotzdem machte ich mir Sorgen.

»Sally fühlt sich im Moment ziemlich schlecht«, sagte ich. »Es wird schwer für sie, wenn ich wieder nach New York gehe.« Ich wollte, daß Marjorie ein wenig mehr Zuneigung für Sally empfand. In Wahrheit konnte ich mir nicht vorstellen, wie Sally ohne Mutter fertig werden sollte, wenn ich nicht da war, um deren Rolle zu übernehmen. »Sally braucht jetzt mehr Unterstützung als sonst«, meinte ich zaghaft.

»Sally wird immer mehr wollen, als sie bekommt«, antwortete Marjorie. »Sie wird alles nehmen, was man bereit ist, ihr zu geben.

Sie hat einen wenig ausgeprägten Charakter, deshalb will sie sich immer an der Stärke anderer hochziehen, statt sich auf sich selbst zu verlassen.«

In diesem Punkt mußte ich Marjorie recht geben. Fionas Worte kamen mir in den Sinn: *Sally weigert sich, aus dem, was sie hat, das Beste zu machen.* Der Zeitpunkt schien mir jedoch wenig dazu geeignet, von Sally die Aktivierung ihrer verborgenen Stärken zu verlangen. Ich selbst fühlte mich allem kaum gewachsen, auch wenn meine Freunde mich jeden Tag anriefen, mich trösteten und ermutigten. Nach Marjories nüchternen Feststellungen wäre ich am liebsten zu Sally gerannt, um ihr zu sagen, wie lieb ich sie hatte. Ihre Kontakte zu anderen Menschen erschienen mir entsetzlich unpersönlich. Wenn sie doch nur einen guten Freund hätte, dachte ich traurig.

Es gab ein paar Leute, wie ihren alten Kumpel Franklin, die sie ab und zu noch traf. Aber als ich das Zentrum verließ, dachte ich an all die Freundschaften, die Sally in ihrem Leben geschlossen hatte. Was war aus ihnen geworden? Sally hatte das Glück, keine Persönlichkeitsstörungen aufzuweisen, unter denen so viele psychisch Kranke leiden. Grundsätzlich war sie nicht mißtrauisch, ängstlich oder paranoid. So war sie auch nicht feindselig und streitsüchtig. Sie war ein kontaktfreudiger Mensch, warmherzig, intelligent, begabt und lustig. Die meisten Leute mochten sie sofort gern. Warum schien sie jetzt so allein zu sein?

Vor ein paar Jahren war Sally verlobt gewesen und wollte heiraten. Mutter hatte etwas dagegen, weil ihr Verlobter auch »Probleme hatte«, wie sie sagte. »Er ist nicht besser dran als sie«, hatte sie geurteilt.

»Mutter, was für einen Mann soll Sally denn wohl wählen? Jemanden, der nichts ahnt von dem, was sie durchgemacht hat, oder jemanden, der sie versteht?«

Mutter war schließlich einverstanden. »Sally betet diesen Mann ja auch förmlich an«, sagte sie. Als ich Sally jetzt jedoch nach ihm fragte, hatte sie seinen Namen vergessen und konnte sich an keine Verlobung erinnern. Ich wußte, daß die Elektroschockbehandlungen, die sie bekommen hatte, das Gedächtnis beeinträchtigen konnten, aber es war doch ungewöhnlich für sie, einen Menschen zu vergessen, der ihr einmal so viel bedeutet hatte. Immerhin waren die Hochzeitspläne schon so weit gediehen, daß Mutter eine Gästeliste aufgestellt hatte. Jetzt hatte Sally alles vergessen. Ich fragte mich, ob sie sich vielleicht wegen der psychischen Behinderung des Mannes aus den Augen verloren hatten. Aber auch die meisten anderen engen Freundschaften waren in die Brüche gegangen. Da war eine Frau namens Vera, die in Scheidung lebte und sich mit Sally eine Wohnung geteilt hatte. Vera hatte sie auch nach dem Selbstmordversuch gefunden. Sie war an einigen Feiertagen bei uns zu Gast gewesen, und wir hatten sie sehr gemocht. Schon seit Jahren hatte ich ihren Namen nicht mehr gehört. Und da war diese Familie, bei der Sally acht Monate lang zur Miete gewohnt hatte. Niemals zuvor hätten sie eine so nette Mieterin gehabt, hatten sie Mutter erzählt. Sally mochte sie, fühlte sich aber durch ihre aufdringliche Freundlichkeit gestört. Dauernd verstopfte Sally die Abflußrohre. Schließlich sagten sie ihr, sie müsse ausziehen, wenn es noch einmal passierte. Das ließ Sally sich nicht zweimal sagen, verstopfte eine Toilette, die überfloß und die Decke des darunter liegenden Zimmers ruinierte. Ihre Vermieter waren wirklich traurig, als sie auszog, und baten sie inständig, den Kontakt nicht abbrechen zu lassen. Ein einziges Mal hatte sie während einer manischen Phase die Großmutter besucht und sie gefragt, ob sie in ihrem Wohnheim nicht Hausmutter werden wolle. »Sie ahnte wohl, daß da etwas nicht stimmte«, erzählte Sally später. Da waren auch noch andere, die irgendwie verlorengegangen waren.

Ich dachte darüber nach, wie eine Freundschaft aufrechterhalten wurde. Ich selbst war schrecklich faul. Monatelang meldete ich mich oft nicht bei Freunden, die ich sehr gern hatte. Irgendwann nahm ich dann jedoch wieder Kontakt zu ihnen auf, oder sie zu mir. Beide Seiten mußten sich schon Mühe geben. Kaum jemand rief immer wieder an, wenn man nie zurückrief. Ich verstand Sallys Schwierigkeiten, und wenn sie aus Nachlässigkeit meinen Geburtstag vergaß, versuchte ich, es nicht persönlich zu nehmen. Dennoch deprimierte mich bisweilen unsere einseitige Beziehung. Immer mußte ich geben, und fast nie bekam ich etwas von ihr.

Aber Sally war nicht immer diejenige, die Freundschaften einschlafen ließ. Beim Landwirtschaftsministerium hatte sie eine Kollegin, mit der sie noch Jahre später zum Essen ausging. An den Feiertagen besuchten sie sich gegenseitig und tauschten Geschenke aus. Als ich Sally fragte, warum sie keinen Kontakt mehr zu ihr hätte, erwartete ich, sie würde nur die Schultern zucken, aber ich hatte mich getäuscht. »Ich habe sie immer angerufen«, erklärte Sally. »Aber sie hat sich nie bei mir gemeldet. Irgendwann war ich es dann leid. Alles ging nur noch von mir aus. Es machte einfach keinen Spaß mehr.« Ich wußte, wie so etwas war, ich sagte es ihr ehrlich, ohne jedoch ins Detail zu gehen.

Sally konnte sehr großzügig sein, aber ich glaube, sie verschwendete ihre ganze Energie auf Freundschaften, die ihr im Augenblick vielversprechend erschienen oder an Menschen, deren Zuneigung sie sich nicht ganz sicher war. Ihre eigene Zuneigung verteilte sie oft nach dem Motto »alles oder nichts«. Sie lernte Leute kennen, von denen sie eine Weile völlig begeistert war, steckte ihre ganze Energie in diese Beziehung und ließ sie dann fallen, wenn sie nicht ihren Erwartungen entsprach. Ich glaube, nur wenn sie ganz in einer Freundschaft aufgehen konnte, bemühte sie sich, diese Freundschaft aufrechtzuerhalten. Ein gewöhnlicher Freundeskreis, in dem es engere und weniger enge Beziehungen gab, schien sie nicht zu interessieren. Auf diese Weise war sie abhängig von Menschen wie Tante Ginny, Mutter, Lyn und Earl, Donald und Betty, und mir – Menschen, die sie an ihrem Geburtstag oder zu Weihnachten nicht im Stich ließen, ob sie es ihnen nun dankte oder nicht.

Als meine Liste mit unerledigten Dingen nach einiger Zeit überschaubarer geworden war, wandte ich meine Aufmerksamkeit Sallys Wohnung zu. Beim Durchgehen von Mutters Papieren hatte ich Quittungen von einer Umzugsfirma in Washington gefunden. Seit Jahren standen einige von Sallys Sachen in einer Lagerhalle dieser Firma. Immer wieder hatte sie geklagt, daß sie die Lagermiete für zwanzig Bücherkisten bezahlen mußte. Ich wußte, sie hatte auch einige Möbelstücke dort abgestellt – ein Bettsofa, Beistelltische, Kommoden und noch mehr. Sally hatte immer eine eigene Wohnung haben wollen; jetzt hatte sie eine, und ich beschloß, daß wir endlich ihre Sachen bringen lassen sollten. Als ich sie fragte, ob sie das auch wollte, war sie hocherfreut. Sie hatte tausend Dollar »Taschengeld« von Mutter geerbt. Für Dreiviertel des Geldes kauften wir so viele Bücherregale, daß wir damit die Wände ihres Schlafzimmers vollstellen konnten.

Einen ganzen Tag lang baute ich die Regale zusammen und schraubte sie an den Wänden fest. Sally schaute mir bei der Arbeit zu und dankte mir überschwenglich für meine Mühe. Die Arbeit tat mir richtig gut und ließ mich nachts tief schlafen. Am folgenden Tag sagte Sally, sie habe einen Kulissentisch in einer Werbeanzeige gesehen, den sie gern für den Rest des Geldes kaufen wollte. Damit sei ihre Wohnung dann komplett möbliert, meinte sie. Wir fuhren zu dem Möbelgeschäft, kauften den Tisch und brachten ihn in ihre Wohnung.

Als die Umzugsfirma Sallys Sachen brachte, hatte ich gerade einen Termin mit einem Schlosser, der in Mutters Haus Sicherheitsschlösser anbringen sollte. Deshalb konnte ich nicht in Sallys Wohnung sein, um die Lieferung zu beaufsichtigen. Am Nachmittag rief ich sie dann an. Sie sagte mir, die Sachen seien gebracht worden, aber das meiste davon würde nicht ihr gehören.

»Dann haben sie es also wieder mitgenommen?« fragte ich sie und bedauerte, daß wir nun wieder warten mußten, bis die richtigen Möbel geliefert würden.

»Nein, ich habe alles behalten«, erklärte sie. »Es ist wirklich hübsch. Ein verschließbarer Sekretär ist dabei und zwei vergoldete Sessel und noch ein Tisch. Das Sofa habe ich ihnen wieder mitgegeben. Es hat mir nicht besonders gefallen.«

Ich ging an die Decke. Genauso hätte Mutter wohl auch reagiert. »Und wer hat *deine* Sachen einfach behalten?« brüllte ich. »Du rufst sie augenblicklich an und sagst ihnen, sie sollen alles *sofort* wieder abholen … Nein, *ich* werde sie anrufen!«

Diese Verwechslung von Stühlen und Tischen ist niemals aufgeklärt worden. Die Umzugsfirma konnte Sallys Möbel nicht finden – ich bezweifle, daß sie überhaupt danach gesucht haben – und weigerte sich, das Zeug, das sie geliefert hatten, wieder abzuholen.

Sally war es egal. Sie hatten ihre Bücher gebracht, was für sie am wichtigsten war. Unzählige Bücherkisten waren in der ganzen Wohnung verteilt, außerdem die klapprigsten, schäbigsten Möbelstücke, die die Umzugsfirma in ihrem Lager finden konnte. Was am Tag zuvor noch wie eine recht nett eingerichtete Wohnung ausgesehen hatte, glich nun einem Schlachtfeld. Es war mir völlig unverständlich, warum Mutter die demolierten Tische und Regale, von denen jetzt die ganze Wohnung vollstand, aufbewahrt hatte. Es war alles der reinste Schrott, kaum noch gut genug für den Flohmarkt. Ich schlug Sally vor, die Sachen, die sie nicht gebrauchen konnte, von der Heilsarmee abholen zu lassen.

»Ich kann aber *alles* gebrauchen«, beharrte sie. Ich konnte sie nicht überzeugen. Ich erinnerte sie sogar an eine frühere Vermieterin, die sie hinausgeworfen hatte, weil ihre Wohnung feuergefährlich gewesen wäre. »Das war doch nur wegen meiner Comics«, sagte Sally. Sie war eine eifrige Comicsammlerin und besaß Hunderte, vielleicht sogar Tausende von Comics. Insgeheim hoffte ich, sie wären mitsamt dem Bettsofa verschwunden.

»Wo sind sie jetzt?«

»Sie sind alle hier!« antwortete Sally strahlend und zeigte auf mehrere Kisten.

Auch ich konnte mich schlecht von alten Sachen trennen. Meine Wohnung stand voll und würde noch voller werden, da ich von Mutter und Tante Ginny noch einige Möbelstücke geerbt hatte. Ich hatte schon einen Lagerraum gemietet, wo ich ein paar von den Sachen aufbewahren wollte, bis ich Platz dafür fand. Es stand mir also nicht zu, Sally in dieser Beziehung zu kritisieren, auch wenn sie nie in der Lage gewesen war, ohne fremde Hilfe mit all ihrem Kram fertig zu werden. Was machte das schon? Auch ich brauchte Hilfe in bestimmten Lebensbereichen. Sie brauchte jetzt Hilfe mit all ihrem Plunder.

Ich schlug vor, die Comichefte sofort wieder irgendwo zu lagern, aber Sally war dagegen. Seit Jahren hatte sie sich schon darauf gefreut, sich wieder mit ihrer geliebten Sammlung zu beschäftigen, und jetzt konnte sie es kaum erwarten, die Hefte in die Regale zu packen.

An den folgenden Tagen packte ich eine Bücherkiste nach der anderen aus, stellte die Bücher in die Regale, zerlegte die Kartons und warf sie auf den Müll. Sally lag die meiste Zeit auf ihrem Bett, während ich arbeitete. Obwohl ich alles allein machen mußte, kam nach ein paar Tagen langsam Ordnung in die Wohnung.

Eines Nachmittags, während Sally einen langen Mittagsschlaf hielt, baute ich ihre Stereoanlage im Wohnzimmer auf und stellte die Platten in ein Regal, das sie dafür vorgesehen hatte. Ich stellte auch die Möbel ein wenig um und richtete die Sessel nach den Boxen aus. Als Sally aus dem Schlafzimmer kam, sah ich sofort, daß sie mit dem neuen Arrangement nicht zufrieden war. Ich hatte stundenlang daran gearbeitet und erwartete wie immer Dankbarkeit, statt dessen blickte sie mich finster an. »Dies ist meine Wohnung und nicht deine«, brummte sie. »Durch deine ständige Räumerei und Putzerei gibst du mir höchstens das Gefühl, völlig unfähig zu sein.«

Ich muß im nachhinein zugeben, daß auch ich es nicht gern hätte, wenn jemand meine Wohnung auf den Kopf stellte, aber da sie vor

Müdigkeit nicht imstande war, auch nur das Notwendigste zu tun, nahm ich mir das Recht, über ihren Kopf hinweg zu entscheiden. Ich war wild entschlossen, für sie alles in *Ordnung* zu bringen. Ich konnte den wahren Problemen einfach nicht ins Gesicht sehen – wie einsam sie war und sein würde, ob sie richtig essen würde, ob sie es schaffen würde, jeden Morgen in die Tagesklinik zu gehen. Ordnung in ihr Leben bringen, hing für mich von Bücherkisten und Regalen ab. Ich fuhr sie an und erinnerte sie daran, wer die ganze Arbeit tat, aber ich war dabei nicht fair. Sie hatte mich kein einziges Mal darum gebeten. Mein eigener Ordnungssinn trieb mich dazu, ihre Wohnung aufzuräumen, und zwar nach meinen Maßstäben.

Auch nach Vaters und Tante Ginnys Tod hatte ich nach dem ersten Schock meine Trauer unterdrückt. Jedesmal stürzte ich mich in Arbeit – in *sinnvolle* Arbeit – und machte mir selbst erfolgreich vor, meine Aktivitäten wären absolut notwendig. Diesmal behinderte Sally meine Fortschritte, und ich ging regelmäßig in die Luft, wenn sie sich meinem Tatendrang in den Weg stellte.

In Mutters Haus war es einfacher. Zumindest war dort niemand, der mit mir darüber stritt, was weggeworfen werden sollte und was nicht. Während ich das ganze Haus durchging, bedankte ich mich im stillen bei Mutter, daß sie ihr Herz nie an irgendwelche Dinge gehängt und immer ein völlig unsentimentales Verhältnis zu ihrem Eigentum gehabt hatte. Tante Ginny hatte mich beauftragt, ihre Möbel zu verteilen, was für mich sehr deprimierend war, denn jedes Stück hatte eine große Bedeutung für sie gehabt und sollte meiner Meinung nach nur demjenigen gegeben werden, der diese Bedeutung kannte. Jetzt wußte ich Mutters ganz normale, praktische Möbel, die alle keine besondere Geschichte hatten, zu schätzen. Ich wollte alles bei einer Auktion versteigern lassen und mietete einen Lagerraum, um einige wenige Erinnerungsstücke aufzubewahren.

Ich wußte nicht, was ich mit den Sachen in Sallys Schränken anfangen sollte. Neben weiteren zehn Bücherkisten, in denen sich unter anderem unzählige Barbara Cartland-Romane befanden, besaß sie eine umfangreiche Muschelsammlung und eine ganze Menagerie von sogenannten »Eiermännchen«, kleine Figuren, die sie aus Eierschalen gebastelt hatte. Papa hatte einen Vitrinenschrank gebaut, in dem sie ihre zerbrechlichen Kostbarkeiten aufbewahrte. In ihrer Wohnung war absolut kein Platz dafür, deshalb schlug ich sie vorsichtig in Servietten ein und bettete sie in zusammengeknülltes Zeitungspapier, um sie später in meinen Lagerraum zu bringen. Ich fragte mich, ob man sie jemals wieder auspacken würde.

Als ich den Dachboden in Angriff nehmen wollte, wurde mir doch etwas unbehaglich, nicht nur weil diese Aufräumaktion anstrengender war als alle bisherigen, sondern weil ich den Boden immer so gern gehabt hatte. Alle paar Jahre zog ich die Bodentreppe herunter und freute mich an all meinen alten Schätzen. Meine Kinderzeichnungen waren dort abgeheftet, Truhen mit meinen alten Partykleidern, die Mutter aufbewahrt hatte, ein Koffer voller Barbiekleider. Stundenlang hatte ich mir diese alten Schätze angesehen.

Schließlich nahm ich meinen Mut zusammen und sah sie mir jetzt wieder an. Zu meiner Überraschung hatten sie ihren Zauber verloren. Ohne Sentimentalität warf ich fast alles weg. Ich hatte keine Zeit, mich in meine Vergangenheit zu vertiefen. Ich mußte mich auf eine Zukunft vorbereiten, die mir in jenem Augenblick schrecklich kompliziert und schwierig erschien.

Der Dachboden war außerdem vollgestopft mit riesigen Müllsäcken voller Wollknäuel, die noch aus Sallys manischer Phase stammten, in der sie Ponchos gehäkelt hatte. Mutter hatte oft damit gedroht, die Wolle fortzuwerfen, aber Sally meinte, sie würde sie eines Tages verwenden, und Mutter gab immer wieder nach. Mutter hatte eine Zukunftsvision, in der Sally »eines Tages« ein unabhängiges Leben führen würde, dann würde sie selbst alles fortwerfen. »Es gehört mir nicht«, sagte Mutter wiederholt. »Sie hat es von ihrem eigenen Geld gekauft.«

Der Tag, an dem ich die Knäuel vom Boden holte, war ein Samstag. Am darauffolgenden Montag mußte ich zurück in New York sein. Sally schlief bereits wieder in ihrer Wohnung, damit sie nicht erst nach meiner Abreise dorthin zurückkehren mußte. Ich holte sie dort ab, und wir gingen frühstücken. Dann stellte ich sie vor die Wahl, den Tag allein zu verbringen, oder mir in Mutters Haus zu helfen.

»Ich helfe dir«, sagte sie.

Wir fuhren zum Haus, Sally ging hinein, und nach fünf Minuten sagte sie: »Ich glaube, ich muß mich ein Weilchen ausruhen, Peggy. Hast du etwas dagegen?«

»Wenn du müde bist, mußt du schlafen«, sagte ich resigniert.

Sie ging in ihr Zimmer. Ich blickte ihr nach und fühlte dabei wie immer gleichzeitig Mitleid und Bitterkeit. Ich brauchte Sally auch, aber das hätte ich ihr nie sagen können. Sie hätte nur dasitzen und mir bei der Arbeit zuschauen müssen, aber ich wußte, sie konnte einfach nicht wach bleiben. Sally wirkte immer niedergeschlagen und deprimiert und verbrachte gewohnheitsmäßig den halben Tag im Bett. Nach Mutters Tod jedoch war sie kaum in der Lage, sich vom Auto ins Haus zu schleppen.

Gegen Mittag war ich erst halb fertig. Meine Knie schmerzten, weil ich eine Wolltüte nach der anderen die schmale Bodentreppe hinuntergeschleppt hatte. Ich hätte Sally um Hilfe bitten können, aber ich ließ sie in ihrem Zimmer. Ohne sie war es einfacher. Um drei Uhr nachmittags hatte ich endlich alle Wolltüten ins Wohnzimmer gebracht und zu einer Art Iglu mit etwa vier Metern Durchmesser aufgetürmt. Als ich fertig war, rief ich Sally und zeigte ihr den Wollberg. Sie mußte einfach einsehen, daß sie all die Wolle nicht aufbewahren konnte. Ich appellierte an ihre Großzügigkeit und schlug vor, alles dem Roten Kreuz zu schenken.

Meine Logik stieß auf taube Ohren. Sally blieb unnachgiebig.
»Ich will es behalten«, bettelte sie.
»Wieviel davon?« fragte ich.
»Alles.«
Genau wie Mutter konnte ich sie nicht überzeugen, ebensowenig brachte ich es fertig, das Zeug eigenmächtig wegzuwerfen. Sallys Hartnäckigkeit und meine eigene Willensschwäche waren mir gleichermaßen zuwider. Seit Jahren schon hatte mir Mutter wegen ihrer Schwierigkeiten mit Sally leid getan, jetzt jedoch begann ich ihr Dilemma erst richtig zu verstehen.
Ich war immer noch nicht annähernd fertig. Drei Wochen lang hatte ich Bücherregale und Aktenschränke ausgeräumt. Die Dinge, die ich behalten wollte, hatte ich zur Seite gelegt: Familienfotos, ein Ordner voller Briefe, Belege, die mit Sallys Krankheit zu tun hatten, ein paar von meinen alten Kinderbüchern, Mutters geliebte Wedgwood-Teller, die Baupläne des Hauses, Papas alter Filzhut, den Mutter auch nicht wegwerfen mochte. Alles andere sollte auf der Auktion versteigert werden.
Immer wenn ich mit einem Zimmer fertig war, hakte ich es auf meiner Liste ab und ging zum nächsten über. Am Sonntag morgen war ich schließlich bei den Flurschränken angelangt. Ich öffnete den linken, in dem wir Medikamente, Reinigungsmittel und Toilettenartikel und den Staubsauger aufbewahrten. Die Schrankböden waren vollgestopft mit Vorräten – vier Cremedosen, drei Flaschen Shampoo, vier Flaschen Flüssigseife, ein Dutzend Packungen Papiertaschentücher und acht Packungen Toilettenpapier – alles war unter Garantie im Sonderangebot gewesen. Die Küchenschränke hatte ich bereits ausgeräumt. Sie waren voll mit Konserven, Erdnußbutter, Frischhaltefolie und Alufolie. Mutter hatte all diese Vorräte gehortet, als stünde uns demnächst eine neue Weltwirtschaftskrise ins Haus. All das wirkte irgendwie zwanghaft, wie Sallys Wollknäuel. Es war exzentrisch, es war ein bißchen verrückt.

Am Nachmittag begleitete mich Sally zur Lagerhalle, wo ich einige Kisten abstellen wollte. Von Anfang an war mir unbehaglich zumute, und ich bereute sofort, daß ich sie mitgenommen hatte. Mutter hatte ein paar Sachen hinterlassen, die speziell für Sally bestimmt waren – das braune Service, das Sally immer so gern gemocht hatte, die Nähmaschine, das Klavier –, aber mit den allermeisten Möbelstücken konnte ich tun und lassen, was ich wollte. Während der Fahrt spürte ich, wie mein alter Argwohn wieder hochkam, denn ich fürchtete Sallys Neid, fürchtete den Augenblick, in dem ich die Tür zu meinem Lagerraum öffnen würde, wo schon eine Menge Sachen standen, die ich aufbewahren wollte. Was würde Sally dazu sagen? Ich hatte mir für Sally ein Bein ausgerissen. So empfand ich es zumindest. Und jetzt hatte ich keine Lust, mir von ihr zu einem schlechten Gewissen verhelfen zu lassen, weil ich mehr Dinge geerbt hatte und selbst über meinen Besitz entscheiden konnte.

Es war ein sonniger, warmer Tag, und wir hatten die Autofenster heruntergekurbelt. Ich mußte mein Haar mit einer Spange zurückstecken, damit es mir nicht in die Augen fiel, aber Sally ließ sich ihres einfach ins Gesicht wehen. Trotzdem nahm sie ein bißchen von der Gegend wahr, die wir durchfuhren, denn sie zeigte mir einen Lebensmittelmarkt, in dem sie schon öfter eingekauft hatte.

Die Lagerhalle war in einem neuen Industriegebiet in der ländlichen Gegend um Chantilly. Auf vielen Wiesen und Weiden waren schon Grundstücke für Warenhäuser, Bürogebäude und Wohnhäuser abgesteckt. Ich war traurig, daß die alten Bauernhöfe weichen mußten, und Sally stimmte mir zu. Ich fühlte mich unsagbar alt, meine Vergangenheit war weit weg, und meine Gegenwart bot mir nichts Vertrautes.

Wir verließen die Hauptstraße und fuhren an neuen, leeren Bürogebäuden entlang. Hier am Ende der Welt, umgeben von einem Maschendrahtzaun, befanden sich die Lagerhallen, die wie ein Gefängnis wirkten. Ich tippte meine Codenummer ein und öffnete damit das elektronisch verschlossene Tor. Die neuen, fensterlosen Gebäude wirkten unwirklich wie die Kulisse eines Science-fiction-Films. Es war so still, daß wir das Geräusch der Autoreifen auf dem Asphalt hören konnten. Als ich den Motor abstellte, war es bis auf das Zirpen einer Grille totenstill.

Ich öffnete die Tür meines Lagerraums und stellte fest, daß Sally lebendiger wurde. Sie wollte gern sehen, was ich dort abgestellt hatte. Ich holte ein paar Kisten aus dem Kofferraum; Sally bahnte sich zögernd einen Weg durch die Möbelstücke, Kartons und Plastiktüten. Sie fragte, was in den Kartons wäre, und ich sagte es ihr. Als ich noch mehr Kisten hereinschleppte, trat sie einen Schritt zurück, um mir Platz zu machen. Sie wirkte zurückhaltend und schien anzuerkennen, daß dies hier meine Angelegenheit war. Als wir den Raum wieder verlassen wollten, blieb sie vor einer Kommode stehen, die ich immer in meinem Zimmer stehen hatte. Sie öffnete die oberste Schublade, in die ich noch in letzter Minute ein paar Kleidungsstücke geworfen hatte – ein paar Abendkleider, einen Pullover und Papas Filzhut, den Mutter zwanzig Jahre lang aufbewahrt hatte. Er war völlig verstaubt und hatte ein Loch.

Sally lächelte seit langer Zeit zum ersten Mal. »Oh, du hast also Papas Hut verwahrt!« murmelte sie.

# 23

Sally weinte, als ich zurück nach New York fahren wollte.
»Ich komme dich jedes Wochenende besuchen«, versprach ich ihr.
»Ich weiß, ich weiß«, sagte sie immer wieder.
Ich konnte mir nicht vorstellen, wie sie allein zurechtkommen sollte. Außerdem glaubte ich die einzige zu sein, die verstand, was sie durchmachte – ihre tiefe Niedergeschlagenheit, ihre kranke, hilflose Trauer über Mutters Tod und ihre Einsamkeit. Es war, als könnte keiner der Wohlfahrtsverbände das Phänomen Trauer verstehen, weder ihre Intensität, noch ihre Dauer, noch ihren Einfluß auf alle anderen Lebensbereiche. Sallys Augen waren so tot in jenen Tagen, sie hätte genausogut blind sein können.
Als ich von Washington fortfuhr, fühlte ich mich, als ließe ich mich selbst zurück und nicht nur Sally. Meine Kindheit schien mit Mutters Tod ausgelöscht zu sein. In diesen Tagen fühlte ich mich nur in Arlington wohl, wo ich umgeben war von Mutters Freunden und Nachbarn, den Ersatzeltern eines achtunddreißigjährigen Waisenkindes. New York erschien mir bereits wie ein Exil, wo nur meine Katzen auf mich warteten.
Das stimmte natürlich nicht. Meine Freunde zeigten mir, wie sehr sie um mich besorgt waren. Fast täglich kam einer von ihnen vorbei oder rief an, um mich zu trösten und mir Gesellschaft zu leisten. Meine Kollegen waren verständnisvoll und mitfühlend und sorgten dafür, daß ich nie allein zu Mittag essen mußte. Meine Freundin Danielle aus der Kunstabteilung kam an meinem ersten

Arbeitstag in mein Büro und schloß die Tür. Sie rückte ihren Stuhl dicht an meinen heran. »Ich will wissen, wie es dir geht, Peggy«, sagte sie. »Wie es dir *wirklich* geht.«

Ich erklärte, es gehe mir gut, und ich war selbst überzeugt davon. Ich war immer noch beschäftigt genug, um meine Trauer zu unterdrücken, die mich überwältigen würde, sobald ich etwas kürzer trat. Als ich zum üblichen Mittwochmorgentermin zu Fiona ging, erzählte ich, was ich alles getan hatte. Sie mußte den Eindruck haben, daß ich alles fest im Griff hatte.

Nur nachts, während ich schlief, kam meine tatsächliche Verzweiflung zum Vorschein. Ich träumte stundenlang von Mutter, um dann weinend aufzuwachen. Die Bilder in meinen Träumen führten mich auf groteske Weise in die Irre. Immer war sie noch am Leben. In einem Traum war sie krank, lag in ihrem eigenen Bett und erholte sich gerade von einer schrecklichen Krankheit. Ich saß schluchzend neben ihr und hielt ihre Hand. »Oh, Mama«, sagte ich und schmiegte meine Wange an ihren Arm. »Du ahnst ja nicht, was ich durchgemacht habe.« In einem anderen Traum stand sie im Garten und sah mir zu, wie ich langsam in die Auffahrt bog. Ihr Gesicht wirkte mädchenhaft und hübsch, wie immer, wenn sie einen geliebten Menschen wiedersah. Als ich auf sie zulief, um sie zu umarmen, lachte sie fröhlich. Ich zitterte vor Erleichterung, daß sie doch noch da war. Ich war zwar durch die Hölle gegangen, aber das war nicht wichtig. Nichts war wichtig, solange sie nur am Leben war. Wieder weinte ich vor Dankbarkeit.

Irgendwann wachte ich auf und wußte, ich hatte wieder nur geträumt. Dann konnte ich nicht mehr aufhören zu weinen. Ich vermißte sie so sehr – viel mehr als am Anfang, viel mehr als zu Hause in Arlington, wo ich umgeben war von den Erinnerungen an sie. Ich mochte meinen Anrufbeantworter nicht mehr ansehen. Nie wieder würde er mir eine Botschaft von ihr übermitteln. Wenn ich an ihr wunderbares Klavierspiel dachte, machte es mich ganz krank, daß ich keine Aufnahmen davon gemacht hatte. Dieser Gedanke kam mir immer wieder, und jedesmal tat mir das Herz dabei weh.

In meiner Wohnung standen all die Möbel herum, die ich in den letzten Monaten hergebracht hatte – so auch Tante Ginnys Schreibtisch und Mutters Klapptisch. Alles wirkte fürchterlich fehl am Platze. Nur von Tante Ginny hatte ich eine kleine Kohlmeise aus Porzellan bekommen, die ein angemessenes Erinnerungsstück war. Auf magische Weise wurde ich durch sie an Tante Ginnys Sanftmut und Güte erinnert. Von Mutter hatte ich nichts dergleichen, dachte ich, bis ich einen dicken Umschlag öffnete, den ich noch vor ihrem Tod erhalten hatte. Bisher war ich einfach nicht in der Lage gewesen, ihn mir anzusehen, aber nun machte ich ihn endlich auf. Er enthielt keinen Brief, nur eine Reihe von Zeitungsausschnitten aus der *Washington Post.* Einer enthielt die Namen der meistverdienenden Zeitungsverleger. »Fällt dir auf, daß nur MÄNNER auf dieser Liste stehen?« hatte sie mit Bleistift daneben geschrieben. Ich faltete den Artikel wieder zusammen und steckte ihn in meine Brieftasche, denn er repräsentierte ihren intelligenten, kritischen Geist.

Meine Freunde luden mich ein, aber ich konnte mich kaum überwinden mitzugehen. Im Januar hatte ich auf einer Party einen Mann kennengelernt, der mir sehr gefallen hatte. Ich hatte gehofft, ihn wiederzusehen, aber als er mich anrief, um mir sein Beileid auszusprechen und mich zum Kaffee einzuladen, sagte ich, daß ich nicht kommen könnte. Während ich mich zu Anfang ganz gut gehalten hatte, fühlte ich mich jetzt langsam immer schwächer. Andauernd kamen mir die Tränen. Es erschien mir undenkbar, mit jemandem, den ich kaum kannte, zu reden, geschweige denn mit ihm zu flirten.

Ich beschloß, zu Hause zu bleiben. Nur ab und zu ging ich mit Debbie und Andrea zum Essen aus. Debbie kannte ich seit dem College, und sie hatte Mutter gekannt. Mit den beiden konnte ich über alles reden, oder auch einfach nur schweigend dasitzen. Es tat gut, manchmal aus dem Haus zu kommen. Meistens jedoch ging ich nach der Arbeit heim, rief Sally an und versuchte, etwas aus ihr herauszubekommen. Oft sagte sie, sie könne sich an nichts erinnern, was sie während des Tages getan hatte. Sie bemühte sich jedoch zumindest, täglich ins psychiatrische Zentrum zu gehen. Danach glitt ihre Zeit unbemerkt dahin. Ich fragte sie, ob sie vernünftig essen würde, obwohl mir klar war, daß sie meist zu McDonald's ging. Fast immer beendete sie unser Gespräch mit der Frage: »Aber am Wochenende kommst du doch, Peggy?«

»Ganz bestimmt, Sally«, antwortete ich dann immer.

Jeden Freitag fuhr ich direkt nach Feierabend nach Arlington. Die Jersey-Turnpike-Autobahn kannte ich bald wie meine Westentasche. Alle Mautstationen, Rastplätze und Ausfahrten waren mir vertraut. Der letzte Rastplatz mit einem Roy-Rogers-Schnellrestaurant lag direkt hinter der Delaware-Brücke. Ich war immer dünner geworden, obwohl ich ständig hungrig war. Um die lange Fahrt nach Arlington besser auszuhalten, hielt ich unterwegs mindestens einmal an, um etwas zu essen – meist Pommes frites oder Cremetorte. Wenn ich bei Lyn und Earl ankam, bei denen ich, seit Mutters Haus leer war, wohnte, war es immer schon nach Mitternacht. Sie hatten mir einen Schlüssel gegeben, damit ich sie nicht zu stören brauchte. Am nächsten Morgen holte ich Sally ab. Wir gingen zusammen essen, machten einen Ausflug oder besuchten Donald und Betty. Lyn und Earl luden uns immer zum Kaffee oder zum Abendessen ein, und wir waren beide gern mit ihnen zusammen. Es war, als hätten wir doch noch eine Familie. Am Sonntagabend brachte ich Sally nach Hause und machte mich auf den Heimweg.

In einer Sonntagnacht, als ich gerade auf eine Mautstation zufuhr, glaubte ich in einiger Entfernung einen kleinen weißen Hund auf der Autobahn zu sehen. Ich blinzelte, verlor ihn wieder aus den Augen und zwang mich, geradeaus zu sehen. Ich war so erschöpft, daß ich glaubte, ich hätte Halluzinationen. Ich fuhr vorsichtig auf der rechten Spur und bemerkte, wie mich ein Wagen überholte. Dann sah ich den weißen Hund. Er war wirklich da. Der Wagen, der mich überholt hatte, erfaßte ihn, und es gab einen entsetzlichen Knall. Einen Moment später hörte ich, wie der Körper des Hundes vor meinen Kotflügel geschleudert wurde. Ich begann zu schreien und fuhr rechts ran. Hinter mir hielten Autos an. Jemand versuchte, den Verkehr an dem kleinen weißen Bündel, das auf dem Asphalt lag, vorbeizuleiten. Ich saß in meinem Auto und konnte nicht mehr aufhören zu schluchzen.

Am nächsten Tag rief ich Sally an und sagte ihr, daß ich am kommenden Wochenende in New York bleiben müsse. Meine Wohnung sah wie ein Hotelzimmer aus, in dem seit langer Zeit kein Zimmermädchen mehr geputzt hatte. Ich schaffte es nie, meine Reisetasche richtig auszupacken, und hatte keine Zeit, aufzuräumen. Ich wollte meine Wohnung wieder bewohnbar machen. Dafür brauchte ich ein paar Tage Zeit. Außerdem war ich müde und deprimiert und hatte Angst vor der langen Fahrt.

Das Wochenende, an dem ich zu Hause blieb, war vollkommen verregnet. Am Samstag nachmittag goß es in Strömen. Ich mußte ein paar Dinge erledigen, und obwohl ich einen Regenmantel trug und einen Schirm dabeihatte, war ich bei meiner Rückkehr naß bis auf die Haut. Am Abend hörte ich in den Nachrichten, daß der Schoharie-Fluß wegen der schweren Regenfälle über die Ufer getreten war und eine Brücke weggerissen hatte. Der Schoharie war das Forellengewässer, das an meinem Haus in Catskills vorbeifloß. Als um sieben Uhr das Telefon läutete, wußte ich, daß es meine Nachbarn aus Catskills waren.

Die Stadt war evakuiert worden. Am Nachmittag war der Schoharie über die Ufer getreten und hatte die Hauptstraße überflutet. Die Wassermassen waren durch mein kleines Haus geströmt, hatten meinen Schuppen niedergerissen und meine Öltanks unterspült und weggeschwemmt. Im Garten war ein Telefonmast umgerissen worden. Ich konnte nicht schlafen, nachdem ich diese schlechten Nachrichten bekommen hatte. Am nächsten Tag jedoch fuhr ich, erschöpft wie ich war, nach Norden, um den Schaden in Augenschein zu nehmen. Der Rasen sah aus wie eine Sandbank; die Beete waren von Schlamm bedeckt. Der Keller stand noch immer voller Wasser. Der Fußboden im Erdgeschoß war aufgequollen. Meine Freunde waren gekommen und hatten meine Möbel in den ersten Stock gebracht, wo sie verschont blieben, aber das Haus war ruiniert.

Als ich wieder in New York war, erzählte ich zunächst niemandem etwas. Durch meine neuen Sorgen war ich wie gelähmt. Meine Freunde hatten mir so viel Mitgefühl gezeigt, und jetzt schämte ich mich fast, noch mehr von ihnen zu brauchen. Meine Nachbarn aus Catskills hatten mir gesagt, wie man einen Wasserschaden bei der Versicherung geltend machen kann. Aber als mir der Schadenssachverständige sagte, daß er ein Gutachten für die zu erwartenden Reparaturkosten brauche, brach ich förmlich zusammen. »Ich kann nicht mehr«, sagte ich. Ich war mit meinen Kräften völlig am Ende. Ich war fix und fertig.

Zu Ostern fuhr ich nach Arlington. Ich hatte gehofft, ja sogar erwartet, daß uns jemand zum Osteressen einladen würde. Während Mutters Freunde und Nachbarn sich um mich sehr bemühten, so schienen sie, was Sally anbetraf, ratlos zu sein. Vielleicht wollten sie auch nicht, daß Sally zu abhängig von ihnen wurde. Alle hatten sie mitangesehen, wie Mutter Sallys Anforderungen einfach nie gerecht werden konnte, und fürchteten womöglich, nun ebenfalls in diesen Strudel hineingezogen zu werden. Vielleicht fürchteten sie auch nur, eine kleine freundliche Geste wäre nicht genug. Zwei von Mutters Nachbarinnen hatten versucht, mit Sally Kontakt aufzunehmen. Eine hatte sie angerufen, und die andere hatte eine Lampe für sie gekauft. Sally meldete sich nie wieder bei ihnen. Nur Donald und Betty und Lyn und Earl riefen sie regelmäßig an. Aber was wäre, wenn sie es nicht mehr tun könnten, fragte ich mich. Wer würde dann nach Sally sehen?

Sally und ich wären am Ostersonntag vielleicht mit Donald und Betty zum Essen ausgegangen, aber Donald lag im Krankenhaus. Wir brachten ihm ein paar Blumen und gingen allein zum Essen. Sally wollte ins Hot-Shoppes-Restaurant, wo sie mit Mutter öfter gegessen hatte. Als wir an der Essenstheke entlanggingen, füllte sie begeistert ihr Tablett, aber als wir uns setzten, war sie so deprimiert, daß sie nichts als weinen konnte. »Ich weiß nicht, ob ich es schaffen kann, Peggy«, sagte sie immer wieder. »Ich weiß es wirklich nicht.« Sie wirkte zutiefst hilflos in ihrem Schmerz.

»Du *kannst* es, Sally«, redete ich auf sie ein, obwohl ich selbst furchtbar niedergeschlagen war und mir gut vorstellen konnte, wie verzweifelt sie sich fühlte. »Du mußt Geduld haben. Du darfst nicht zuviel von dir erwarten.«

Am Nebentisch saß eine Familie. Manchmal sahen sie zu uns herüber. Die Frau blickte mir in die Augen und lächelte freundlich. Sie strahlte Güte aus, aber ich konnte ihr Lächeln nicht erwidern. Ich konnte nur still dasitzen und hoffen, daß ich nicht in Tränen ausbrach.

Als ich wieder in New York war, rief ich am nächsten Morgen meinen Freund Rick an, der auch zur Beerdigung meiner Mutter gekommen war. Ich zitterte noch wie nach einem schlechten Traum, und meine tiefe Niedergeschlagenheit machte mir angst. Ich wollte einfach eine vernünftige Stimme hören. Er fragte nach meiner Arbeit, nach meiner Lektüre, nach meinen Artikeln. Offensichtlich versuchte er, mit mir über das Leben, das ich vor Mutters Tod geführt hatte, zu sprechen. Ich konnte ihm jedoch nichts erwidern.

»Hast du Fiona gesagt, wie schlecht es dir geht?« fragte er schließlich.

»Was soll das schon nützen?«

»Entweder du rufst sie gleich heute morgen an, oder ich werde es tun«, sagte er. Ich versprach, sie anzurufen.

# 24

Eines Abends in der Woche nach Ostern teilte mir Sally am Telefon mit, daß sie jetzt im »Care House« sei. Dies war ein Heim des ACRI, wo Klienten aufgenommen wurden, die besondere Unterstützung brauchten, fürs Krankenhaus aber noch nicht krank genug waren. »Ich gehe nicht in meine Wohnung zurück, Peggy«, erklärte sie mir mit unerschütterlicher Bestimmtheit. Augenblicklich war mir klar, daß keine zehn Pferde sie wieder in ihre Wohnung kriegen würden. Ich stritt eine Weile mit ihr herum. Dann kam eine Care-House-Mitarbeiterin ans Telefon.

»Sally sagt, sie will wieder bei Mike und Tammy einziehen«, sagte sie. »Wir haben schon mit ihr darüber gesprochen, wie es ihr früher dort ergangen ist und wie schlecht es für sie wäre, dorthin zurückzugehen, aber wir konnten sie bisher nicht überzeugen.«

Ich ließ Sally wieder an den Apparat holen und sagte ihr, ich würde am Wochenende kommen. »Tu vorher bitte noch nichts«, bat ich sie.

»Ich habe schon gekündigt«, sagte sie.

Ich explodierte. Sie hatte verhindern wollen, daß wir sie zurück in ihre Wohnung schicken würden. Das war ihr gelungen. Ich war außer mir, weil sie nicht zuerst mit mir gesprochen hatte.

Als ich am darauffolgenden Samstag nach Arlington kam, sah ich gleich, daß Sally eine schlimme Woche hinter sich hatte. Sie sah schrecklich aus. Ihre Haare waren strähnig und ihre Kleider zerknautscht und voller Flecken. Aber sie hatte jetzt etwas, worauf sie sich freuen konnte – den Umzug –, und das war ein großer Trost für sie. Sie glaubte dadurch einen Schritt weiterzukommen, und ich verstand, wie gut so etwas tun konnte. Ihre Stimme klang zum ersten Mal seit Mutters Tod wieder stark und mutig. Sie wollte in Mike und Tammys Keller einziehen, denn ihr früheres Zimmer war bereits vermietet.

Sie beschrieb den Keller als einen wunderschönen großen Raum, und dann drang die Bemerkung an meine Ohren: »Er steckt voller Möglichkeiten.« Ich wußte, dies bedeutete, daß er im Moment noch nicht zum Wohnen geeignet war, es wahrscheinlich niemals sein würde. Ich hatte den Keller nie gesehen und wollte ihn mir im Moment auch nicht ansehen. Ich wollte Mike und Tammy nicht kennenlernen – ich wollte sie nicht einmal sehen. Ich weigerte mich, Sallys Grille als realistischen Plan zu betrachten, solange ich es vermeiden konnte.

Die Care-House-Mitarbeiter wußten alles über Mike und Tammy und über Sallys besessene Bindung zu ihnen. Sie erinnerten sie daran, daß sie von den beiden nie so behandelt worden war, wie sie es sich gewünscht hatte. Statt dessen hatte sie eine Enttäuschung nach der anderen mit ihnen erlebt. Sie erinnerten daran, wie sehr Sally zuletzt eine eigene Wohnung ersehnt hatte, wo sie alle ihre Bücher aufbewahren, Freunde einladen und einfach ihre Ruhe haben konnte. Sie redeten und redeten, und ich beobachtete Sallys Gesicht. Sie war fröhlich, entspannt und völlig gelassen, wie immer, wenn sie sich zu etwas entschlossen hatte, wovon niemand sie abbringen konnte. Sie ließ diese eindringlichen Appelle an ihre Vernunft einfach über sich ergehen, bis sie sich endlich davonmachen und tun und lassen konnte, was sie wollte.

Ich beschloß, ein Abkommen mit ihr zu treffen, das mir zwar in der gegenwärtigen Situation nichts nutzte, aber von dem ich mir für die Zukunft einiges versprach.

»Du kannst zu Tammy und Mike ziehen, wenn du unbedingt

willst«, sagte ich. »Aber wenn es schiefgeht, dann mußt du in eine betreute Wohngruppe ziehen.«
»Na gut!« stimmte sie zu. Sie war die einzige, die nicht am Erfolg ihrer Pläne zweifelte. Deshalb hätte sie sonst was versprochen, um mich loszuwerden.
»Sprich es aus!«
»Wenn es nicht klappt, ziehe ich in eine Wohngruppe«, sagte sie in leichtem Singsang.
»Sag es noch einmal ernsthaft, und versprich es mir.«
»Ich *verspreche*, daß ich in eine Wohngruppe ziehe, wenn es nicht funktioniert!« schrie sie ärgerlich.
Ich war zufrieden. Sie hatte mich verstanden. Außerdem war ich sicher, daß sie in nicht allzu ferner Zukunft in einer Wohngruppe oder einem Wohnheim leben würde. Auch Sally war zufrieden. Sie war überzeugt, einen guten Handel mit mir abgeschlossen zu haben.
Rhonda überraschte mich, indem sie Sallys Umzug zu Tammy und Mike befürwortete. Sie wußte über Sallys Erfahrungen in diesem Haus Bescheid, meinte aber, Sally wäre in ihrer Wohnung so schrecklich einsam, daß sie nicht länger dort wohnen könnte. Ich fragte sie nach dem Keller. Rhonda zögerte ein wenig, als sie ihn beschreiben sollte. »Sie oder ich würden nicht dort wohnen wollen«, meinte sie schließlich. »Aber wir sind nicht Sally. Und sie will es wirklich.« Ich hatte Vertrauen zu Rhonda. Auch wenn alles schiefging, traute ich ihr zu, die Dinge gegebenenfalls wieder in Ordnung bringen zu können. Sie war jetzt zuständig, beruhigte ich mich. Darum waren Mutter und ich damals zu PLAN gegangen.
Einen Monat später, wie um mein Vertrauen zu bestrafen, wurde Rhonda von PLAN gefeuert. Rhonda rief mich an, damit ich Bescheid wußte. Auch sie war anscheinend sehr erschüttert über ihren Rausschmiß. Die PLAN-Direktion in Richmond hatte Rhonda gegenüber ihr Mißtrauen ausgesprochen. Sie selbst hatte absolut keine Erklärung dafür, wie sie mir sagte.

Ich rief das PLAN-Büro in Richmond an. Jemand sagte mir, die PLAN-Anwälte hätten empfohlen, »den Fall« mit niemandem zu diskutieren. Deshalb konnten sie mir nichts dazu sagen. Als Rhonda schließlich Arbeitslosengeld beantragte, das der Staat Virginia verweigert, wenn ein Arbeitnehmer seine Kündigung selbst verschuldet hat, gab PLAN an, Rhondas Aufzeichnungen über ihre Klienten seien nicht ausführlich genug gewesen. Sie erhielt Arbeitslosengeld, und ich war erleichtert, daß sie nicht aus einem schwerwiegenden Grund entlassen worden war. Bei ihrer Kündigung jedoch hatte ich nicht diese Sicherheit. Obwohl ich aus tiefstem Herzen von Rhondas Integrität überzeugt war, überwarf ich mich schon wegen Sally nicht mit PLAN, der einzigen mir bekannten Organisation, die jemandem wie Sally die nötige Unterstützung und Aufsicht verschaffte.

Ich beschloß, Rhonda privat zu beschäftigen, damit Sally in dieser kritischen Zeit nicht auf sie verzichten mußte, aber auch mit PLAN blieb ich in Verbindung. Trotzdem schickte ich einen Brief an die Direktion, in dem ich sie wissen ließ, daß ich es für unverantwortlich hielt, Rhonda zu entlassen, bevor eine neue Kraft eingearbeitet worden war. Ich erinnerte daran, daß meine Schwester in einer schlechten Verfassung war und daß gleichbleibende Bezugspersonen von ungeheurer Wichtigkeit für sie wären. Die Antwort, die ich daraufhin erhielt, war keine Antwort, denn im Prinzip stand nichts anderes darin, als daß PLAN schon wüßte, was richtig und was falsch wäre. Wütend riß ich den Brief in kleine Schnipsel.

Als ich jedoch die Sozialarbeiterin sah, die bis zur Einstellung einer festen Kraft vorübergehend Rhondas Arbeit übernommen hatte, begann ich um Sallys und demzufolge auch um meine Zukunft zu fürchten. Die Ersatzkraft war ein höfliches junges Mädchen aus Virginia. Sie war gepflegt und wohlwollend und sprach mit leiser, freundlicher Stimme. Sie stellte viele sanfte Fragen, statt konkrete Antworten zu geben. Ihre Sprache schien weit über allen Schwierigkeiten und häßlichen Szenen hinwegzuschweben. Ich wußte, daß Sally und ich uns in ihrer Gegenwart immer nur von unserer besten Seite zeigen würden, wodurch kein richtiges Gespräch zustande kommen konnte, aber ich konnte nichts daran ändern. Ich konnte nur hoffen, daß die feste Kraft, die PLAN bald einstellen wollte, auch nur halb soviel Rückgrat wie Rhonda haben würde.

# 25

Sally und ich hatten unseren absoluten Tiefpunkt erreicht, als ich per Post ein Flugticket nach Seattle erhielt. Meine Freunde dort hatten zusammengelegt und mir diesen Flug geschenkt. Ich war am Ende meiner Kräfte und dachte zuerst, ich könnte nicht fliegen. Wie Mutter wollte ich zunächst zu Hause bleiben, als könnte ich dadurch eine neue Katastrophe verhindern. Aber mit dem Ticket in Händen träumte ich bald davon, meine alten Freunde wiederzusehen. So entschloß ich mich kurzerhand, für zehn Tage hinzufahren. Ganz bewußt plante ich den Abstecher über meinen Geburtstag.

Ich rief Sally an und sagte ihr, was ich vorhatte. »Du wirst es überstehen, es ist ja nur für zehn Tage«, beruhigte ich sie.

Sie gab keine Antwort.

»Ich rufe dich von dort aus an«, sagte ich. Dann gab ich ihr Elizabeths Telefonnummer. Bei ihr würde ich wohnen. Mein erster Geburtstag ohne Mutter verursachte mir Unbehagen. Sie hatte mir immer zwei Karten geschickt, eine nach Hause und eine ins Büro. »Ich habe in der Zeit Geburtstag«, erinnerte ich Sally. »Vielleicht kannst du mir ja eine Karte schicken?«

»Ja, sicher«, meinte sie.

Es wäre zwar schöner gewesen, wenn sie selbst daran gedacht hätte, ich wollte jedoch auf keinen Fall enttäuscht werden.

In Seattle fielen plötzlich alle Sorgen, die mich in New York bedrückten, von mir ab. Ich ging zu einem Baseballspiel. Am 4. Juli machten wir ein großes Picknick im Skagit Valley. Jeden Abend blickte ich durch Elizabeths riesiges Wohnzimmerfenster auf die Olympischen Berge, hinter denen die Sonne glutrot unterging.

Eines Abends rief Sally mich noch ziemlich spät an. Ich befürchtete schon das Schlimmste. »Es ist nichts«, beharrte sie. »Ich wollte mich nur mal richtig *nett* mit jemandem unterhalten.«

Wir plauderten eine Weile, während ich wie immer die meisten Fragen stellte. Wie üblich fragte ich, wie es in der Tagesklinik ginge. Sofort bereute ich meine Frage, denn ich spürte sogleich eine gewisse Ablehnung.

»Du gehst doch wohl noch hin, oder?« wollte ich wissen.

»Nicht so richtig«, antwortete sie.

»Und was tust du statt dessen?«

»Ich ruhe mich aus, Peggy«, sagte sie verärgert. »Hat nicht jeder das Recht, ab und zu mal auszuspannen?«

Als Sally noch in ihrer Wohnung lebte, bedeutete »ausspannen« nichts weiter als den ganzen Tag im Bett zu liegen. Nach draußen ging sie dann höchstens, wenn sie etwas zu essen oder Zigaretten brauchte. Nun, da sie im Keller wohnte, konnte ich mir ihren Tagesablauf schlechter vorstellen.

»Ich sitze gern in der Küche und höre mit Tammy Radio«, sagte sie. Sie hörte sich traurig an. Vielleicht war Tammys Gesellschaft nicht so angenehm, wie sie gehofft hatte. Ihre Stimme klang wieder schwach und unsicher. Nichts erinnerte mehr an die wilde Entschlossenheit vor ihrem Umzug.

»Sag mir noch einmal, wann du nach Hause kommst«, sagte sie schließlich. Es klang gezwungen.

Nachdem ich aufgelegt hatte, sah ich Elizabeth an und sagte ihr, daß ich mir Sorgen machte. Die Tagesklinik im psychiatrischen Zentrum war der einzige Fixpunkt in Sallys Tagesablauf. Nur dort nahm sie eine ausgewogene Mahlzeit zu sich. Ohne diesen Halt, fürchtete ich, würde sie auch die rechtzeitige Einnahme ihrer Medikamente vergessen.

Elizabeth beruhigte mich. »Du hast Urlaub«, sagte sie. »Vielleicht macht Sally ja auch einfach Urlaub.«
Auf dem Rückflug nach New York dachte ich schon mit Schrecken an all die Arbeit, die auf meinem Schreibtisch auf mich wartete, und an Sallys schlechte Verfassung, aber als das Flugzeug landete, bemerkte ich, daß ich mich auf meine Wohnung freute. Zu Hause ging ich meine Post durch und streichelte meine Katzen. Als ich zu Bett gehen wollte, wurde mir klar, daß ich zum ersten Mal seit Mutters Tod nicht deprimiert war.

# 26

Der Rest des Sommers war nicht schlecht. Etwa jedes zweite Wochenende fuhr ich nach Arlington. Sally und ich sahen uns ein Theaterstück auf einer Freilichtbühne an. Ein anderes Mal machten wir ein Picknick. Es ging ihr zwar nicht viel besser als vorher, aber sie war mehr oder weniger zur Ruhe gekommen, was mich ein wenig aufatmen ließ. Ich versuchte nicht mehr, sie mit aller Gewalt in die Tagesklinik zu treiben, und wir waren tatsächlich gern zusammen. Ich glaube, es war das erste Mal, daß ich mich Sally wirklich nahe fühlte. Wir redeten über die Vergangenheit, über Familienausflüge und über unsere früheren Haustiere, besonders über unsere Hunde. Sie sang alte Lieder, und ich bat sie, die Texte für mich aufzuschreiben. Sie kannte immer alle Strophen auswendig.

Sonntags gingen wir oft in ein Restaurant, wo es ein ausgezeichnetes Frühstücksbuffet gab. Manchmal trafen wir uns dort mit Donald und Betty. Betty half mir ein wenig bei der Regelung unserer Finanzen. Donald war an vielen Dingen interessiert. Er und Sally hatten immer eine Menge zu bereden. Ihre Unterhaltungen drehten sich um Theologie, ethische Fragen, Botanik usw. Ich ahnte, daß Sally sonst kaum die Gelegenheit hatte, über intellektuell anspruchsvollere Themen zu diskutieren. Ihr Freund Franklin war der einzige ihrer Bekannten, der es auf intellektueller Ebene mit ihr aufnehmen konnte. Sie traf ihn jedoch nur selten. Tammys und Mikes Interessen waren anders gelagert. Obwohl Sally sich gefühlsmäßig zu ihnen hingezogen fühlte, konnte sie sich nicht richtig mit ihnen unterhalten.

Meist wohnte ich bei Lyn und Earl, die mich immer herzlich willkommen hießen. Lyn sagte, sie fühle sich wie meine »zweite Mutter«, und packte mir immer etwas zu essen für die Fahrt ein. Sie luden uns weiterhin zum Essen und zum Tee ein. Einmal liehen sie einen Videofilm aus, und wir saßen in ihrem Wohnzimmer, aßen Popcorn und sahen uns zusammen *Pride and Prejudice* an. Irgendwann holte ich mir ein Bier aus der Küche. Als ich zurückkam, fiel mir auf, wie fröhlich Sallys Gesicht aussah. Sie amüsierte sich über eine Szene des Films. Später unterhielten wir uns noch eine Weile über den Film und verglichen ihn mit dem Buch, an das wir uns kaum noch erinnern konnten. Sally sah so glücklich aus. Sie lobte Lyns Popcorn und ihren guten Film-Geschmack und sagte, es sei ein sehr schöner Abend gewesen.

Ich hatte ganz vergessen, wie Sally sich auch an kleinen Dingen erfreuen konnte. Plötzlich wurde ich traurig. Wie konnte ich nur weiter in New York leben, wie konnte ich es wagen, dort allein glücklich zu sein, wo Sally allein in meiner Gesellschaft aus ihrer tiefen Traurigkeit herausgerissen wurde? So schien es mir zumindest, denn bei unseren Telefongesprächen klang ihre Stimme immer geistesabwesend, traurig und gequält.

Es war nicht das erste Mal, daß ich kurz davor war, zurück nach Virginia zu ziehen und mich um sie zu kümmern. In gewisser Weise erschien mir das leichter, als mein »eigenes Leben« zu leben und ständig von Schuldgefühlen geplagt zu werden. Was bedeutete denn wirklich etwas im Leben? Was war wichtiger als menschliche Bindungen? Sally gehörte zu meinem Leben. Was war so schlimm daran, von seiner einzigen Schwester gebraucht zu werden?

Anfang der achtziger Jahre, als ich bei *Newsweek* arbeitete, interviewte ich besonders gern Kirchenleute, die mit ganzem Herzen hinter ihrer Arbeit standen. Ihre Überzeugung machte großen Eindruck auf mich. Ich las Bücher von Dorothy Day und anderen und fühlte mich von ihren Werten und ihrem Glauben inspiriert. Um mich herum waren so viele verlorene Seelen, und ich wünschte, ich könnte etwas für sie tun. An Bushaltestellen und Plakatwänden in meiner Nachbarschaft klebten Poster von Jesus, auf denen stand: »Wie kannst du sonntags einen obdachlosen Mann verehren und am Montag an einem vorübergehen?« Die Menschen, die ich am meisten bewunderte, konnten das nicht. Wenn ich darüber mit meinen Freunden oder mit Fiona sprach, sahen sie mich an, als hätte ich den Verstand verloren. »Du identifizierst dich mit Menschen, die ihr eigenes Leben für ein Ideal aufgegeben haben«, sagte Fiona. »Wir müssen herausfinden, warum du das tust.« Sally war natürlich der Grund – Sally und alle anderen, die Beistand und Hilfe brauchten.

Ende August rief mich der Mann, den ich im Januar kennengelernt hatte, noch einmal an. Zu meiner eigenen Überraschung nahm ich seine Einladung zum Essen freudig an. Ich war schon lange nicht mehr aus meiner Gegend herausgekommen, deshalb wollte ich zu Fuß in die Stadt gehen und ihn abholen.

Als ich am nächsten Abend losging, kamen mir schon wieder Zweifel. In Wahrheit ging es mir immer noch nicht viel besser und die Aussicht auf ein Gespräch mit jemandem, den ich kaum kannte, verursachte mir Unbehagen. Gerade als ich ihn anrufen wollte, um ihm zu sagen, daß ich doch nicht kommen könnte, war ich schon in seine Straße eingebogen. Zufällig blickte ich nach oben und sah ihn schon winkend am Fenster stehen. Es war zu spät.

Schon als ich Harvey zum ersten Mal sah, ist mir schlagartig klar gewesen, daß er der Mann war, auf den ich mein Leben lang gewartet hatte. Obwohl er sehr gut aussah, fühlte ich mich in seiner Gegenwart ganz ruhig, sicher und entspannt. Eine innere Stimme sagte mir, daß es nur eine Frage der Zeit wäre, bis wir für immer zusammen sein würden. Nach Mutters Tod hatte ich nicht an eine Romanze denken können, geschweige denn an Liebe. Ich hatte mir einfach nicht vorstellen können, mich jemals wieder zu verlieben.

Nach unserem ersten gemeinsamen Abendessen waren Harvey und ich uns bereits so nah, wie ich es insgeheim immer geahnt hatte. Am darauffolgenden Tag ging ich nachmittags die Straße entlang und fühlte die Sonne auf meinen Armen. Zum ersten Mal seit Mutters Tod nahm ich das Wetter wieder bewußt wahr. Ich war noch am Leben. Ich kann nicht erklären warum, aber noch nie war ich so geneigt mich zu verlieben, wie in diesem Augenblick. Ich fühlte mich verwundbar, aber es war ein aufregendes Gefühl, wie immer am Beginn einer Romanze. Ich wußte, ich hatte gerade das Schlimmste in meinem bisherigen Leben durchgemacht, und ich hatte es überstanden. Jetzt fühlte ich mich stark genug, mein Glück zu versuchen.

Ich erzählte Harvey alles über meine Schwester. Er hatte keine Angst vor psychischen Krankheiten, wie viele andere sie haben. Ich sagte ihm, daß ich immer noch mit Vermögensfragen beschäftigt war und daß ich Sally oft besuchen mußte. Er bot mir an, mich zu begleiten, damit ich den langen Weg nicht allein fahren mußte. Ich war zwar entschlossen, ihn in alle meine Probleme einzuweihen, aber ich war einfach noch nicht soweit, ihn Sally vorzustellen. Wenn ich Sally mit ihm zusammen sehen würde, fiele es mir noch schwerer, ihre Eigenarten, ihr Aussehen und ihre Traurigkeit zu ignorieren.

So fuhr ich also weiterhin allein nach Arlington und kam am Freitag spät abends bei Lyn und Earl an. Ich hatte jetzt andauernd einen leichten Schnupfen. Jedesmal warnte ich Lyn, mir nicht zu nahe zu kommen, damit sie sich nicht ansteckte. Sie wies mich darauf hin, daß meine Schnieferei schlagartig aufhörte, wenn ich mich am Sonntagnachmittag auf den Rückweg nach New York machte. Ich hatte eine Allergie bekommen – ich war allergisch gegen meine Besuche in Arlington. Langsam bedauerte ich meinen Wunsch, gebraucht zu werden.

Harvey und ich waren seit etwa einem Monat befreundet, als er für drei Wochen nach Finnland reiste, wo ein Museum seine Bilder ausstellte. An einem Samstag während seiner Abwesenheit ging ich in New York zur Hochzeit einer alten Bekannten, einer Psychotherapeutin. Beim Hochzeitsessen saß ich neben einem Kollegen des Bräutigams. Während des Nachmittags tanzten wir und unterhielten uns über belanglose Dinge. Ich ertappte mich, wie ich mich ständig wegen irgendwelcher Kleinigkeiten entschuldigte – als mir die Serviette herunterfiel, als ich einen Tanz auslassen wollte, als ich den Kellner rief und um eine Tasse Kaffee bat. Meinem Tischnachbarn war das ebenfalls nicht entgangen. »Weshalb fühlen Sie sich denn so schuldig?« fragte er ironisch und lächelte mich an. In völlig ernstem Ton antwortete ich: »Weil ich lebe.«

# 27

Ende Oktober fuhr ich zu Sallys siebenundvierzigstem Geburtstag nach Arlington. Lyn und Earl hatten eine Party für sie arrangiert und sogar an einen Geburtstagskuchen mit Kerzen gedacht. Ich hatte chinesisches Essen bei Sallys Lieblingsrestaurant bestellt. An jenem Abend lachte sie viel, aber für den Rest des Wochenendes wirkte sie erschöpft und abwesend. Sie war ungeheuer fett, fetter als jemals zuvor. Beim Aufstehen hatte sie Schwierigkeiten und mußte ihre Beine spreizen, damit ihr Bauch zwischen ihre Oberschenkel paßte. Dann zog sie sich stöhnend hoch. Ich sagte nichts dazu. Ich wußte, wie es war, wenn man eine innere Leere ausfüllen mußte. Ich füllte sie mit Arbeit. Sally hatte seit ihrem letzten Zusammenbruch nicht mehr gearbeitet. Obwohl Rhonda meinte, Sally könne vielleicht halbtags arbeiten, hatten weder Sally noch ich ihren Vorschlag ernstgenommen. Sally war zu deprimiert, um zu arbeiten. Ihre Isoliertheit und ihre Lethargie begünstigten ihre Depressionen. Sie hatte einfach nicht die Energie, diesen Kreislauf zu durchbrechen. Statt dessen füllte Sally ihre innere Leere mit Essen. Wahrscheinlich würde sie bald mit einer Diät beginnen. Das tat sie regelmäßig, und sie konnte sehr standhaft sein, wenn sie wollte. Einmal hatte sie fast fünfzig Pfund abgenommen. Ich wollte sie jedoch jetzt nicht zu einer Diät drängen. Womöglich wäre sie dann noch niedergeschlagener geworden.

Was mich mehr beunruhigte, war ihre Schweigsamkeit. Ich spürte, daß ihre Gedanken sich mit etwas beschäftigten, das sie geheimhalten wollte. Von Natur aus war sie ein offenherziger Mensch, aber im Lauf der Jahre hatte sie gelernt, Geheimnisse für sich zu behalten. Sie konnte nicht riskieren, private Dinge auszuplaudern, besonders wenn Mutter dabei war.

Ich wußte nicht viel über ihr Leben bei Tammy und Mike, aber Sallys anfängliche Begeisterung hatte spürbar nachgelassen. Ich vermutete allmählich, daß sie dort vielleicht nicht mehr so willkommen war. In der vorangegangenen Woche hatte ich mit Tammy telefoniert und Sallys Geburtstag erwähnt.

»Sie braucht übrigens ein Radio«, sagte Tammy schnell.

Sally hatte ein Radio in ihrer Stereoanlage, vielleicht war es ja kaputt. Als Sally ans Telefon kam, fragte ich sie danach.

»Es funktioniert gut«, sagte sie.

Erst ein paar Tage später erinnerte ich mich daran, daß Sally einmal gesagt hatte, sie säße oft in der Küche, um Radio zu hören. Die Küche war im Erdgeschoß, wo Tammy fast den ganzen Tag schaltete und waltete. Sally hielt sich dort bestimmt gern auf, weil sich das ganze häusliche Leben dort abspielte. Jetzt wußte ich, daß Tammy sie nicht um sich haben wollte, und war mir nicht sicher, was ich deswegen unternehmen sollte. Wie immer, wenn ich mir unsicher war, rief ich Rhonda an.

»Unternehmen Sie gar nichts«, beschwor sie mich. »Soll Tammy doch mit Sally reden, wenn es Probleme gibt.«

Bei jedem Gespräch mit Rhonda lernte ich etwas. Diesmal lehrte sie mich, Sallys Leben seinen Lauf nehmen zu lassen, zumindest in einem kleinen Bereich. Ich durfte nie vergessen, daß ich nicht ihre Hüterin war. Rhondas Ratschläge befreiten mich im Lauf der Zeit von jenen niemals enden wollenden Sorgen, die Mutter so ausgelaugt hatten. Außerdem lernte ich langsam, Sally eine Privatsphäre zu gewähren, auf die jeder Mensch einen Anspruch hat.

Sally ging immer noch regelmäßig zu Rhonda. Außerdem kümmerte Rhondas Aushilfskraft bei PLAN sich um sie. Diese Aushilfskraft war alles andere als pflichtvergessen. Sie erledigte alle ihre Aufgaben nacheinander weg, brachte Sally zum Arzt, kontrollierte ihr Scheckbuch und rief mich regelmäßig an. Aber Sally konnte nicht mit ihr reden. Auch ich konnte es nicht. Sie war irgendwie scheinheilig, wie Sally immer sagte.

Ich hatte den Treuhandfonds noch immer nicht PLAN überschrieben, statt dessen zahlte ich weiter stundenweise. PLAN versuchte mich zu überzeugen, aber ich hatte natürlich Vorbehalte, nachdem man Rhonda so behandelt hatte. Eines Tages erhielt ich einen langen, anklagenden Brief von der PLAN-Leiterin, in dem ich gebeten wurde, endlich zwischen Rhonda und PLAN zu wählen.

Wie konnte sie es wagen, dachte ich. Wie konnte sie es wagen, mich derartig zu bedrängen, und das jetzt, wo Sally und ich jede Hilfe brauchten, die wir bekommen konnten? Ich war außer mir, aber ich saß zwischen den Stühlen. Ich brauchte PLAN, denn Rhonda würde zweifellos bald wieder eine Anstellung finden, und dann konnte sich nur noch PLAN um Sally kümmern. Obwohl ich der Dame in Richmond am liebsten meine Meinung gesagt hätte, mußte ich meinen Ärger herunterschlucken.

Rhonda dagegen war fröhlich und unbekümmert wie eh und je. Sie fragte mich, was sie für Sally erledigen sollte und welche Aufgaben PLAN übernommen hatte, damit sich beider Aktivitäten nicht überschnitten. Sally vertraute Rhonda, und Rhonda erzählte mir nicht mehr über sie, als ich wissen mußte. Nie redete sie mit mir über Sally, als hätten sie und ich uns gegen Sally verschworen. Auf der anderen Seite behandelte sie mich jedoch niemals herablassend, wie viele Ärzte Mutter behandelt hatten. Sie ließ nie durchblicken, Sally besser zu kennen als ich. Auch sagte sie nie, daß ich einen schlechten Einfluß auf sie hätte. Wenn es sehr wichtig war, erzählte Rhonda mir manchmal etwas, das Sally nur ihr anvertraut hatte. Rhonda teilte mir diese Dinge jedoch in einer so ruhigen, sachlichen Art mit, daß ich Sally niemals zur Rede gestellt hätte. Rhonda fiel immer etwas ein, wenn es um das Lösen von Problemen ging, deshalb überließ ich die Probleme ihr.

Rhonda hatte Sallys Umzug aus der Wohnung in den Keller organisiert. Nach all der Packerei, die hinter mir lag, war ich ihr dafür sehr dankbar. Ich nahm Geld aus dem Treuhandfonds für die Kosten, und als ich sah, wie teuer alles geworden war, sagte ich Sally zornig, daß ich nie wieder einen Umzug für sie arrangieren würde. Bei dieser Drohung frohlockte sie natürlich, denn sie hatte keinerlei Absicht, jemals wieder umzuziehen.

Viele Monate lang habe ich Sallys Kellerraum nicht gesehen. Sie wartete gewöhnlich auf dem Gehsteig auf mich, wenn ich sie abholte. Das Wetter war noch spätsommerlich warm, und sie rauchte draußen ein paar Zigaretten, bis ich kam. Wenn sie nicht dort stand, klopfte ich an der Haustür, und sie kam heraus. Es war jedoch kein Zufall, daß ich Sallys Zimmer noch nicht zu Gesicht bekommen hatte. Rhonda hatte es mir als schäbig beschrieben und gemeint, es würde mich bestimmt deprimieren. So etwas konnte ich im Augenblick nicht gebrauchen. Außerdem war ich von Anfang an dagegen gewesen, daß Sally wieder bei Tammy und Mike einzog, deshalb hielt ich mich lieber fern. Nicht einmal zu ihrer Einweihungsparty war ich gekommen.

Als es Winter wurde, war es zu kalt, um draußen zu warten. Und eines Tages wartete sie auch nicht einmal oben auf mich. Tammy bat mich herein, und Sally rief: »Komm runter!«

Ich hätte lieber nicht hinuntergehen sollen. Der Keller war kalt und feucht. An den Wänden waren fast keine Tapeten. Kanthölzer markierten die geplanten Wände für ein zukünftiges Schlafzimmer. Sallys schäbige Möbel bildeten eine Art Abtrennung, aber jeder, der zum Wäschewaschen herunterkam, mußte durch ihr »Wohnzimmer« gehen. In der Ecke war eine Spüle. Sie hatte eine Campingtoilette gekauft, damit sie nachts nicht in den ersten Stock ins Bad gehen mußte. Ich weiß nicht, wie oft sie sie leerte, aber jetzt war sie voll, und der ganze Keller stank nach Urin. Ihr

Bett war nicht gemacht und ihre Bettwäsche braun und voller Flecken. Wahrscheinlich hatte sie ihr Bettzeug seit dem Umzug nicht ein einziges Mal gewechselt. Ihre Kleider lagen überall herum. Neben ihrem Bett stand ein Müllsack, der von McDonald's-Tüten überquoll. Der Fußboden war bedeckt mit Zigarettenkippen und Asche.

Als Sally hinter ihren Möbeln hervorkam, lächelte sie, wie immer, wenn ich sie abholte. Sie freute sich, mich zu sehen. Ich war ganz erschlagen von all dem Schmutz. Ich machte eine Geste in Richtung Treppe und ging zum Auto. Ich sagte kein einziges Wort. Tammy und Mike würden sie niemals hinauswerfen, dessen war ich mir sicher. Dieses »Zimmer« war ein Loch. Kaum zu glauben, daß sie die Frechheit besaßen, Miete dafür zu verlangen. Welcher Teufel hatte Rhonda geritten, als sie Sally erlaubt hatte, hier einzuziehen?

Damals war Frühling gewesen. Es war hell und warm. Durch die Kellerfenster hatte die Sonne geschienen und den Raum erhellt. Die Kühle hatte wohl erfrischend gewirkt, besonders für Sally, die wegen ihres enormen Gewichts unter warmen Temperaturen mehr zu leiden hatte als normalgewichtige Menschen. Außerdem maß Rhonda der äußeren Erscheinung ihrer Klienten und deren Wohnungen wenig Bedeutung bei. Vielleicht konnte sie nur deshalb so tolerant sein. Außerdem achtete sie sehr auf das, was dem Betreffenden am wichtigsten war. In Sallys Fall waren das eben keine Äußerlichkeiten.

Ich versuchte mir all dies klarzumachen und rief mir ins Gedächtnis, daß Sally so oder so wieder zu Mike und Tammy gezogen wäre. Aber jedesmal, wenn ich an ihre Behausung dachte, erschien mir das elende Kellerloch als die geeignete Kulisse für einen neuerlichen Zusammenbruch.

PLAN stellte schließlich eine neue Kraft ein, die auf Dauer Rhondas Aufgaben übernehmen sollte. Teresa war frei und offen und in einem Alter, das ein gewisses Maß an Lebenserfahrung erwarten ließ. Sally mochte sie, und auch ich hielt sie für kompetent. Inzwischen hatte PLAN sich von seiner Leitung in Nordvirginia getrennt und neue Büroräume in Süd-Arlington bezogen. Das neue Büro war einige Meilen von Sally entfernt, und Sally konnte nicht mehr so schnell dorthin gelangen wie zuvor. Außerdem schränkten sie die Öffnungszeiten ein, und telefonisch konnte man nur noch einen Anrufbeantworter erreichen. Ich fragte mich, was im Falle einer Krise passieren würde, und äußerte meine Bedenken auch Teresa gegenüber. Sofort gab sie mir und Sally ihre private Nummer. Ich war sehr froh über ihr großzügiges Angebot.

Im November wurde Rhonda von einer neuen Organisation, dem »Personal Support Network« (PSN) als Leiterin eingestellt. Die neue Organisation bestand zum großen Teil aus ehemaligen PLAN-Mitarbeitern. Rhonda bezog wieder ihr altes Büro im Gebäude des ARC. Ich nahm sowohl PLAN als auch PSN in Anspruch und wollte zunächst abwarten, welche der beiden Organisationen überleben würde. Wenn beide erfolgreich wären, wollte ich PLAN fallenlassen, aber im Moment hielt ich es für klüger, zwei Eisen im Feuer zu haben. Abgesehen von Rhonda hatte PSN den Vorteil, daß man dort nur einen bescheidenen Jahresbeitrag verlangte. Die in Anspruch genommenen Arbeitsstunden wurden getrennt verrechnet. Bei PLAN mußte man auf lange Sicht einen nicht unbeträchtlichen Treuhandfonds einsetzen, der nach dem Tod des Klienten in den Besitz der Organisation überging.

Die Konflikte zwischen PLAN und Rhonda erschwerten Sallys Betreuung ungemein. PLAN hatte Teresa sogar instruiert, unter gar keinen Umständen mit Rhonda zu reden. Das erschien mir unglaublich kindisch. Hier wurden offenbar die Interessen der Organisation über die Bedürfnisse der Klienten gestellt. Obwohl mich das unheimlich wütend machte, mußte ich mich mit PLAN arrangieren.

Teresa klagte über Sallys Wohnverhältnisse, und ich war ganz ihrer Meinung, wir hatten jedoch kaum eine Möglichkeit, hier etwas zu verbessern. Sally selbst sorgte schließlich dafür, daß sie eine richtige Toilette bekam. Als Rhonda sich Sallys Scheckheft ansah, fiel ihr auf, daß Tammy und Mike von Sally einen Scheck über mehrere hundert Dollar erhalten hatten. Das Geld sei für die Toilette gewesen, die die beiden ihr versprochen hatten, sagte Sally. Rhonda erwirkte eine Mietminderung, durch die Sally ihr Geld, das nun als »Vorauszahlung« bezeichnet wurde, zurückerhalten sollte. Alle Beteiligten unterschrieben, Sally bekam eine richtige Toilette und brauchte ihr Campingklo nicht mehr.

Ich redete mit Sally auch über ihre Lebensweise, beispielsweise, daß sie ihre Bettwäsche regelmäßig wechseln mußte. Sie sah es ein und schien voller Enthusiasmus ein neues Leben beginnen zu wollen. Wahrscheinlich hatte sie nie in einer verdreckten Wohnung leben wollen, aber es war sehr schwierig für sie, die Energie aufzubringen, ihr Zimmer sauberzuhalten. Außerdem konnte sie sich schlecht an einen Plan halten. Ich sagte ihr auch, daß sie einmal in der Woche eine Maschine Wäsche waschen sollte. Ich hatte keine Ahnung, wie man den Zustand des Kellers verbessern konnte. Aber ich ging im Moment auch nicht darauf ein. Hätte ich auf den feuchten Betonfußboden, die nackten Rohre und die Dunkelheit hingewiesen, dann hätte sie sich womöglich noch schlechter gefühlt. Sie betrachtete ihr Zimmer immer noch als das, was es *eines Tages* sein könnte. Ohne ihre rosarote Brille würde die Realität sie nur noch mehr bedrücken.

# 28

Je näher Weihnachten heranrückte, desto häufiger rief ich Rhonda an, teils, weil ich ihre beruhigende Stimme hören wollte, und teils, um mit ihr über Sally zu sprechen. Einmal erwähnte sie eine Selbsthilfegruppe für Geschwister von psychisch Kranken. Zufällig konnte sie mir auch den Namen und die Telefonnummer einer Gruppenleiterin in New York nennen.

Ich hatte ein wenig Angst vor einem zweiten Versuch. Nach dem Elterntreffen im vorangegangenen Herbst war ich deprimierter als jemals zuvor gewesen.

»Diesmal wird es anders sein«, versprach mir Rhonda. »Ich glaube, Sie sollten hingehen.«

Am 19. November 1987 verließ ich meine Arbeit zwanzig Minuten früher als sonst und ging zur Saint James Kirche, wo um sechs Uhr ein Treffen der »Sibling and Adult Children's Network« (SAC Network) (Selbsthilfeorganisation für Geschwister und erwachsene Kinder) stattfand. Ich war immer noch skeptisch, schlimmer noch, mir war schlecht vor Angst. Als ich die Treppe zum Gruppenraum hinaufging, wurde mir richtig übel. Meine Devise war es immer gewesen, wegzulaufen, so weit und so oft wie möglich – vor Sally, vor meinen Schuldgefühlen –, um bloß nicht noch weiter hineingezogen zu werden.

Ich wurde von Gene Sinclair, der Gründerin der New Yorker Gruppe, begrüßt. Sie verteilte gerade Kopien und Anwesenheitslisten auf den Tischen. Ich hatte kurz mit ihr telefoniert, um nach dem nächsten Gruppenabend zu fragen. Gene war eine schlanke, hübsche, elegante Frau Anfang Sechzig. Sie begrüßte mich lächelnd und stellte sich vor. Sie fragte mich nicht nach dem Grund meines Kommens, wie ich es erwartet hatte. Dies war offensichtlich meine Angelegenheit. Sie strahlte Wärme, aber auch eine gewisse Distanz aus. Eine Mischung, die genau richtig für mich war. Ich fühlte mich willkommen, aber ich war in keiner Weise verpflichtet, etwas zum Verlauf des Abends beizutragen, wenn ich es nicht wollte. Ich hätte in dem Moment ohnehin nichts sagen können, denn ich hatte einen dicken Kloß im Hals. Ich blinzelte und blickte zur Decke, in der Hoffnung, daß mir nicht die Tränen die Wangen herunterlaufen würden.

Gene eröffnete das Treffen und erzählte, wie sie vor zehn Jahren in die Wohnung ihrer Eltern gezogen war, um sie zu pflegen. Nach ihrem Tod hatte sie dann die alleinige Pflege und Verantwortung für ihren schizophrenen Bruder übernommen. Seit seiner Kindheit war er schwer krank gewesen, hatte niemals allein gelebt und sich geweigert, Medikamente zu nehmen. Er war paranoid und litt unter Wahnvorstellungen – beispielsweise hielt er die Nachbarn für Spione. Häufig war er kaum zu bändigen, pöbelte vom Fenster aus Passanten an und stritt mit den Stimmen, die nur er hörte. Er war ein großer dicker Mann, und obwohl er bisher nie gewalttätig geworden war, hatte Gene Angst, daß er es vielleicht noch werden könnte.

Während Gene und die anderen über ihre Geschwister und Eltern sprachen, fiel mir ein, wie geschockt Mutter von den Erzählungen der anderen Eltern in der Familientherapie gewesen war. Im Vergleich zu jenen Schilderungen war ihre Beziehung zu Sally fast glücklich zu nennen. Sally war von Natur aus freundlich und liebevoll. Manchmal passierten ihr wie jedem anderen Entgleisungen, aber grundsätzlich war sie immer höflich. Im Gegensatz zu vielen anderen psychisch Kranken hatte sie den Mut, ihre Krankheit anzuerkennen, und seit vielen Jahren nahm sie regelmäßig ihre Medikamente.

Ich begann auch langsam einzusehen, daß ich nicht so furchtbar großes Pech hatte, die alleinige Veranwortung für Sally zu tragen. Einige der anderen hatten gesunde Geschwister, die ihnen ebensoviel Ärger machten wie die kranken oder überhaupt nicht halfen. Zumindest gab niemand Sally andere Ratschläge oder machte mich verantwortlich, wenn etwas schieflief.

Bei den Erzählungen der anderen kamen auch die schrecklichen Sorgen zur Sprache, die nur ich allein zu haben glaubte – daß auch ich krank werden würde; daß ich keinen Mann halten könnte, wenn er meine Schwester gesehen hätte; daß, wenn ich ein Kind bekäme, es die Krankheit erben könnte; daß es für jemanden mit meinem familiären Hintergrund, mit all den verdrängten Spannungen, kaum Aussicht auf ein glückliches, erfülltes Leben gab. Viele der Gruppenmitglieder verharmlosten ihre eigenen Probleme mit Rücksicht auf ihre kranken Geschwister. Einige Anwesende hatten schizophrene Eltern. Ihre Kindheitserinnerungen waren grauenvoll.

Als die anderen ihre kranken Familienmitglieder beschrieben, bekamen Sallys Charakterzüge, die ich bisher so deprimierend gefunden hatte – ihre mangelnde Vernunft in Geldangelegenheiten; ihre übertriebene Großzügigkeit; ihre Sucht nach Zucker, Pommes frites und Hamburgern, Koffein und Zigaretten; ihre mangelhafte Körperpflege und ihre Unfähigkeit, eine Sache zu Ende zu bringen –, eine andere Dimension. Alle ihre Fehler gehörten offensichtlich zu ihrer Krankheit, denn die Geschwister oder Eltern der anderen hatten teilweise die gleichen Probleme.

Ich bekam eine bessere Einstellung zu Sally. Ich sandte ein stummes Dankgebet zum Himmel, und einen Augenblick lang empfand ich eine tiefe Zuneigung für Sally, die ich nie erwartet hatte – eine Zuneigung, gegründet auf Respekt und Anerkennung. Meine vergleichsweise einfache Situation machte es mir leichter zu sprechen. Ein halbes Jahr später würde ich einsehen, wie voreilig meine Selbstzufriedenheit war, aber die Erleichterung, die ich an jenem Abend verspürte, ließ mich das Leid meiner Schwester und dessen entscheidenden Einfluß auf mein eigenes Leben ansatzweise erkennen.

Ich war an der Reihe, etwas zu sagen. »Ich heiße Peggy«, fing ich an.

# 29

Als der November kam, betete ich um eine Einladung zu Thanksgiving, aber niemand rief an. Ich war es leid, ständig nach Virginia zu fahren, und es wäre einfacher für mich gewesen, Sally für den Feiertag nach New York einzuladen. Aber die Erinnerung an ihre beiden letzten Besuche und besonders an deren Nachspiele hielten mich davon ab, sie kommen zu lassen. Wenn sie ein paar Tage in meiner gemütlichen warmen Wohnung verbracht hätte, dann würde sie sich kaum wieder mit ihrem feuchten und kalten Keller zufriedengeben können. Ich fürchtete, einen weiteren Zusammenbruch heraufzubeschwören.
Ich sagte Sally, daß ich kommen würde; sie dürfte ein Restaurant auswählen. Sie entschied sich für eine Art Selbstbedienungsrestaurant, wo man das Essen an einer Theke bestellte. Serviert wurde es dann jedoch am Tisch. Rhonda hatte ihr empfohlen, ein netteres Lokal auszusuchen, wo wir es uns den Nachmittag über gemütlich machen könnten. Sally hatte mich gefragt, ob mir das lieber sei, aber dummerweise war ich mit ihrem ersten Vorschlag zufrieden. Ich dachte, es würde keine Rolle spielen.
Der Tag war bedeckt und kalt, und im Restaurant waren nur wenige Gäste. Durchs Fenster sah man auf eine stark befahrene Straße und einen leeren Parkplatz. In diesem freudlosen Ambiente saßen wir und warteten auf unseren Truthahn. Ich war nur für den einen Tag hergekommen. Lyn und Earl hatten mir zwar angeboten, bei ihnen zu übernachten, aber sie sollten sich nicht verpflich-

tet fühlen, uns in ihre Feiertagspläne einzubeziehen. Sally schien damit zufrieden, zumindest sagte sie nichts Gegenteiliges. Sie war mürrisch, aber ihre Stimmung schien nichts mit meinem Besuch zu tun zu haben. Schweigend beschäftigte sie sich mit ihrem Teller, aber anscheinend genoß sie ihr Essen nicht sonderlich. Ich fragte sie, wie es bei ihr zu Hause ginge und was sie sonst so machen würde. Sie antwortete ausweichend mit ja und nein oder einem Schulterzucken. Schließlich fragte ich sie, ob alles in Ordnung wäre.

Mit lauter Stimme, wie um mich in Verlegenheit zu bringen, sagte sie: *»Es ist alles in Ordnung. Peggy, es soll vorkommen, daß man manchmal einfach keine Lust hat zu reden!«* Ich zuckte bei ihrer unerwarteten Heftigkeit zusammen. Ein Mann am Nebentisch starrte zuerst mich und dann Sally an.

Ich fing schon an, mich auf den Heimweg zu freuen. Es war wieder fast so schlimm wie Ostern, und wir standen erst am Beginn der Vorweihnachtszeit. Wegen Weihnachten brauchte ich mir keine Gedanken zu machen, denn Trenie hatte uns Gott sei Dank nach Pittsburgh eingeladen.

Am Montag rief ich Rhonda an und erfuhr, daß Mike sich von Sally Geld geliehen hatte. Sally fürchtete, ich würde dahinterkommen und böse auf sie sein. Es handelte sich jedoch nur um kleinere Beträge. Jetzt wußte ich, was Sally bedrückt hatte und warum sie sich mir gegenüber so ablehnend verhalten hatte. Ich legte auf und vergaß die Geschichte. Aber ich war Sally wegen der Szene, die sie mir im Restaurant gemacht hatte, immer noch böse. Wenn sie keine Lust hatte zu reden, würde ich sie eben in Ruhe lassen. Wenn sie etwas von mir wollte, dann konnte sie mich ja anrufen – ich würde nicht als erste anrufen.

# Vierter Teil

# Krankheit

# 30

Erst zwei Wochen nach Thanksgiving hörte ich etwas von Sally. Am Telefon klang ihre Stimme schwach und zittrig.

»Bist du krank?« fragte ich sie.

»Ich habe schrecklichen Durchfall, schon seit über einer Woche.« Sie hatte noch kein Mittel dagegen eingenommen und war noch nicht beim Arzt gewesen. Ich riet ihr, Bananen, Reis und Kohletabletten zu kaufen und viel zu trinken, um den Flüssigkeitsverlust auszugleichen. »Du mußt zum Arzt, wenn es dann nicht sofort besser wird. Ruf mich morgen abend an.«

Am nächsten Tag ging es ihr noch genauso schlecht. »Geh zum Arzt, Sally«, sagte ich. »Du hast bestimmt irgendeinen Virus.«

Rhonda und Teresa riefen mich beide an und teilten mir mit, daß die Heizung bei Tammy und Mike kaputt war. Sie hatten nicht genug Geld für die Reparatur. Den anderen Mietern hatten sie elektrische Heizgeräte gegeben, aber Sally hatte keines bekommen. Nachdem Teresa ein ernstes Wort mit ihnen gesprochen hatte, kauften sie ein Gerät für Sally, aber der Keller war noch immer eiskalt. Ich hatte Angst, Sally würde dort wieder eine Lungenentzündung bekommen, aber bisher wies noch nichts darauf hin. Sie hörte sich nur deprimiert an. Das schob ich auf ihre Krankheit, die ich für eine Darmgrippe hielt oder für eine nervöse Reaktion auf das bevorstehende Weihnachtsfest.

Auch mir war beim Gedanken an Weihnachten ein wenig unbehaglich zumute, aber Trenies Einladung erwies sich als ein Geschenk des Himmels. Wir verbrachten vier Tage in Pittsburgh. Auch Tante Irene war dort. Offensichtlich hatte sie ihre Einstellung gegenüber Sally geändert. Seit Mutters Tod hatte ich ein paarmal mit ihr telefoniert. Dabei hatte ich ihr immer ein bißchen über Sally und ihre Krankheit erzählt. So gut es mir möglich war, hatte ich versucht, Tante Irene über Sallys Behinderung und über psychische Krankheiten aufzuklären. Ich beschrieb, wie schwer es für einen psychisch Kranken ist, neue Eindrücke zu verarbeiten, und wie schwierig es für Sally war, sich zu motivieren, vielleicht weil ihre Bemühungen immer so wenig Erfolg hatten. Ich sagte ihr, daß Sally während ihrer depressiven Phasen oft völlig in Hoffnungslosigkeit versank und daß die Medikamente, die sie einnahm, sie gleichzeitig lethargisch machten. Sie hörte aufmerksam zu, stellte Fragen und zeigte mehr Verständnis. Schnell wurde mir klar, daß sie keine Vorstellung von Sallys Leben gehabt hatte. Als ich begann, ihr zu beschreiben, warum Sally sich so oft zurückziehen und ausruhen mußte und warum sie solche Schwierigkeiten hatte, sich an einen Zeitplan zu halten, schmolz Tante Irenes Ablehnung dahin, und ihre Gutherzigkeit gewann die Oberhand. Ich empfand dies wie einen Sieg meiner Aufklärungsarbeit. Später stieß ich auf folgende Überschrift in einem Buch über psychische Krankheiten: »Was man benennen kann, das kann man auch meistern.« Es war meine Aufgabe, Sallys Leiden für Tante Irene zu benennen; dann konnte sie auch richtig damit umgehen.

Die Atmosphäre während unseres Besuchs war herzlich und angenehm – seit ewigen Zeiten hatte ich eine Familienfeier nicht mehr so genossen. Trenies Ehemann Mark hatte immer schon einen besonders guten Draht zu Sally gehabt. Bis tief in die Nacht saß er mit ihr zusammen. Die beiden rauchten und sprachen über das Leben. Sally war sogar gern mit den Kindern zusammen, was ihr sonst immer schnell zuviel wurde. Sie sprach unermüdlich mit Carrie, die damals zwei war, und konnte sich nicht an ihrem neugeborenen Bruder Matt sattsehen. Am Weihnachtstag überreichte

Sally mir das schönste Geschenk, das sie mir hätte machen können. Vor vielen Jahren hatte Betty eine Tonbandaufnahme von Mutters Klavierspiel gemacht. Im vergangenen Herbst hatte sie das alte Tonband gefunden und es auf eine Kassette überspielt. Da ich immer noch trauerte, hatte ich beinahe Angst, die Kassette zu spielen. Als ich es dennoch tat, fühlte ich jedoch, wie mein Herz emporgehoben wurde. Auf der Kassette waren auch ein paar alte Lieder, die Sally zur Gitarre gesungen hatte.

Nur durch Sallys Krankheit, die sich nicht gebessert hatte, wurde ein Schatten auf unsere Reise geworfen. Sie verbrachte viel Zeit in ihrem Zimmer und ruhte sich aus. Es beunruhigte mich jedoch noch mehr, daß ihr Durchfall immer noch so schlimm war, daß sie nicht einmal das Weihnachtsessen herunterbekam. Gefüllter Truthahn und Sauce gehörte zu ihren absoluten Lieblingsspeisen. Sie hatte schon abgenommen und ich riet ihr, zu Hause sofort einen Arzt aufzusuchen.

Als ich sie nach Weihnachten anrief, klang ihre Stimme beängstigend schwach. Außerdem schien sie zu befürchten, ernstlich krank zu sein. Sie war beim Arzt gewesen, aber die Untersuchungen hatten nichts ergeben.

»Vielleicht fühlst du dich besser, wenn du wieder in die Tagesklinik gehst«, riet ich ihr. »Dann kämst du wenigstens aus dem Haus und würdest jeden Tag ein gesundes Mittagessen bekommen.«

Auch Sally hatte schon daran gedacht, was mir zeigte, wie verzweifelt sie sein mußte. »Ich schlafe in meinen Kleidern«, sagte sie, »damit ich mich morgens nicht in der Kälte anziehen muß.«

An diesem Punkt hätte ich einschreiten müssen. Ich hätte Sally zwingen müssen, ihr Versprechen, in eine betreute Wohngruppe zu ziehen, falls bei Mike und Tammy etwas schieflaufen sollte, einzuhalten. Aber Sally stemmte sich dieser Forderung mit aller Kraft entgegen. Schon einmal hatte sie in einer Wohngruppe gelebt und war nicht in der Lage gewesen, den Erwartungen ihrer Betreuer zu entsprechen. Sie bestanden darauf, daß sie sich an der Hausarbeit beteiligte und an die Hausordnung hielt. Ich dachte nicht an das Care House, das eine ideale Übergangslösung hätte sein können, denn seit Sallys Aufenthalt dort waren bereits neun Monate vergangen. Teresa kannte es gar nicht, und Rhonda hatte zu diesem Zeitpunkt nicht genug Kontakt zu Sally, um ihre Lage richtig einschätzen zu können.

Sallys Stimme klang weinerlich. »Wann kommst du mich besuchen, Peggy?«

Mein Herz krampfte sich zusammen. Nicht einmal eine Woche war vergangen seit unserem Besuch in Pittsburgh.

»Ich kann im Moment nicht kommen, Sally. Ich brauche ein wenig Zeit für mich in meiner Wohnung.«

Eine Woche später teilte mir Sally am Telefon mit, daß sie ins Arlingtoner Krankenhaus auf die psychiatrische Station gehen wollte.

»Ich muß ins Krankenhaus, Peggy«, sagte sie. »Es geht wirklich nicht anders.«

Ich versuchte, sie mit aller Kraft davon abzubringen. Sie litt weder an einer Psychose, noch war sie suizidgefährdet. Sie brauchte einen Internisten und keinen Psychiater. Ich wollte nichts davon hören, ebensowenig wie ihre Betreuer im Zentrum und ihr Psychiater. Noch einmal wies ich sie darauf hin, daß sie endlich den Ursachen ihres Durchfalls auf den Grund gehen müßte. »Jeder wäre deprimiert, wenn er so lange krank gewesen wäre, wie du es warst«, argumentierte ich. »Deine Beschwerden sind *körperlich*, Sally. Wenn du schon ins Krankenhaus willst, dann in die somatische Abteilung und nicht in die Psychiatrie.«

Seit einiger Zeit wandte sich Sally, wenn sie Hilfe brauchte, an Teresa statt an Rhonda. Dies war mir zum damaligen Zeitpunkt jedoch noch nicht klar geworden. Ich wußte nur, daß Sallys Lage sich immer weiter verschlimmerte – ständig bekam ich schlechte Nachrichten. Noch bevor ich richtig über Sallys Zustand nachdenken konnte, hatte Teresa sie schon in ein Privatkrankenhaus gebracht. Zuerst waren sie zum Arlingtoner Krankenhaus gegangen.

Dort wollte man sie jedoch nicht stationär, sondern nur ambulant behandeln. Da sie ernstlich um Sally besorgt war, hatte Teresa ein Krankenhaus gesucht, das sie aufnehmen wollte.

Ich hatte wieder einmal vergessen, mit welcher Entschlossenheit Sally ein einmal gesetztes Ziel verfolgen konnte. Ich rief Rhonda an, die mich fragte, warum Sally nicht zuerst ins Care House gebracht worden wäre. Die ACRI-Mitarbeiter, die Sally wahrscheinlich geraten hätten, zuerst dorthin zu gehen, hatten Sally in letzter Zeit nicht aufgesucht. Teresa wäre jetzt Sallys Betreuerin, meinten sie. Sie mache ihre Dienste überflüssig, und sie wollten ihre Zeit nicht mit einer Klientin verschwenden, die ihre Hilfsangebote nicht in Anspruch nehme. Ich wußte, daß Teresa mehr Zeit mit Sally verbrachte, denn die Rechnungen, die ich von PLAN bekam, waren beträchtlich höher, als sie es für Rhonda gewesen waren – mehrere hundert Dollar pro Monat. Sie versuchten, die Aktiva des Treuhandfonds bis zum letzten Cent auszureizen.

In einem Brief beschwerte ich mich bei PLAN über die Krankenhauseinweisung. Dann rief ich das Krankenhaus an. Dort erreichte ich einen Sozialarbeiter, von dem ich erfuhr, daß Sally sich mehrmals täglich erbrach. Sie konnte nichts bei sich behalten, und man gab ihr nur noch flüssige Nahrung. Sie führte ihre Krankheit auf Angstzustände zurück, aber ich bestand auf einer Untersuchung durch einen Internisten.

»Sie ist sehr böse auf Sie«, sagte mir der Sozialarbeiter. »In der Gruppentherapie beklagt sie sich, weil Sie sie nicht ins Krankenhaus lassen wollten. Sie ist wirklich wütend.«

Ohne ihm für seine Informationen zu danken, legte ich den Hörer auf und packte meine Sachen für eine weitere Reise nach Arlington.

Als ich ins Krankenhaus kam, änderte sich meine ablehnende Haltung augenblicklich, und ich verstand, warum Teresa sie dort hingebracht hatte. Sally war furchtbar krank. Sie war zwar nicht psychotisch, aber sie war entsetzlich deprimiert. Ich war gegen ihre

Krankenhauseinweisung gewesen, weil ich mir sicher war, daß sie keine stationäre psychiatrische Behandlung brauchte, aber ich sah sofort, daß sich ihre körperliche Verfassung und damit auch ihre psychische erheblich verschlechtert hatten. Sie weinte unablässig und sagte immer wieder: »Ich fühle mich wie ein Aprilscherz.« Ich verstand nicht, was sie damit meinte, bis sie mich daran erinnerte, daß sie im vergangenen April bei Tammy und Mike eingezogen war. Sie lag in ihrem Krankenhausbett und weinte. Als ich sie bat, mir mehr über ihren Kummer zu erzählen, sagte sie mir, daß Mike ihr versprochen hätte, Tammy zu verlassen, um sie zu heiraten.

Er hatte sich offenbar einen Scherz erlaubt, aber Sally hatte ihn beim Wort genommen. Ich wußte nicht, was ich davon halten sollte, denn sie hatte noch nie Interesse an Mike bekundet. In den letzten Monaten hatte sie jedoch ein besonderes Bedürfnis nach Zuneigung gehabt, und es überraschte mich nicht, daß sie sich an jede Hoffnung klammerte, jemanden zu finden, der sich ihrer annahm.

Ich saß auf der Bettkante und hielt Sallys Hand. Sie weinte leise, während sie mir erzählte, wie krank sie sich fühlte und welche Angst sie hätte. »Eines Nachts blickte ich in meinem Zimmer auf die Wand«, sagte sie. »Da dachte ich, daß auf den Mauersteinen etwas geschrieben stand. Ich hatte meine Brille nicht auf, deshalb konnte ich es nicht lesen. Dann fingen die Buchstaben an sich zu bewegen.« Ich wußte nicht, was dies bedeuten sollte, aber es zeigte mir, wie verwirrt sie sein mußte.

Sally war auch viel dünner als in den letzten Jahren. Die Augenpartien waren geschwollen, aber das übrige Gesicht wirkte fast knochig. Es sah grau und schlaff aus. Etwa jede halbe Stunde stand sie abrupt auf, ging ins Bad und übergab sich. Ihr Magen war leer, aber sie konnte nicht aufhören zu würgen. In wenigen Wochen hatte sie mehr als zehn Kilo abgenommen.

Zunächst schien mir die Angstdiagnose plausibel, wenn man bedachte, was Sally in den letzten eineinhalb Jahren alles durchgemacht hatte. Auch Sally glaubte daran. »Es war wie während der ersten Zeit im Sheppard Pratt«, sagte sie. »Als ich ins Krankenhaus kam, konnte ich kein Essen sehen. Im ersten Monat mußte ich mich ständig erbrechen.« Aber trotzdem wußte ich instinktiv, daß ihre Krankheit körperliche Ursachen hatte. Sally war mittlerweile psychisch viel stabiler als mit siebzehn. Seitdem hatte sie die Hölle durchgemacht. Niemals hatte sie jedoch wieder ähnliche Übelkeitsanfälle gehabt.

Während der Heimfahrt fragte ich mich, ob Sally womöglich Krebs hatte. Appetitlosigkeit war eines der Warnsignale, hatte ich gehört. Konnte das ständige Würgen vielleicht durch eine Art von Blockierung hervorgerufen werden?

Als ich in New York ankam, war ich so deprimiert wie im letzten Frühling. Überall wurde ich mit dem Elend konfrontiert. Eines Morgens verließ ich Harveys Wohnung mit einem Dollar für die U-Bahn in der Hand. Ein alter, unrasierter Mann fragte mich auf der Straße, ob ich ihm fünfundsiebzig Cents für eine Tasse Kaffee und ein Brötchen geben könnte. Er streckte seine Hand aus. In seiner Hand hatte er einen Vierteldollar. Als ich ihm meinen Dollar gab, wollte er mir das Wechselgeld herausgeben.

»Bitte behalten Sie es doch«, sagte ich.

»Ich brauche nur fünfundsiebzig Cents«, beharrte er.

»Verwahren Sie es doch für *später*«, riet ich ihm.

»Was? Ach, ja sicher! Für später! Vielen Dank!« Er machte eine tiefe Verbeugung und wünschte mir einen schönen Tag.

Gott schütze die, die sich keine Zukunft vorstellen können, dachte ich. Gott schütze einen Mann, der an einem kalten Wintertag nicht sein Geld für die nächste Tasse Kaffee auf die Seite schaffte. Ich ging zur U-Bahnstation, gelangte bis in mein Büro, schloß die Tür und fing an zu weinen.

In jener Nacht lag ich zerschlagen und trotzdem schlaflos im Bett und dachte über Sallys Krankheit nach. Als ob ich mich mit den Augen eines anderen Menschen betrachtete, bemerkte ich, wie meine Stimmung von Traurigkeit in Erleichterung umschlug. Plötzlich dachte ich voller Liebe an Sally. Die Gewißheit, daß die Zukunft keine von weiteren Krisen unterbrochene, endlose Verzweiflung mehr sein würde, tröstete mich. Endlich fühlte ich mich befreit von meiner Wut und meinen Schuldgefühlen. Endlich war es mir möglich, mich von ganzem Herzen Sallys Pflege zu widmen.

Dann wurde mir klar, daß ich so erleichtert war, weil ich Sallys Tod erwartete.

Oft hatte ich an meinen eigenen Tod mit einem Gefühl der Erleichterung gedacht, immer dann, wenn ich mich besonders hilflos und verzweifelt gefühlt hatte. Aber es ging zu weit, daß ich auf dieselbe Weise an Sallys Tod dachte. Ich kletterte aus dem Bett und kniete nieder. Ich bin zwar kein besonders religiöser Mensch, aber ich betete darum, daß ich nie wieder so etwas denken würde.

Am Tag darauf redeten Rhonda und ich über ein Heim. Sally konnte nicht zurück zu Tammy und Mike gehen, und sie war zu krank für eine normale Wohngruppe. Im Krankenhaus war man zu dem Schluß gekommen, daß Sallys Krankheit körperliche Ursachen hatte und keine seelischen, trotz ihrer Depressionen, aber niemand hatte die Sache bisher auf den Punkt gebracht.

Monate später las ich in dem bekannten Buch von Dr. Fuller, *Mit Schizophrenie leben – Ein Handbuch für Familien*: »Wird zu viel Lithium verabreicht, kann dies zu einer ernsten und sogar lebensbedrohlichen Entwicklung führen. Die Symptome einer Vergiftung sind unter anderem Erbrechen, Durchfall, Schwäche, Verwirrtheit, Benommenheit, Schwindelgefühle, mangelnde Koordination, schleppende Sprechweise, verschwommene Sehkraft, Krämpfe und Koma. Einem Patienten, der eines dieser Symptome aufweist, sollte niemals Lithium verabreicht werden...«

Es stellte sich heraus, daß Sally tatsächlich an einer Lithiumvergiftung litt, aber aus irgendwelchen Gründen war niemand darauf gekommen. Man schickte sie statt dessen in die Georgetown-Universitätsklinik, wo einige Ärzte untersuchten, ob es während des

Schlafs zu Atemunterbrechungen kam. Sally hatte schon seit Jahren laut geschnarcht, und ihr Atem war immer schon schwer gegangen. Ihr Internist, der sie bereits auf alle erdenklichen Magen- und Darmkrankheiten hin untersucht hatte, schickte sie schließlich zu den Schlafexperten, weil er keinen anderen Rat mehr wußte. Während all diese Tests durchgeführt wurden, blieb sie in dem privaten psychiatrischen Krankenhaus. Fast einen Monat lang war sie dort, bei einem horrenden Tagessatz. Schließlich beschlossen die Ärzte, alle Medikamente abzusetzen. Ihrer Meinung nach hatte Sally schon zu viele Jahre Medikamente genommen. Jetzt wäre es vielleicht das beste, wenn sich ihr Körper von all dem Zeug einmal erholte. Falls nötig, könnte man die Mittel später wieder verschreiben.

Das klang recht vernünftig – bis ich erfuhr, daß sie Sally entlassen wollten.

Genau wie ich hielt der Sozialarbeiter dies nicht für richtig, um es gelinde auszudrücken. Aber trotz unseres gemeinsamen Protestes wurde Sally ohne ein Rezept entlassen. Man bat sie, einen »Vertrag« zu unterzeichnen, in dem sie versprach, jeden Tag in die Tagesklinik zu gehen. Der dortige Arzt, der Sally schon seit Jahren kannte, sollte dann gegebenenfalls entscheiden, ob Sally weiterhin Medikamente brauchte oder nicht.

Mutter hätte sich bei dieser Aussicht im Grabe umgedreht. Ich rief den Arzt im Privatkrankenhaus an, der mich damit beruhigen wollte, daß Sally gut betreut würde. Ich konnte ihn nicht von der Gefährlichkeit seines Plans überzeugen. »Wahrscheinlich verursacht das Lithium ihre Übelkeit«, wiederholte er. Diese verspätete Diagnose stellte ich nicht in Zweifel. Es beunruhigte mich nur, daß er Sally ohne irgendwelche Ersatzmedikamente entließ. »Wir können sie nicht hierbehalten, wenn sie nicht krank ist«, sagte er.

»Und wo werden Sie sein, wenn sie wieder krank wird?« fragte ich. Er antwortete nicht.

# 31

Sally kehrte nicht in Mikes und Tammys Keller zurück. Rhonda brachte sie statt dessen zunächst ins Care House. Ich rief sie fast jeden Abend an. Es ging ihr viel besser, und sie konnte schon wieder ein wenig essen. Das machte mir Mut, aber ich war immer noch angespannt, weil ich nicht wußte, was geschehen würde, wenn die Medikamente vollständig abgebaut waren.

Sally traf sich immer noch mit Teresa und Rhonda. Nach ihrem Krankenhausaufenthalt hatte ich jedoch Rhonda mit der Regelung von Sallys Wohnverhältnissen und ihrer Arzttermine beauftragt. Sie ermutigte Sally, mehr die Dienstleistungen der ACRI-Mitarbeiter in Anspruch zu nehmen, als sich zu sehr auf PLAN und PSN zu verlassen. Momentan hatte Sally anscheinend vergessen, daß Teresa ihre Verbündete bei ihrer Krankenhauseinweisung gewesen war. Sie wußte, wie unzufrieden ich mit der Arbeitsweise von PLAN war. Vielleicht wurde ihre Zuneigung dadurch in eine andere Richtung gelenkt. Wie auch immer, sie schien jetzt wieder eine engere Bindung zu Rhonda zu haben, obwohl sie weiterhin einmal in der Woche zu Teresa ging.

Als ich gerade dachte, alles sei einigermaßen im Lot, hatte Rhonda einen Skiunfall, bei dem sie sich einen Bänderriß am Knie zuzog. Sie mußte still liegen und konnte nur noch telefonisch mit Sally und mir Kontakt aufnehmen. Sie konnte Sally nicht persönlich sehen. Wieder einmal mußte ich auf PLAN zurückgreifen.

Eines Nachmittags rief Teresa mich im Büro an. Sally war nicht zu ihrer Verabredung erschienen. Ich legte auf und rief stündlich im Care House an. Die Betreuer waren betroffen, machten sich aber noch keine Sorgen. »Sally geht es gut!« versicherten sie mir. »Es ist bestimmt alles in Ordnung.«

Als sie später zurückkam, rief sie mich an.

»Wo warst du?« fragte ich. »Du hattest doch eine Verabredung mit Teresa.«

»Ach, *die* Verabredung«, sagte sie von oben herab. Dann schien sie sich plötzlich zu erinnern, wie gern sie Teresa hatte. »Ich rufe sie an.«

»Wo *warst* du?« fragte ich.

»Im Pfannkuchenhaus.«

»Die ganze Zeit?« Ich konnte es nicht glauben.

»Ja, ich habe Briefe geschrieben. Ich habe dir einen langen Brief geschrieben, Peggy. Hoffentlich macht er dich nicht wütend.«

Mit Sicherheit würde er das, wenn sie es schon vermutete. Ich antwortete nicht.

»Soll ich ihn dir schicken, oder kommst du bald?«

»Behalte ihn doch erst einmal«, sagte ich. Am besten für immer, dachte ich. Wahrscheinlich warf sie mir in dem Brief vor, daß ich sie nicht ins Krankenhaus gehen ließ; sicher war ich mir nicht. Ich hatte jedoch nicht die Lust, es herauszufinden.

Seit Monaten klang Sallys Stimme zum ersten Mal wieder kräftig. Die meisten Mahlzeiten konnte sie bei sich behalten, sagte sie. Sie fühlte sich viel besser. Sie hatte nur wenig Appetit, was mich jedoch nicht erstaunte, da ihr Magen nach der langen Krankheit wahrscheinlich geschrumpft war. Sie wirkte irgendwie robust und stark. Deshalb war ich einerseits hoffnungsvoll, was ihre Genesung anbetraf, andererseits fühlte ich mich nun nicht mehr so schuldig. Noch vor wenigen Tagen hatte ich Liebe und Mitgefühl für Sally empfunden, aber nun schienen meine Gefühle an ihr abzuprallen. Plötzlich war sie voller Schwung, außerdem war sie offenbar ein wenig wütend auf mich.

»Ich bin dir nicht böse, Peggy«, sagte sie, als hätte sie meine Gedanken gelesen. »Ich möchte nur mit dir über unsere Beziehung reden. Ich möchte da einiges verbessern. Ich möchte, daß wir Freundinnen sind.«

Meine Gefühle waren immer gemischt, wenn ich merkte, daß Sally böse auf mich war. Einerseits fühlte ich mich wie befreit, weil sie mich nicht um noch mehr schwesterliche Liebe anflehte, andererseits war ich wütend auf sie, weil ich stets mehr Zeit mit ihr verbrachte, als ich eigentlich wollte. Dies muß Sally frustriert haben, denn ich verhielt mich ihr gegenüber äußerst herablassend, indem ich insgeheim auf folgende Übereinkunft baute: Ich werde freundlich und verständnisvoll sein, Sally, und du wirst dafür folgsam und dankbar sein. Wie jeder erwachsene Mensch wollte Sally jedoch ein anderes Verhältnis zu mir haben, das sich zumindest ansatzweise auf Gleichberechtigung und gegenseitige Achtung gründete. Dazu war ich nicht in der Lage.

Sally wollte jene dynamischen Dialoge, die bei guten Freunden ganz von selbst zustande kommen. Diese Art von Gespräch kann auch in einer künstlichen Situation, wie einer Familientherapie, forciert werden. In diesem Fall hält die gesunde Person ihre negativen Gefühle und Beobachtungen zurück, damit sich die kranke Person Luft machen kann. Ich konnte mich weder auf das eine noch auf das andere einlassen. Sally und ich waren nicht imstande, wie Gleichberechtigte miteinander umgehen. Wenn sie beispielsweise sagte, sie wolle wie ein erwachsener Mensch behandelt werden, dann konnte ich ihr einfach nicht sagen, daß sie sich meiner Meinung nach wie ein Kind aufführte. Dies würde sie nur verletzen. Ich müßte mich wie eine gute Therapeutin verhalten und ihr Fragen stellen wie: »Wie soll ein Erwachsener denn deiner Meinung nach behandelt werden?« Ich war jedoch nicht fähig, mich auf diese Weise von unserer Beziehung zu distanzieren. Meiner Meinung nach wäre dies noch herablassender gewesen, als mit ihr zu reden, wie ich es bisher getan hatte. Ich wollte Sally wie eine

Gleichgestellte behandeln. Ich wollte sie als gleichberechtigt ansehen. Aber solange unsere Gespräche mich so viel Kraft kosteten, war es einfach unmöglich.
»Wir reden darüber, wenn ich das nächste Mal zu Besuch komme«, sagte ich vernichtend und herrisch. Es muß sehr entmutigend geklungen haben. Sally stimmte jedoch zu, und wir beendeten unser Telefongespräch.
Am folgenden Abend mußte ich sie schon wieder anrufen. Es ging um ihre Erwerbsunfähigkeitsrente. Außerdem brauchte ich Quittungen und Belege für die Steuererklärung. Schließlich fragte Sally: »Wann kommst du denn nun, damit wir reden können?«
»Wie läuft es denn so im Care House?« wechselte ich das Thema.
»Wunderbar!« antwortete sie und schien mit meinem Gedankensprung keine Probleme zu haben. Detailliert beschrieb sie ihre Zimmergenossin, die anderen Hausbewohner, die Betreuer und das Essen. Sie konnte kein Ende finden und hörte sich sehr enthusiastisch an.
War sie mir am Tag zuvor noch schwungvoll erschienen, so wirkte sie jetzt beinahe zwanghaft. In ihrem Enthusiasmus schwang etwas Ungesundes mit – etwas Manisches. »Du hörst dich wirklich … energiegeladen an, Sally«, sagte ich.
»Ich fühle mich *großartig*!«
Ich traf Vorbereitungen, um am Wochenende nach Arlington zu fahren.
Am Morgen rief ich in der Tagesklinik an. Marjorie arbeitete nicht mehr dort. Die Krankenschwester oder Sozialarbeiterin, mit der ich sprach, berichtete mir, daß Sally an die wichtigsten Menschen in ihrem Leben geschrieben hätte. In langen Briefen hatte sie ihnen Aufschluß über ihre Gedanken und Gefühle gegeben und ihre Sichtweise ihrer Beziehung dargelegt. Die Betreuerin fand dies positiv. »Sie denkt über ihr Leben nach«, meinte sie.
Meiner Meinung nach hörte sich das manisch an, ließ ich sie wissen.

»Wir kennen Sally seit Jahren«, sagte sie beschwichtigend. »Und ich kenne sie mein ganzes Leben lang«, konterte ich. »Haben Sie Sally jemals richtig manisch erlebt?« fragte sie.

»Nein«, mußte ich zugeben.

»Sie haben Sally auch nie gesehen, wenn sie nicht unter dem Einfluß von starken Medikamenten stand?«

»Nein, nicht in den letzten Jahren.«

»Nun, wir denken, sie hat gelernt, sich mit ihren Gefühlen auseinanderzusetzen. Unserer Meinung nach macht sie Fortschritte.«

Ich hielt einen Moment lang inne. Ich hatte gesagt, was ich sagen mußte. Es war mir unmöglich, ihre Einschätzung von Sallys Verhalten nachzuvollziehen. So konnte ich nur noch »Auf Wiederhören« sagen.

Ich rief die Betreuer im Care House an. Auch sie waren ganz angetan von Sallys verändertem Verhalten. Bei einem persönlichen Gespräch mit diesen zuversichtlichen Leuten hätte ich sie ungläubig angestarrt. Am Telefon war ich einfach nur sprachlos.

»Wir machen eine Notiz in ihrer Akte«, wurde mir versprochen. »Und wenn wir manisches Verhalten bemerken, lassen wir Sally sofort untersuchen.«

Ich teilte Teresa meine Bedenken mit, doch sie zeigte mir die kalte Schulter. Sie verhielt sich so ablehnend, weil ich sie wegen der Krankenhauseinweisung kritisiert hatte und weil ich mich nun wieder mehr auf Rhonda verließ.

Zuletzt rief ich Rhonda an. Ich hatte es nicht tun wollen, denn von ihrem Krankenbett aus konnte sie gar nichts tun, aber ich brauchte einfach ein paar ermutigende Worte von ihr. Ich beschrieb Sallys Sprechweise, die mir merkwürdig vorkam. Ich sagte ihr, daß ich Sally zwar noch nie manisch erlebt hätte, aber daß sie jetzt genau diesen Eindruck auf mich machen würde.

Daraufhin sagte Rhonda etwas, das ich niemals vergessen werde und wofür ich ihr ewig dankbar sein werde. »Ihre instinktive Einschätzung ist wahrscheinlich richtig«, sagte sie. »Schließlich kennen Sie Sally besser als jeder andere.« Wenn doch nur alle, die einen psychisch Kranken in der Familie haben, ab und zu diese Worte hören könnten. *Ihre instinktive Einschätzung ist wahrscheinlich richtig.* Nichts hätte mir in diesem Augenblick ein besseres Gefühl geben können, obwohl meine schlimmsten Befürchtungen dadurch bestätigt wurden.

Rhonda rief das Care House und Sallys Betreuerin beim ACRI an. Alle sagten ihr das gleiche wie mir. Sally ging es anscheinend gut, aber sie würden sie genau beobachten.

Der nächste Tag war ein Freitag. Nach der Arbeit fuhr ich nach Arlington. Ich ging leise in Lyn und Earls Haus und schlief nur schlecht ein. Ich hatte keine Vorstellung, was mich am nächsten Morgen erwarten würde.

Das Care House war ein zweigeschossiges Ziegelgebäude in einem Wohnviertel in der Nähe eines Einkaufszentrums und einer U-Bahnstation. Es war nie eine vornehme Gegend gewesen. Aber nun waren neue Läden rings herum aus dem Boden geschossen und ließen die älteren Häuser ein wenig heruntergekommen aussehen. Das Care House war jedoch recht gut in Schuß. Die Betreuer sorgten dafür, daß die Nachbarn sich nicht durch falsch geparkte Besucherautos belästigt fühlten. Als ich aussteigen wollte, bat mich eine Frau, meinen Wagen lieber auf der anderen Straßenseite abzustellen. Ich wendete und parkte meinen Wagen auf der anderen Seite. Es kam mir beinahe gelegen, daß sich mein Treffen mit Sally dadurch um zwei Minuten verzögerte.

Kaum hatte ich die Eingangstür erreicht, stürzte Sally auch schon auf mich zu. Sie sah mich nicht an und sagte auch nicht guten Tag, sondern packte mich am Arm – das hatte sie vorher noch nie getan – und zog mich in das Büro der Betreuerin am Ende des Flurs. »Danke!« rief sie der Betreuerin zu, die mir einen anderen Parkplatz zugewiesen hatte. Offensichtlich hatte sie unser Gespräch genauestens geplant.

Ich sollte besser nicht »unser Gespräch« sagen, denn es war ihr Gespräch. Wir saßen uns gegenüber (Sally hatte mir gebieterisch einen Stuhl zugewiesen). Schweigend hörte ich ihr zu, wie sie alle ihre Gefühle erläuterte, angefangen bei ihrem Verhältnis zu unseren Eltern bis zu ihrer Wut auf mich, weil ich nicht gewollt hatte, daß sie ins Krankenhaus ging. Sie wollte eine auf gegenseitigen Respekt gegründete Beziehung zu mir aufbauen. Ich sollte ihr nicht länger helfen. Ich sollte mich nicht länger in ihr Leben einmischen. Sie wollte ein eigenes Heim eröffnen, und dazu brauchte sie meine Unterstützung, aber nur wenn sie sich meinen Vorstellungen nicht wieder unterordnen müßte. »Du hast doch Erfahrungen mit den Medien«, sagte sie.

Ich wußte nicht, was sie damit meinte, aber sie erklärte es mir. Sie brauchte Mittel für das Wohnheim, und dafür benötigte sie Publicity. Jemand mit meinem journalistischen Fachwissen könnte ihr dabei eine große Hilfe sein, meinte sie. Schließlich hätte sie keine Ahnung, wie man Zeitungsartikel schreibt, die dann im »ganzen Land« verbreitet würden. Sie hoffte, ich würde mich der Lage gewachsen zeigen und sie so gut ich es vermochte beraten, ohne sie jedoch wie ein Kind zu behandeln.

Sie redete unaufhörlich weiter, und ich fühlte mich von ihrem Geplapper förmlich bombardiert. Sie sah mich nicht an. Ihre Augen fixierten irgendeinen Punkt in der Luft. Immer wenn ich etwas sagen wollte, bat sie mich mit zusammengebissenen Zähnen, aber in leichtem Singsang-Tonfall, sie doch *bitte* nicht zu unterbrechen. Es stellte ihre Geduld offenbar auf eine harte Probe, mir auch nur einen Moment zuhören zu müssen, wo sie doch gerade dabei war, mir ihre neue Unabhängigkeit zu demonstrieren.

Ich war mir jetzt zwar ganz sicher, daß sie sich in einer manischen Phase befand, aber dennoch fand ich ihre Absichten bewundernswert. Immer schon war sie ein großzügiger Mensch gewesen, auch wenn sie nicht viel besaß, was sie teilen konnte. Sie hatte immer ein nützlicher Mensch sein wollen, auch wenn es ihr schwerfiel, ihr ei-

genes Leben in den Griff zu bekommen. Wenn ich einen Film über psychisch Kranke sehe, geht es mir immer besonders nahe, wenn einer der Betroffenen beschreibt, wie wichtig es ist, sich als ein nützliches Mitglied der Gesellschaft zu fühlen.
Sally erinnerte sich an das letzte Mal, als sie ein solches Unternehmen in die Wege leiten wollte. Mutter hatte damals im Handumdrehen all ihre Pläne zunichte gemacht. Diese Erinnerung machte ihr offenbar immer noch zu schaffen, und sie zwang sich, ihre Wut zu unterdrücken. Offensichtlich wollte sie sich ihre Fröhlichkeit durch nichts und niemanden verderben lassen. »Ich komme mit den Leuten besser zurecht, wenn ich mich klar und deutlich ausdrücke«, sagte sie mehrmals. »Ich habe *überhaupt* keinen Grund, auf jemanden böse zu sein. Ich muß den Leuten nur meinen Standpunkt klarmachen.«
Was sie sagte, klang irgendwie mechanisch, als ob sie es auswendig gelernt hätte. In gewisser Beziehung hatte sie das auch getan.
»Ich habe all diese Dinge auch in meinen Brief an dich geschrieben«, sagte sie und fügte seufzend hinzu: »Ich weiß im Moment bloß nicht, wo ich ihn gelassen habe.«
»Aber das macht doch nichts«, beruhigte ich sie.
Sie winkte ab. »Ich werde jetzt einfach fortfahren, Peggy«, begann sie von neuem. Sie redete über die Zukunft – wenn sie endlich auch nach außen hin jene effektive Person sein würde, die sie eigentlich schon immer war. Es hatte den Anschein, als müsse sie keine Atempausen machen, und ihre Wortgewalt war schier unerschöpflich.
Ich saß da und hörte zu, saß hilflos da und fragte mich, was ich tun sollte.
Schließlich kam mir eine Idee.
»Hast du schon etwas zu Mittag gegessen?« fragte ich sie. »Sollen wir rüber zu McDonald's gehen?«
Ohne zu zögern, stand Sally augenblicklich auf. »Ja, gut«, sagte sie entschlossen. Wie bei unserem letzten Telefongespräch wandte sie

ihre Aufmerksamkeit von einer Sekunde auf die andere einem anderen Thema zu. Es war beinahe, als hätte sie selbst den Vorschlag gemacht.

Ich wollte einen Betreuer sprechen, konnte aber in den paar Sekunden, die Sally brauchte, um ihre Handtasche zu holen, niemanden finden.

Als sie wieder nach unten kam, sah ich, daß sie ihre oberen Zähne herausgenommen hatte. Sie hatte sich alle Zähne ziehen lassen müssen, nachdem sie sich vor eineinhalb Jahren in Catskills einen Zahn mit einem Hühnerknochen herausgebissen hatte. Es waren nicht mehr genügend starke Zähne vorhanden gewesen, an denen man eine Brücke befestigen konnte. Sie hatte sich hervorragend an ihr künstliches Gebiß gewöhnt, und es sah sehr natürlich aus. Ich fragte sie, warum sie ihre Zähne herausgenommen hätte. Sie meinte, sie würde sie nicht brauchen. »Sie scheuern«, sagte sie. Während der letzten sechs Wochen hatte sie so viel abgenommen, daß das Gebiß nicht mehr richtig saß. Dies wußte ich damals jedoch nicht. Dann meinte sie noch, sie könne auch ohne Zähne ganz gut essen, wozu ich nichts weiter sagte. Sie machte einen seltsamen Eindruck auf mich. Alt sah sie aus mit ihren eingefallenen Lippen, wie eine zahnlose Achtzigjährige auf einem vergilbten Foto.

Sally redete, als wir das Haus verließen, und auch im Auto redete sie weiter. Bei McDonald's redete sie immer noch, während sie ihre zwei Cheeseburger und Pommes frites mit einer großen Cola hinunterspülte. Ich entschuldigte mich und ging auf die Toilette. Dort konnte ich mich wenigstens ein paar Minuten lang von ihr erholen.

Beim Verlassen des Restaurants sagte ich ihr, daß ich tanken müßte. Sie nickte nur, sprach aber ununterbrochen weiter. Sie redete von einem Wohnheim in Washington, wo sie vor Jahren gelebt hatte. Dort hatte sie sich sehr unwohl gefühlt. Dann sprach sie von Tammy und Mike und von anderen früheren Vermietern, und davon, wie Mutter sie immer davon hatte abhalten wollen, zurück nach Hause zu ziehen. Als ich ausstieg, um zu tanken, konnte ich hören, wie sie leise mit sich selbst sprach, während sie auf mich wartete. Dann fuhren wir durch die Waschstraße. Nur an ihren Lippenbewegungen konnte ich sehen, daß sie immer noch redete. Das Rauschen des Wassers und das Geräusch der Bürsten übertönten gnädigerweise den Klang ihrer Stimme.

Als wir wieder auf der Straße fuhren, sah Sally mich an und sagte wohlüberlegt: »Du hast mich eben im Care House unterbrochen, Peggy, als ich dir gerade etwas sehr Wichtiges erzählen wollte.« Sie lächelte, aber sie mußte sich regelrecht dazu zwingen. Sie preßte die Lippen aufeinander. »Ich hätte wütend auf dich werden können, aber statt dessen rede ich nun mit dir darüber. Es gibt *keinen Grund*, wütend zu werden.« Diese neue, offene und ehrliche Sally machte mir mehr angst als die alte Sally, die mich ab und zu grimmig angestarrt und angefahren hatte.

Teresa wußte, daß ich nach Washington kommen wollte, daher kam sie am Nachmittag zum Care House. Die Betreuer brauchten ihr Büro gerade, und deshalb führte Sally uns in den Keller, wo sie sich uns gegenüber auf einen Stuhl setzte und ihren Monolog fortsetzte. Diesmal gab sie Aufschluß über ihr Sexualleben, welche sexuellen Praktiken ihr gefielen und welche nicht. Sie erklärte, daß sie nicht mit jedem x-beliebigen ins Bett gegangen wäre, immer wären es Männer gewesen, in die sie auch verliebt war. Auf so manchen Annäherungsversuch wäre sie nicht eingegangen.

Die Minuten verstrichen, und Teresa sagte kein einziges Wort. Die ganze Zeit dachte ich daran, daß sie einfach schweigend zuhörte, wofür ich PLAN später auch noch bezahlen mußte. Schließlich sagte ich, es sei schon spät geworden. Teresa wollte auch gehen, und Sally sprang von ihrem Stuhl auf, als hätten wir sie dort festgehalten.

Ich brachte Teresa zu ihrem Auto und sagte so etwas wie: »Sehen Sie, ich habe es Ihnen doch gesagt.« Ich war mir sicher, daß Teresa Sallys manische Symptome nicht entgangen waren.

Teresa hatte nichts Derartiges bemerkt. Ihre Antwort lautete: »Nun, sie hatte wirklich eine Menge zu erzählen.«

Verlor ich so langsam den Verstand? Warum sah denn niemand sonst, was los war?

Ich zwang mich, freundlich auf Wiedersehen zu sagen. Hätte ich das nicht getan, dann hätte ich losgebrüllt. Ich ging zurück ins Haus und dachte über Teresas Interpretation von Sallys Wortschwall nach.

Ich sagte Sally, daß ich etwas erledigen müßte. Später wollte ich sie dann abholen. »Na gut«, meinte sie schnell. »Ich bin müde.« Sie ging nach oben. Es war, als ob jemand ein Radio, das den ganzen Tag gelaufen war, endlich abgeschaltet hätte. Endlich Frieden, zumindest für eine kurze Zeit.

Ich versuchte, nicht in Panik zu geraten. Es war Samstag, und es konnte wohl nicht viel für Sally getan werden, bevor die psychiatrische Tagesklinik am Montag wieder öffnen würde. Dann könnte Sally von ihrem Arzt untersucht werden. Ich fragte mich jedoch, was dies nützen sollte, denn jeder in der Tagesklinik hatte schließlich gesehen, wie Sally sich bis zu ihrem jetzigen Zustand hochgeschaukelt hatte. Immer wieder hatten sie mir versichert, daß es Sally ihrer Ansicht nach gut gehe. Ich suchte einen der Betreuer im Care House.

Der Sozialarbeiter, den ich schließlich zu fassen kriegte, hörte mir geduldig zu, während ich ihm von Sallys früherem Zusammenbruch erzählte, als sie ebenfalls ein Heim eröffnen wollte. »Sie meinen, Sie könnte vielleicht Signale aussenden?« fragte er.

»Wie bitte?«

»Signale aussenden.«

Ich konnte mir zwar vorstellen, was das bedeutete, aber ich fragte dennoch nach, um dahinterzukommen, was er meinte.

»Es bedeutet, daß sie Sätze verwendet und Ideen entwickelt, die nur dann an die Oberfläche kommen, wenn sie krank wird«, erklärte er. »Diese Dinge könnten ein Signal sein.«

Derartige Signale hatte sie die ganze letzte Woche ausgesandt, indem sie Unmengen von Briefen verfaßt hatte, dachte ich, behielt diesen Gedanken jedoch für mich. Ich wünschte, ich spräche mit Rhonda, bei der ich nie mit etwas hinter dem Berg hielt. Sie mußte nicht mit Samthandschuhen angefaßt werden. Ich respektierte sie, und wenn ich ihr gegenüber einmal gereizt war, führte sie das auf meine Erschöpfung zurück. Bei allen anderen dachte ich dagegen, ich müßte mich zurückhalten. Mit Mühe versuchte ich meine Verärgerung zu verbergen.

Ich bat den Betreuer, doch bitte so bald wie möglich Sallys Arzt anzurufen. Er versprach, es in ihrer Akte zu vermerken. Als ich mich von ihm verabschiedete, schrieb er gerade etwas in einen Ordner, auf dem Sallys Name stand. PLAN hatte Rhonda gefeuert, weil sie angeblich keine angemessenen Aufzeichnungen gemacht hatte. Ich fragte mich, ob die Notiz, die der Betreuer gerade aufschrieb, Sally oder mir in irgendeiner Weise helfen würde.

Lyn und Earl hatten uns zum Bridgespielen eingeladen. Ich hatte ihnen gesagt, daß sich bei Sally wieder eine manische Phase ankündigte, aber wir sollten trotzdem kommen. Sie wußten, wie besorgt ich war. Vielleicht wollten sie Sally auch selbst sehen, um sich ein Urteil bilden und mich besser moralisch unterstützen zu können. Ich konnte nicht Bridge spielen, aber sie meinten, ich würde es schnell lernen.

Gegen Abend stand Sally vollends unter Strom. Auf dem Weg zu Lyn und Earl erklärte sie mir en detail sämtliche Bridgeregeln; wie man die Karten austeilte, wie man sie in der Hand ordnete, wie man reizte usw. Schließlich bat ich sie, bis zum Spiel zu warten, dann würde ich die Regeln besser verstehen und gleich in die Tat umsetzen können. Sie ließ sich jedoch nicht beirren, und ihre Stimme wurde immer lauter. Meine Ohren dröhnten, als wir endlich bei Lyn und Earl ankamen.

Als wir uns an den Wohnzimmertisch gesetzt hatten, erklärte Sally mir von neuem all die Regeln, mit denen sie mich schon im Wagen bombardiert hatte, und fügte noch unzählige andere hinzu. Immer wieder bat ich sie, nicht so viel und so schnell zu reden. Einige Sekunden schwieg sie dann, um danach wieder voll aufzudrehen. Sie sprach immer schneller und mechanischer, als würde sie aus einem Buch vorlesen. Zuletzt verlor ich die Geduld und sagte ihr, daß ich eben nicht so schnell lernen könnte.

Sally starrte mich abschätzend an. »Eines mußt du mir sagen, Peggy«, begann sie. »Glaubst du, daß du ein kreativer Mensch bist?«

»Was meinst du mit ›kreativ‹?« fragte ich und versuchte, meine Stimme möglichst normal klingen zu lassen.

»Nun, ich bin ein kreativer Mensch. Wie du weißt, war auch Cliff ein kreativer Mensch«, bescheinigte sie meinem Ex-Ehemann. »Ich denke, daß eure Ehe vielleicht gescheitert ist, weil Cliff sehr viel Vorstellungskraft hat und du viel zu sehr in das alltägliche Leben verstrickt bist. Du fragst immer nur nach der *Wirklichkeit*, dabei schließt du die *Phantasie* aus. Wie du siehst, verstehe ich dich *sehr* gut, Peggy. *O ja.* Sehr gut.«

Ich kochte innerlich, was wahrscheinlich auch äußerlich zu sehen war. Aber ich konnte ihr keine Antwort geben. Am liebsten hätte ich etwa folgendes gesagt: Wenn du dich nur in die Langeweile der Alltäglichkeit fügen könntest, Sally, dann könnten wir anderen uns auch mal ab und zu in die Höhe schwingen. Das sagte ich natürlich nicht. Ich brauchte es gar nicht erst zu versuchen. Ich ärgerte mich schon darüber, daß ich durch ihr Geschwätz so wütend geworden war. Es war doch nicht Sally, die auf so beleidigende Weise über eine meiner größten Niederlagen sprach, sondern es war ihre Krankheit. Das ist mir heute klar. Wäre Sally nicht krank gewesen, hätte ich ihr ihre Worte niemals verziehen.

Während einer Spielpause redete Sally plötzlich von Flying Phyllis. Seit Jahren hatte ich nichts von ihr gehört, d. h. Sally hatte ich überhaupt nie von ihr sprechen hören. Nur durch Mutter hatte ich ein wenig über Sallys Phantasieleben erfahren. Sally hatte sich immer über dieses Thema ausgeschwiegen. Nun hörte ich, wie sie Earl all die Verdienste von Flying Phyllis erläuterte. Earl stellte ihr Fragen über Phyllis' Leben. Da er ein erfahrener Journalist war, konnte er sie zum Reden bringen. Wir wurden über Phyllis' wunderbare Macht, den Verzweifelten und Gefangenen zu helfen, aufgeklärt. Sallys Stimme klang selig, als sie mit beängstigender Leichtigkeit in Phyllis' hinüberglitt.

Nachdem Sally etwa zwei Stunden lang ununterbrochen geredet hatte, sagte ich, daß ich zu müde sei, um noch länger Bridge zu spielen. Ich hatte ganz vergessen, wie sehr mir Kartenspiele zuwider waren, und dieser Abend hatte mich in meiner Abneigung nur bestätigt. Ich sagte Sally, es wäre Zeit, zurück zum Care House zu fahren. Wie sie es schon den ganzen Tag getan hatte, sprang sie auch jetzt abrupt auf, als ob sie genau dasselbe gedacht hätte. Auf der Rückfahrt schwieg ich beharrlich, während sie noch ein regelrechtes Wortgewitter auf mich niedergehen ließ. Sie hörte nicht auf, meine Ehe zu analysieren. Irgendwann hätte ich sie am liebsten geohrfeigt. Statt dessen sagte ich gute Nacht und versprach, sie am nächsten Morgen wieder abzuholen. Wir hatten Donald und Betty zum Brunch eingeladen.

Lyn war noch wach, als ich zurückkam. Wir setzten uns in die Küche, und sie schenkte mir ein Bier ein. »Sallys Verhalten ist einwandfrei *manisch*«, sagte sie sofort. Kopfschüttelnd fügte sie hinzu: »Du liebe Güte!«

Sally wurde im Verlauf des Wochenendes immer wütender auf mich. Ich wollte nichts von all dem wissen, was sie mir erzählte, und das spürte sie natürlich. Sie war zutiefst frustriert. Sie hatte sich den Ablauf meines Besuchs ganz anders vorgestellt. Zuerst wollte sie mir klarmachen, wie oft ich sie mißverstand und rücksichtslos behandelte. Daraufhin hätte ich mich entschuldigen und meine Einstellung ändern sollen, und am Ende wäre unser Verhältnis besser und enger als je gewesen. Ich warf ihre Pläne über den Haufen, indem ich mich ihrer Kritik widersetzte, keinerlei Reue zeigte und gar nicht die Absicht hatte, ihr näherzustehen, als es unbedingt sein mußte.

Am Sonntag morgen wurde ihr Reden immer gereizter, da sie mit ihrer Enttäuschung zu kämpfen hatte. Ihr Satzbau wurde herausfordernder. Jeden zweiten Satz begann sie etwa: »Das Schlimme an dir, Peggy ...«, »Niemals wirst du verstehen ...«, »Eines will ich dir sagen ...«

Auf dem Weg zu unserem Treffen mit Donald und Betty verlor ich schließlich die Geduld. Ich fuhr abrupt rechts ran und brachte den Wagen mit quietschenden Reifen zum Stehen. »Halt die Klappe, Sally«, schrie ich. »Halt einfach deine Klappe!«

»Ja, gut«, sagte sie gespielt unterwürfig. »Dann werde ich eben mein wahres Ich völlig unterdrücken, nur damit *du* dich wohl fühlst.«

»Fabelhaft«, sagte ich hart.

Den Rest der Strecke legten wir schweigend zurück, aber bevor wir in das Restaurant gingen, bat ich Sally, die Unterhaltung nicht wieder völlig an sich zu reißen. »Laß die anderen auch mal zu Wort kommen«, sagte ich.

Beim Brunch benahm sich Sally äußerst höflich. Sie unterhielt sich lebhaft, wurde jedoch nicht zu bestimmend. Sie stellte Donald interessierte Fragen und schien sich alles in allem gut zu amüsieren. Später dankte ich ihr für ihr nettes Benehmen.

Sie lächelte auf beunruhigende Weise. So hatte ich sie noch nie lächeln sehen. Es wirkte beinahe höhnisch. »Du brauchst mir nicht zu danken, Peggy«, sagte sie. »Ich habe es nicht für dich getan. Wie du siehst, kann ich meine Sprechweise nach meinem eigenen Belieben ändern.«

Es war, als sei eine andere Sally zum Vorschein gekommen. In mancherlei Hinsicht war sie viel erwachsener als die Sally, die ich kannte, zumindest hatte ich diesen Eindruck. Sie strahlte reife Würde und Unabhängigkeit aus. Sie war nicht länger folgsam. Ich sah ein, daß sie in einem Punkt wirklich recht hatte: Unser bisheriges Verhältnis gründete sich auf ihre Unterwürfigkeit. Ich hatte die alte Sally geliebt, wie gern ich auch von ihrer Bedürftigkeit befreit worden wäre. Die neue Sally machte mir angst mit ihren offenen Angriffen und ihren spitzen Bemerkungen. Ich mochte sie überhaupt nicht. Und ohne ihre Zähne sah sie kaum noch aus wie die Schwester, an die ich mich erinnerte.

Ich brachte sie zum Care House und fragte mich, was wohl am nächsten Tag geschehen würde, wenn sie wieder in die Tagesklinik ging. Auf der Rückfahrt nach New York war ich dankbar, ihre Stimme nicht mehr hören zu müssen. Ich schaltete das Autoradio nicht ein und lauschte entzückt auf die leisen, unpersönlichen Geräusche des Windes und des Verkehrs.

Montag morgen rief Rhonda mich im Büro an. Sally war am Sonntag abend ausgegangen und nicht ins Care House zurückgekehrt. Ich vermutete sofort, daß sie zu Tammy und Mike gegangen war, und Rhonda stimmte mit mir überein. Sie hatte das Gespräch in heiterem Tonfall begonnen: »Nicht daß ich Sie beunruhigen möchte, aber ich muß Ihnen leider sagen...« Wir sprachen über das vergangene Wochenende, und ich beschrieb Sallys Benehmen. Rhonda konnte einfach nicht glauben, daß all die Fachkräfte glaubten, Sally gehe es gut. Lachend sagte sie: »Ich habe so ein Gefühl, als ob Ihre diagnostischen Fähigkeiten demnächst von allen respektiert werden.«

Wie vermutet, war Sally bei Tammy und Mike. Ich rief dort an und bat Mike, Sally falls notwendig ins Krankenhaus zu schicken. Aber meine Bitte stieß auf taube Ohren.

»Sie ist so klug!« sagte Mike. »Wir haben die ganze Nacht geredet. Und was sie alles gesagt hat! Sie versteht mich ja so gut! Besser als jeder andere!«

Ich dachte, Sally wäre nicht im Haus, aber plötzlich hörte ich sie rufen: »Gib mir den Hörer!«

»Halte dich aus meinem Leben heraus, Peggy!« schrie sie mich an. Ich unterbrach sie und brüllte zurück: »Du bist manisch, Sally! Du brauchst Medikamente!«
»Ich brauche keine Medikamente!« kreischte sie. »Was ich brauche, geht dich einen feuchten Kehricht an. Laß mich doch einfach in Ruhe! Ich brauche dich und deine ewigen Einmischungen *nie, nie wieder!* Und wage es *bloß* nicht, Tammy und Mike noch einmal hinter meinem Rücken anzurufen!« In ihrer Kehle gurgelte der Speichel. Dann fällte sie ein vernichtendes Urteil über die Betreuer im Care House, die anderen ACRI Betreuer und die Therapeuten in der Tagesklinik. »Glaube bloß nicht, daß ich dorthin zurückgehe!« kreischte sie. Ich wußte nicht, was genau sie mit »dorthin« meinte, aber ich bat um keine Erklärung.
Ihre rasende Wut versetzte mich in Erstaunen; ich hatte sie noch nie so erlebt. Und wenn, dann mußte es schon sehr lange hergewesen sein, vielleicht als sie das erste Mal aus dem Sheppard-Pratt-Krankenhaus nach Hause kam. So hatten sich wohl die Streitereien zwischen ihr und Mutter abgespielt, dachte ich. Kein Wunder, daß ich versucht hatte, das zu vergessen.
Trotz meiner Furcht und meiner eigenen Wut befürchtete ich, daß Sally, wenn sie sich jetzt mit mir und all ihren Betreuern überwarf, niemanden mehr haben würde, mit dem sie reden konnte. So raffte ich all meine Kraft zusammen und unterbrach sie.
»Sally, nun halt mal einen Augenblick die Luft an«, sagte ich. »Ich will nur, daß du eines weißt, nämlich daß ich dich liebe!«
»Ich liebe dich auch!« schrie sie und knallte den Hörer auf die Gabel.

# 32

Meine Vorgesetzten bei *ARTnews* sahen darüber hinweg, daß ich während meiner Arbeitszeit lange telefonische Beratungsgespräche mit Sozialarbeitern und Ärzten in Washington führte. Dadurch mußte ich jeden Abend Arbeit mit nach Hause nehmen. Aber ich konnte Sallys Sozialarbeiter eben nur während der üblichen Bürostunden erreichen.

Zunächst konnte niemand genau sagen, wo Sally sich gerade aufhielt. »Sie ist unterwegs!« sagte Rhonda und hörte sich dabei für meinen Geschmack ein wenig zu munter an. Rhonda war zwar ebenfalls besorgt um Sally, aber sie bewunderte auch ihre neue Energie. Sally ging immer noch einmal in der Woche zu Rhonda und zu Teresa. Nun stand ihr Teresa jedoch wieder näher, weil sie sich während Rhondas Krankheit nur mit ihr getroffen hatte. Sally hatte Vertrauen zu Teresa, die mich häufig anrief und mich über Sallys Zustand informierte. Während Rhonda mir Informationen, die mich nur beunruhigt hätten, immer erspart hatte, klärte mich Teresa genauestens über Sallys ständig schlechter werdenden Zustand auf.

Eines Tages teilte Teresa mir mit, Sally wolle ihren Treuhandfonds gerichtlich von mir einklagen. Teresa sollte es für sich behalten, denn sie wollte mich damit überrumpeln.

Sofort rief ich Rhonda an. »Ach, das«, meinte sie nur.

Ihre Ungerührtheit ärgerte mich. »*Sie* haben leicht reden!«

»Sagen Sie, Peggy, wie soll Sally denn den Treuhandfonds einklagen?« Rhonda sprach geduldig und ruhig, wohl damit ich mich beruhigte. »Selbst wenn sie einen Rechtsanwalt fände, der bereit wäre, einen solchen Fall zu übernehmen, dann würde sie an einer Klausel scheitern, die Ihre Mutter und Gerry Rugel festgelegt haben. Der Treuhandfonds löst sich doch auf, sobald er eingeklagt wird.«

Wie immer nach einem Gespräch mit Rhonda fühlte ich mich etwas besser.

Eine Betreuerin im Care House meinte, daß Sally in wenigen Wochen auf einen Höhepunkt zusteuere, um dann abzustürzen. »Ich habe noch keinen erlebt, der so etwas länger als drei Wochen ausgehalten hätte«, sagte sie. Eine Krankenschwester in der Tagesklinik war ähnlicher Ansicht – höchstens ein paar Wochen. Ich bereitete mich also auf den anscheinend unvermeidlichen Zusammenbruch vor.

Inzwischen war Sally ununterbrochen beschäftigt. Sie suchte alte Freunde auf, die ihr bei der Finanzierung ihres Wohnheims helfen sollten. Für diesen Zweck richtete sie ein Bankkonto ein, und sie schaffte es, sich den ganzen Tag von Tammys und Mikes Haus fernzuhalten. Und außerdem, ganz nebenbei bemerkt, machte sie auch noch Heiratspläne.

Sally selbst teilte mir diese Neuigkeit mit. Zufällig hatte sie meinen Anruf entgegengenommen. Die meiste Zeit war sie ja nicht zu Hause, aber diesmal hatte ich Glück.

»Und wer ist der Glückliche?« fragte ich sie.

Er hieß Richard, und dieser Name rief gewisse Erinnerungen hervor.

»Ist das nicht der Mann, der im Gefängnis war?« fragte ich. Vor einigen Monaten hatte sie mir einmal so etwas erzählt. Ich wußte nicht mehr die genauen Umstände. Damals schien es mir nicht so wichtig zu sein.

»Nein«, sagte Sally, »es ist nicht derselbe Mann.«

Ich wußte, daß sie log. Die Heiratspläne nahm ich nicht so ernst,

denn von Rhonda hatte ich gelernt, daß nicht alle Träume in Erfüllung gehen, aber daß sie log, verletzte mich. Es sah Sally einfach nicht ähnlich.
»Nein?« fragte ich noch einmal. »Es ist wirklich nicht derselbe Mann?«
»Davon hast du keine Ahnung, Peggy.«
Damit gab sie stillschweigend zu, daß ich recht hatte, und so ließ ich das Thema fallen. Von Rhonda würde ich sicher mehr über Richard in Erfahrung bringen können.
Eines Nachmittags, als ich über unsere Telefongespräche nachdachte, kam mir zu Bewußtsein, daß Mutter jahrein jahraus zu Hause geblieben und niemals in Urlaub gefahren war, aus Angst, das empfindliche Gleichgewicht könnte sonst gestört werden und Sally würde womöglich erneut zusammenbrechen. Ich dachte daran, daß ich nach Weihnachten beschlossen hatte, eine Weile in New York zu bleiben. Meine halb unbewußten Gedanken drehten sich um folgendes: Hätte ich sie nicht im Stich gelassen, dann wäre Sally nicht krank geworden. Es dauerte lange, bis ich endlich einsah, daß Sally nicht krank geworden war, weil ich nicht da war, sondern weil sie keine Medikamente mehr genommen hatte. Nicht ich habe ihr das angetan. Und sie hat es sich auch nicht selbst angetan.
Als Sallys Zustand sich verschlechterte, begann ich mich merkwürdig allein zu fühlen. Ich notierte mir ein paar Dinge, um den Überblick zu behalten, meist deprimierte es mich jedoch zu sehr, all dies schwarz auf weiß zu lesen. Es wirkte dann wie eine unabänderliche Tatsache, und das machte mir angst. Aber eines Tages schrieb ich: »Seit dem Tod unserer Mutter ist erst ein Jahr vergangen. Und jetzt bin ich dabei, auch meine Schwester zu verlieren. Nicht daß wir jemals richtige Schwestern gewesen wären. Aber jetzt scheint es überhaupt keine Chance mehr für gegenseitiges Verständnis zu geben. Ich vermisse sie. Oder ich vermisse meine Familie. Ich fühle mich einsam – wie selbstsüchtig, wenn man sich

dagegen das Schicksal von Waisenkindern oder Flüchtlingen vorstellt. Mein Los ist nicht so schlimm. Vielleicht erscheint es mir nur so, weil ich einmal die Chance hatte, eine Familie zu haben, und jetzt habe ich diese Chance nicht mehr. Oder vielleicht war es auch nur die Chance einer Phantasievorstellung von Familie. Dies ist mein einziger Verlust. Der Verlust einer Phantasie.«

Ab und zu rief mich Sally im Büro an. Ich hörte ihr zu, bis sie fertig war, erst dann fragte ich, wie es ihr ginge. »Wunderbar!« lautete stets ihre prompte, temperamentvolle Antwort. Sie begann das Gespräch immer mit einer äußerst freundlichen Stimme, die mich erschauern ließ. »Und wie geht es meiner kleinen Schwester heute?« fing sie eines Tages an. Ich war gespannt, was sie beabsichtigte.

»Übrigens«, fing sie an – und ich war auf der Hut.

Sie wollte ihr Klavier in das Haus von Freunden bringen lassen, sagte sie. Wir hatten es nach Mutters Tod zunächst in meinen Lagerraum bringen wollen, aber dann bot die Familie, die Mutters Haus gemietet hatte, uns an, es zu behalten, bis wir es irgendwann brauchen würden. Sally konnte es also jederzeit bekommen.

»In wessen Haus willst du es bringen lassen, Sally?« fragte ich.

»Es sind Freunde von mir«, antwortete sie ausweichend.

»Wirst du auch in ihr Haus ziehen?«

»Vielleicht, vielleicht auch nicht.«

»Nun, dann sprich mit Rhonda darüber.« Während ihrer manischen Phase wäre ich niemals auf einen ihrer Vorschläge eingegangen, denn ich wußte, daß sie ihre Meinung vielleicht ändern würde, sobald es ihr wieder besser ging. Das sagte ich ihr natürlich nicht. In Wahrheit war mein Verhalten nicht fair, denn das Klavier gehörte schließlich ihr. Aber da ich ihre Treuhandverwalterin war, hielt ich es für meine Pflicht zu entscheiden, ob das Treuhandvermögen mit dem Transport des Klaviers belastet werden sollte oder nicht. Indem ich ihr nahelegte, mit Rhonda zu reden, ging ich dem

Problem unfairerweise aus dem Weg, aber ich gewann wenigstens etwas Zeit.
»Und laß Rhonda mit den Mietern in Mutters Haus verhandeln. Ich möchte nicht, daß du sie anrufst«, sagte ich nervös.
»Ich weiß, ich weiß«, antwortete sie spöttisch. »Ich soll auf *keinen* Fall Kontakt mit ihnen aufnehmen.«
An einem anderen Tag rief Sally an und fragte mich, wo ich ein Bild, das ihr gehörte, hingetan hätte. Ich wußte nicht, wovon sie sprach, und bat sie, es zu beschreiben. Das Bild, das sie haben wollte, zeigte den Blick aus Tante Ginnys Eßzimmer. Unsere Großmutter hatte es gemalt und es unserem Vater geschenkt.
»Ich habe es«, sagte ich knapp. »Es gehört dir nicht.«
Sally beharrte darauf, daß es ihres sei, aber ich wußte genau, wo es hergekommen und wem es geschenkt worden war. Sogar wenn es tatsächlich Sally gehört hätte, wäre ich nicht bereit gewesen, es herauszugeben, denn wenn sie es verloren oder beschädigt hätte, dann hätte ich ihr das niemals verzeihen können. Ich wollte einfach nicht noch mehr Gründe haben, mich später wieder über Sally zu ärgern. In Wahrheit fragte ich mich, ob ich jemals die häßliche Seite ihres Charakters, die ich nun kennengelernt hatte, vergessen könnte.
Wir stritten hin und her, aber diesmal nahm ich kein Blatt vor den Mund.
»Ich will das Bild Richards Vater geben«, sagte sie zuletzt. »Er liegt im Krankenhaus, und es würde schön aussehen auf der weißen Wand.«
»Ich werde es nicht zulassen, daß du Omas Bild verschenkst, Sally. Das kannst du vergessen!«
»Du kannst mitansehen, wie ein alter Mann ganz allein in seinem Zimmer leidet, ohne daß ihn irgend etwas aufmuntert? Ist das dein Ernst, Peggy?«
»Ja, Sally. Das ist mein Ernst!«
Sallys Stimme bekam einen häßlichen Klang.

»Ich bin drauf und dran, nach New York zu kommen, um mir mein Treuhandgeld zu holen«, keifte sie.
»Es ist nicht hier«, sagte ich ehrlich. Das Treuhandgeld war in Schatzbriefen angelegt, und die Zinsen wurden auf ein Konto in Virginia überwiesen.
»Du hast es also nicht?« Sallys Stimme klang plötzlich nicht mehr bedrohlich, sondern enttäuscht.
»Nein.«
»Wo ist es denn dann?« fragte sie erstaunt.
Ich dachte einen Augenblick lang nach. Ich war immer noch dabei, über Vermögenskonten mit dem Gericht in Arlington zu verhandeln. Aber ich hatte die meisten Vermögenswerte noch nicht auf den Fonds überschrieben.
»Das Vermögen wird im Moment noch notariell verwaltet«, sagte ich und versuchte, mich so aufrichtig wie möglich anzuhören.
Sally ließ das Thema fallen, und damit war unser Gespräch beendet. Ich war wie ausgelaugt. Sallys Aggressivität machte mir angst. Ich rief Rhonda an und sagte ihr, daß ich Angst hätte.
»Was wird Sally Ihrer Meinung nach tun?« fragte sie mich.
»Ich weiß es nicht.« Ich wußte es wirklich nicht. Ich spürte nur, wie mein Herz hämmerte und wie mir der Schweiß ausbrach.
»Glauben Sie, sie kommt nach New York, um Sie zu ermorden?«
Ich war augenblicklich erleichtert, als Rhonda das so schonungslos direkt fragte. Es klang tatsächlich ziemlich lächerlich. Aber sie hatte auch eine Befürchtung ausgesprochen, die ich mir selbst nicht ganz eingestanden hatte.
»Vielleicht«, sagte ich und dachte darüber nach.
»Es wird nicht geschehen, Peggy«, sagte Rhonda.
»Sie haßt mich, Rhonda.«
»Aber sie liebt Sie auch.«
»Aber nicht im Augenblick.«
Rhonda konnte meine Befürchtungen trotzdem nicht zerstreuen. Es schien mir unglaublich, daß ich tatsächlich befürchtete, Sally

könnte mich angreifen, aber irgendwie war es gar nicht so weit hergeholt. Sie hatte allen Grund, mich und mein ganzes Leben abzulehnen. Häufig hatte sie ihre Neidgefühle zum Ausdruck gebracht, und jetzt, da sie auch noch in Geldangelegenheiten von mir abhängig geworden war, konnte ich mir gut vorstellen, daß sie sich zusätzlich gedemütigt fühlte.

Ich dachte über unsere Beziehung nach und kam zu dem Schluß, daß meine Ängste zum Teil auf meine Schuldgefühle zurückzuführen waren, da ich immer so viel mehr als sie besessen hatte. Irgendwie erwartete ich, sie würde mich angreifen, weil ich nicht so ganz glauben konnte, all die schönen Dinge in meinem Leben auch wirklich verdient zu haben – meine Freunde, meine Arbeit, meine Wohnung und nun durch Harvey sogar Liebe. Ich konnte die Angst, die durch meine Schuldgefühle hervorgerufen wurde, nicht von meiner anderen Angst trennen, die durch Sallys Aggressivität bei mir ausgelöst worden war.

In der Mittagspause ging ich in ein Restaurant und holte mir einen Salat. Als ich gerade mein Büro verlassen hatte, rief Sally an und redete die ganze Viertelstunde, die ich fort war, mit dem Redaktionsassistenten. Als ich an seinem Schreibtisch vorbeikam, reichte er mir ein Blatt Papier und sagte: »Deine Schwester hat gerade angerufen. Ich weiß nicht, ob ich alles richtig verstanden habe. Sie redet wirklich sehr schnell.«

Ich versuchte, seine Handschrift zu entziffern, und las folgendes: »Peggy ... Schwester Sally. Bild von unserer Großmutter ... Lehigh Valley ... Gehörte wirklich Papa ... *aber* ... Mutter schenkte es mir, als er starb.« Die Botschaft war noch nicht zu Ende und erklärte Sallys Rechte auf das Bild und wie ungerecht es wäre, daß ich es ihr nicht geben wollte.

Ich ging zu meinem Schreibtisch und rief Sally zurück. Ihre Stimme klang aufgeregt und glücklich. »Ich habe mich doch noch daran erinnert, Peggy. Mutter gab mir das Bild, als Papa starb. Sie sagte, ich könnte es behalten. Ehrlich.«

Ich hörte, daß sie die Wahrheit sagte. »Sally«, sagte ich, »du bist all diese Jahre ohne dieses Bild ausgekommen. Du kannst es eines Tages bekommen, wenn du wieder gesund bist. Du brauchst Medikamente. Und richte niemandem hier im Büro noch einmal so eine lange Nachricht an mich aus.«
Sally schwieg einen Augenblick, dann legte sie auf.
Mein Kollege Fred, mit dem ich das Büro teilte, hatte still über seiner Arbeit gesessen, aber als er aufsah, war mir klar, daß er mein Gespräch mitangehört hatte. »Kann ich dir irgendwie helfen?« fragte er.
Ich schüttelte den Kopf.
»Was hat deine Mutter getan?« fragte er. »Wie ist sie mit Sally fertig geworden?«
Die Antwort schoß mir über die Lippen, bevor ich darüber nachdenken konnte: »Indem sie gestorben ist.«

In der folgenden Woche wurde ich eines Nachts vom Telefon geweckt. Ich hatte fest geschlafen, aber durchs Fenster drang ein dämmriges Licht in mein Zimmer, also mußte es schon Morgen sein. Ich sprang aus dem Bett und lief zum Telefon, denn ich dachte, es würde sich um irgendeinen Notfall handeln. Warum sollte jemand sonst so früh anrufen?
Ich nahm den Hörer ab, aber bevor ich auch nur Hallo sagen konnte, hörte ich Sallys fröhliche Stimme: »Guten Morgen, Schwesterherz!«
Ich fragte sie, ob sie wüßte, wie spät es sei.
»Sechs Uhr!« antwortete sie. »Hör zu, Peggy...«
Ich unterbrach sie. »Sally, ich habe noch geschlafen.«
»Oh, *das* tut mir aber leid«, sagte sie gekünstelt und übertrieben freundlich. »Ich habe mit meinem Anruf extra bis zum Morgen gewartet. Es ist schon hell draußen.«
»Du meinst, es fängt gerade an zu dämmern!«
»Peggy, ich habe dir etwas Wichtiges zu sagen.« Sie war

ungeduldig und ließ sich nicht vom Thema abbringen, deshalb hörte ich ihr zu. Sie berichtete, sie wäre in der Schlafklinik des Georgetown-Universitätskrankenhauses gewesen. Dort hätte ihr ein Arzt geraten, keine Medikamente mehr zu nehmen.
Ich wollte es genau wissen. Welcher Arzt? Wie hieß er? Wann war sie bei ihm gewesen? Ich glaubte ihr kein Wort, und das sagte ich ihr auch. Sie bestand weiterhin darauf. Ich kochte vor Wut. »Du bist in einer manischen Phase, und du mußt zu einem Arzt gehen«, schrie ich in den Hörer. »Du brauchst Medikamente!«
»Aber ich war doch bei einem Arzt. Und er hat mir gesagt, ich soll nichts mehr einnehmen!«
Sallys Beharrlichkeit überzeugte mich schließlich davon, daß sie die Wahrheit sagte. Deshalb rief ich später an jenem Morgen das Georgetown-Universitätskrankenhaus an. Nachdem man mich einige Male falsch verbunden hatte, erreichte ich schließlich den Arzt, dessen Namen Sally mir genannt hatte. Ich erklärte ihm mein Anliegen. Er hatte Sally tatsächlich untersucht und ihr gesagt, daß die Medikamente, die sie eingenommen hatte, möglicherweise einen schlechten Einfluß auf ihren Schlaf gehabt hätten.
»Aufgrund Ihrer Feststellung weigert sie sich jetzt, wieder Medikamente einzunehmen«, sagte ich. Ich machte ihm keine Vorwürfe; es war nicht seine Schuld gewesen.
Er entschuldigte sich auch sofort. »Ich dachte, sie sei in ständiger psychiatrischer Behandlung.«
»Ja, das dachte ich auch«, erwiderte ich.
Ich rief Sally an und erzählte ihr von meiner Unterhaltung mit ihrem Arzt. »Es tut mir leid, daß ich dir nicht geglaubt habe. Aber trotzdem bleibe ich bei meiner Meinung. Du bist nicht gesund, Sally. Du verhältst dich rein manisch. Du mußt ins Krankenhaus.«
Sally schwieg einen Augenblick, dann antwortete sie mir langsam, klar und deutlich: »Du verstehst mich nicht, Peggy. Die Medikamente verschleiern nur alles. Ich habe diese Gedanken und Gefühle schon immer in mir gehabt.«

# 33

In den folgenden drei Wochen wurde Sally mit jedem Tag manischer. »Sie hat ihre Zähne verloren«, berichtete mir Teresa Mitte April. »Und sie redet ständig über Sex.« Teresa hatte vor ihrem Anruf mit Sally zu Mittag gegessen. Danach wollte sie Sally wieder zurück zu Mike und Tammy bringen, aber Sally wollte nicht aus dem Auto steigen. »Sie redete einfach immer weiter«, sagte Teresa. »Ich kriegte sie kaum aus dem Auto. Sie hat von irgendeinem Sträfling in Italien erzählt, mit dem sie unbedingt Kontakt aufnehmen will. Sie ist wirklich krank, Peggy.«

Wie immer fühlte ich mich nach ihrem Anruf entsetzlich. Schließlich hatte ich schon vorher gewußt, daß es Sally schlecht ging.

Als ich darauf mit Rhonda sprach, bestätigte sie mir, daß Sally nur noch Sex im Sinn hatte. »Das ist ein ganz normales Symptom in der manischen Phase«, meinte sie. »Es war zu erwarten. Ich habe mit ihr über Verhütung gesprochen. Ich glaube nicht, daß sie sexuell aktiv ist, auch wenn sie großes Interesse zeigt.«

Sally hatte seit einiger Zeit wieder offen mit Rhonda geredet, worüber ich sehr froh war, nicht zuletzt, weil Rhonda mir nicht alles, was Sally ihr anvertraute, brühwarm erzählte. Rhonda störte sich nicht an Sallys zwanghaftem Redeschwall, sondern konnte sich sogar über ihre Energie freuen. Dabei beobachtete sie Sallys Stimmung sehr aufmerksam, denn sie wußte, daß sie bald umschlagen würde.

Rhonda hatte beschlossen, nicht mit Sally über Medikamente zu streiten. Sie hatte in einem Artikel gelesen, daß eine Krankenhauseinweisung ein schlimmeres Nachspiel hätte, wenn der Patient zu Beginn der Krankheit unter sehr starkem Druck gestanden hätte. Der Krankheitsverlauf würde nicht verkürzt, wenn Therapeuten und Familienangehörige den Patienten bedrängten, Hilfe zu suchen oder Medikamente zu nehmen. Nach seiner zwangsläufigen Niederlage würde der Patient sich um so beschämter und verbitterter fühlen. »So wird es leichter sein, die Scherben wieder zusammenzusetzen, denke ich«, sagte Rhonda.

Obwohl ich ihre Entscheidung respektierte und sie um ihre Selbstbeherrschung beneidete, kam ich jedesmal, wenn ich mit Sally telefonierte, wieder auf die Medikamente zu sprechen. Es wäre besser gewesen, ich hätte mich wie Rhonda zurückgehalten. Es hätte Sally und mir einige Streitereien erspart, und Sally hätte vielleicht nicht den Kontakt mit mir abgebrochen. Ich konnte jedoch immer noch keine therapeutische Haltung meiner Schwester gegenüber einnehmen. Ich war wohl einfach noch nicht reif genug dafür. Damals erschien es mir einfach ehrlicher, die Wahrheit beim Namen zu nennen, anstatt so zu tun, als hielte ich unsere Gespräche für normal. Für mich waren sie furchtbar fremdartig, denn Sallys Stimme und Gemütslage änderten sich von Minute zu Minute, und ihr Wortschwall zerrte an meinen Nerven. Sally muß bei diesen Gesprächen enttäuscht, frustriert und furchtbar wütend gewesen sein. Wie zu erwarten, hörte sie schließlich auf, mich anzurufen. Daraufhin erfuhr ich nur aus Teresas und Rhondas Berichten, wie es ihr ging und was sie vorhatte.

Von dieser Zeit an schickte ich Sallys Taschengeld nicht mehr ihr selbst, sondern Rhonda. So konnte ich wenigstens sicher sein, daß sie das Geld auch bekam. Außerdem mußte sie jetzt regelmäßig zu Rhonda gehen, und ich verlor sie nicht völlig aus den Augen.

Meine Sorgen verschlimmerten sich noch, als Sally von der Klientenliste des ACRI gestrichen wurde. Sally würde ihre Hilfsangebote verschmähen und sich weigern, mit ihnen zusammenzuarbeiten, argumentierten sie. Beide Vorwürfe waren zwar berechtigt, aber nach Rhondas und meiner Meinung kein Grund für die Entscheidung der Wohlfahrtsorganisation. »Ich habe ihnen gesagt, daß sie *krank* ist, aber sie sind bei ihrem Beschluß geblieben«, berichtete Rhonda. Sally hatte dadurch einen wichtigen Kontakt verloren, aber ich hatte nicht viel Zeit, mich darüber aufzuregen. Es gab zu viele Dinge, um die ich mich kümmern mußte.

Sally schmiedete immer noch Pläne für ihr Wohnheim, und sie traf sich auch noch mit Richard. Richard hatte keine Wohnung, und so fragte Sally Lyn und Earl, ob er nicht vorübergehend in ihrem Keller wohnen könnte. Sie sagten, es tue ihnen zwar leid, aber das sei unmöglich. Sally war beleidigt, vielleicht auch, weil sie wußte, daß ich jederzeit bei Lyn und Earl willkommen war. Eines Nachmittags machte sie mit Richard einen Besuch bei Donald und Betty. Betty rief mich danach an und sagte mir, daß Richard ihnen recht gut gefallen hätte. »Sally sah gut aus«, sagte sie. »Sie hatte zwar kein Gebiß im Mund, und ihr Gesicht sah etwas komisch aus, aber sie ist nicht mehr so dick, und sie hatte hübsche Sachen an. Sie wirkt glücklich, Peggy, aufgeregt und glücklich.«

Nach und nach wurde Sally immer unruhiger, und ihre Fröhlichkeit ließ langsam nach, aber es vergingen Wochen, ohne daß sie jenes Krisenstadium erreichte, das für eine zwangsweise Krankenhauseinweisung ausgereicht hätte. Diese letzte Möglichkeit kam während meiner Unterhaltungen mit Teresa und Rhonda immer häufiger zur Sprache. Ziemlich früh schon hatte Teresa gesagt, Sally sollte eingewiesen werden. »Sally geht es wirklich schlecht«, sagte sie mir ständig. Anscheinend versuchte sie nicht, Sally zur Einnahme von Medikamenten zu bewegen, aber ich machte ihr keine Vorhaltungen deshalb. Niemand hätte Sally dazu bringen können.

Ich glaube, mir war klar, daß Rhonda die Sache irgendwann in die Hände nehmen würde. Als wir die Möglichkeit besprachen, Sally gegen ihren Willen ins Krankenhaus zu bringen, hörte sich Rhonda zum ersten Mal, seit ich sie kannte, bedrückt an. Rhonda hatte sich schon immer für die Rechte des Patienten eingesetzt und schon oft zusammen mit dem psychisch Kranken gegen eine Zwangseinweisung gekämpft. »Wenn es soweit ist«, sagte sie, »dann wird es mir genauso weh tun wie Sally.«

Es ist immer schwer zu sagen, »wann es soweit ist«. In Sallys Fall hing alles davon ab, ob ein Krankenhaus bereit war, sie aufzunehmen, und nicht, ob Sally Hilfe brauchte. Alle stimmten darin überein, daß sie Hilfe brauchte, aber nach dem Gesetz muß ein Mensch erwiesenermaßen »eine Gefahr für sich selbst und andere« darstellen, bevor ein Krankenhaus ihn auf einer geschlossenen Abteilung unterbringen darf. Die Meinungen über gefährdendes Verhalten gehen jedoch auseinander. Hätte man beispielsweise nachweisen können, daß Sally nicht aß, dann hätte dies als Gefährdung ihrer eigenen Person ausgelegt werden können. Zu Beginn ihrer manischen Phase war sie jedoch so dick gewesen, daß sie jetzt, obwohl sie so viel abgenommen hatte, immer noch nicht gerade schlank war. Es wäre unmöglich gewesen, einen Richter von ihrem drohenden Hungertod zu überzeugen. Und für andere stellte sie erst recht keine Gefahr dar. Sie war überaus aktiv und energiegeladen, was während einer manischen Phase ja nicht ungewöhnlich ist.

Als Sallys Krankheit sich verschlimmerte, geriet ihr alltägliches Leben mehr und mehr aus den Fugen. Nach einem Streit mit Tammy und Mike verließ sie deren Haus von einer Sekunde auf die andere. Sie sei bei ihnen »psychischen Belästigungen« ausgesetzt gewesen, sagte sie, und habe unter ihrer »seelischen Grausamkeit« gelitten. Niemals wollte sie wieder zu ihnen zurückkehren. Ich weiß nicht, ob sie wenigstens eine Reisetasche mitnahm, als sie das Haus verließ. Sie wollte zusammen mit Richard eine Wohnung suchen, aber bald hörte ich, daß sie ihn nirgends finden konnte. Anscheinend wußte niemand, wo er war.

Sally bekam noch jeden Monat ihre Erwerbsunfähigkeitsrente auf ihr Konto überwiesen. Es war ihr immer schon schwergefallen, sich ihre Einkünfte einzuteilen, in ihrem jetzigen Zustand jedoch konnte sie überhaupt nicht mehr mit Geld umgehen. Ihre Rente gab sie fast augenblicklich aus, keiner wußte wofür. Nachdem sie dann auch noch ihr wöchentliches Taschengeld, das sie von Rhonda erhielt, ausgegeben hatte, bat sie Mutters Freunde um Geld.

Einmal stand sie auch bei Donald und Betty vor der Tür. Sie war mit einem Taxi gekommen, das auf sie wartete, und jetzt brauchte sie Geld für ihre Fahrt. Sie war schmutzig, ungepflegt und nach Bettys Beschreibung »völlig außer sich«. Betty war entsetzt und bat Sally, draußen zu warten. Dann holte sie einen Zwanzigdollarschein für sie. Betty hörte sich völlig hoffnungslos an. »Ich weiß nicht, was aus ihr werden soll«, sagte sie. Ein anderes Mal ging Sally auch zu Lyn und Earl und bat sie ebenfalls um Hilfe. Sie gaben ihr Geld, aber auch sie waren offensichtlich völlig entsetzt über Sallys Benehmen und Erscheinung.

Ich beschloß, Sallys Arzt in der Tagesklinik des psychiatrischen Zentrums anzurufen. Da er ihr behandelnder Psychiater war, brauchte ich seine Unterschrift, um ihr die Vollmacht über ihre Rente zu entziehen. Ich wollte sie statt dessen an Rhonda überweisen lassen, damit Rhonda das Geld einteilen konnte.

Zu meiner Verwunderung lehnte der Arzt ab. »Sie ist ein erwachsener Mensch«, sagte er. »Sie kann ihr Geld ausgeben, wie sie es für richtig hält.«

Ich hielt einen Augenblick inne, bevor ich ihm den Marsch blies. »Sie sitzt auf der Straße, weil sie krank ist – nicht weil sie selbst daran schuld ist!« fauchte ich ihn an. »Jetzt belästigt sie die Freunde meiner Mutter. Das sind praktisch die einzigen Menschen, denen wirklich etwas an ihr liegt! Aber wahrscheinlich kümmert es Sie nicht, wenn Sally herumläuft und ihre einzigen Freunde vor den Kopf stößt, stimmt's?«

Er schwieg.

*»Antworten Sie mir!«*

Der Arzt murmelte, er wolle sehen, was er tun könne. Rhonda solle ihm die notwendigen Formulare senden. Ich sprach ihm ironisch meinen Dank aus und knallte den Hörer auf die Gabel. Es war eine befriedigende Unterhaltung gewesen, zumindest von meiner Warte aus. Klar und deutlich hatte ich meinen Standpunkt dargelegt und erreicht, was ich wollte.

Am folgenden Tag wurde ich angenehm überrascht; Sally war sofort damit einverstanden, daß Rhonda von nun an ihr Geld verwalten sollte. Ich denke, es war ihr entweder bewußt, daß sie den Überblick verloren hatte, oder sie dachte, es wäre einfacher, ihr ganzes Geld von Rhonda zu bekommen, die es besser für sie einteilen konnte als sie selbst.

Zu diesem Zeitpunkt wußte ich, daß Sally den Zenith ihrer manischen Phase überschritten hatte. Von nun an würde es bergab gehen. Am Wochenende war Sally verzweifelt. Sie konnte Richard nicht erreichen und hatte keinen Platz zum Schlafen.

Sie brauchte ein Dach über dem Kopf, das war zunächst am wichtigsten. Erstaunlicherweise löste Sally dieses Problem ganz allein. »Sally ist unglaublich einfallsreich«, sagte Rhonda bewundernd, als sie mir erzählte, daß sie einen Platz im städtischen Übergangswohnheim gefunden hatte. Sie war schlecht in Form, denn sie litt wieder unter Durchfall und Erbrechen. Im Wohnheim wurde sie wegen ihrer körperlichen Beschwerden gepflegt. Sally brauchte diese Zuwendung, und sie genoß sie. Nach ihren eigenen Worten mochte sie ihr neues, vorübergehendes Zuhause. Sie schloß schnell Freundschaften und genoß den Trubel in dem großen Gruppenraum. Sie war so angetan von dem Übergangswohnheim, daß sie ihr Telefon und ihre gesamte Wintergarderobe als Spende dort ließ. Dies fand ich jedoch erst Monate später heraus. Sally war wirklich überaus großzügig, und in ihrer manischen Phase steigerte sich ihre Freigiebigkeit noch.

Im Übergangswohnheim konnte man höchstens dreißig Tage wohnen. Als man ihr gegen Ende der dreißig Tage sagte, sie müsse sich wieder mit dem ACRI arrangieren und vielleicht in ein öffentliches Wohnheim für Erwachsene ziehen, weigerte sie sich. Mit dem ACRI sei sie fertig, sagte sie. Im Übergangswohnheim war man gezwungen, ihr zu kündigen.

Rhonda drängte Sally, eine Wohnung zu finden, aber Sally hatte ihre eigenen Vorstellungen. »Sie denkt vielleicht an ein kleines Hotel«, ließ Rhonda mich wissen. Rhonda kannte ein neues Hotel mit Einzelzimmern in der Nähe des psychiatrischen Zentrums.

»Ich brauche mindestens einen Raum mit drei Betten«, erklärte Sally ernsthaft. »Ich muß doch auch an meine Freunde denken.«

Während dieser Zeit zog Sally häufig um. Eine Weile lebte sie in einem Frauenheim in Washington, von dem sie gehört hatte, als sie das letzte Mal krank gewesen war. In einer Unterkunft wurde es den Bewohnern ermöglicht, an einem Gottesdienst teilzunehmen. Einmal in der Woche wurden sie mit dem Bus zur Kirche gebracht und wieder abgeholt. Sally war davon ganz begeistert. »Sie hat Gott gefunden, sagt sie«, berichtete Rhonda. Sally war immer schon ziemlich religiös gewesen und fühlte sich nun ganz erfüllt von einem neugefundenen Frieden. Außerdem hatte sie jetzt das Bedürfnis, andere zu bekehren.

»Gehen Sie in die Kirche?« fragte sie Rhonda, als sie ihren Scheck abholen wollte.

»Nein«, antwortete Rhonda. »Ich bin Jüdin.«

Daraufhin hatte Sally das jüdische Lied »Hava Nagela« angestimmt.

Lächelnd stellte ich mir diese Szene vor. Es war sehr charakteristisch für Sally, den Glauben eines anderen zu respektieren.

Die liebenswerte Seite von Sallys Wesen war mir eine ganze Weile lang verborgen geblieben, aber sie war anscheinend nicht verschwunden. Einmal erzählte sie Rhonda, daß sie im Lafayette-Park, gegenüber vom Weißen Haus, einen Obdachlosen getroffen habe. »Er sah so verloren aus, da habe ich meinen Arm um seine Schultern gelegt und versucht, ihn zu trösten«, sagte sie. »Ich versi-

cherte ihm, er sei ein ganz besonderer Mensch. Und wissen Sie, was er tat? Er sagte mir, ich sei ein wunderbarer Mensch ... Er meinte mein inneres Ich.«
Sallys innere Persönlichkeit mochte zwar ihre Schönheit behalten haben, ihre äußere Erscheinung dagegen hatte stark unter ihrem rastlosen Leben gelitten. Teresa hielt mich über Sallys vernachlässigtes Aussehen auf dem laufenden, sie beschrieb die heruntergerissenen Säume an ihren Hosen, ihre stinkenden, ungewaschenen Blusen, ihr verfilztes Haar. Schließlich sprach ich Rhonda darauf an, und sie sagte mir die Wahrheit. »Sally sieht furchtbar aus«, sagte sie seufzend, was bei ihr so gut wie nie vorkam. In der vorangegangenen Woche, als Sally zu ihr gekommen war, um ihren wöchentlichen Scheck abzuholen, hatte sie nach Urin gerochen. Sie hatte erklärt, daß sie im Bus nötig zur Toilette mußte und es nicht länger hatte halten können.
Ich war entsetzt. »Rhonda«, sagte ich, »vielleicht sollte ich jetzt besser bei ihr sein.« Ich hatte schon halb geplant, nach Arlington zu fahren und Sally selbst ins Krankenhaus zu bringen, wie Mutter es immer getan hatte.
»Kommen Sie nicht her«, unterbrach Rhonda mich schnell. »Sie können hier nichts tun, und es würde Sie nur deprimieren.«

Als Rhonda mich ein paar Tage später anrief, klang ihre Stimme irgendwie fröhlich. »Sie sollten Sally jetzt sehen«, sagte sie.
Sally hatte zufällig Mikes Mutter, eine ältliche Frau ungarischer Herkunft, getroffen. Diese hatte Sally nur kurz angesehen, sie mit zu sich nach Hause genommen, sie in die Wanne gesteckt und von Kopf bis Fuß abgeschrubbt. Sie bestand darauf, daß Sally bei ihr einzog. Sally willigte begeistert ein. Sie machte einen ausgedehnten Einkaufsbummel. Als sie sich dann mit Rhonda für ihr wöchentliches Treffen verabredete, beschrieb sie ihr genauestens, was sie anziehen wollte, denn sie befürchtete, Rhonda würde sie nicht wiedererkennen.

»Und?« fragte ich.
»Ich hätte sie wiedererkannt – das glaube ich zumindest –, aber die Veränderung war wirklich beeindruckend«, erzählte Rhonda. Sallys Haare waren gewaschen und gekämmt. Sie trug neue Sachen und eine schicke Sonnenbrille. Und sie hatte Make-up aufgelegt – etwas ganz Besonderes in unserer Familie. »Sie sieht großartig aus«, sagte Rhonda. »Es ist wie ein Wunder.«
Angespornt durch den Zuspruch ihrer neuen Wohltäterin und durch die Wirkung, die ihre Verschönerungskur auf andere hatte, war Sally nun ganz versessen darauf, eine neue Garderobe für ihre viel schlanker gewordene Figur zu kaufen. Die manische Phase dauerte noch immer an, Sally konnte nicht schlafen, hatte keinen Appetit, aber sie war glücklich, sagte Rhonda. »Und stellen Sie sich vor«, fügte sie hinzu, »sie hat jetzt einen leichten ungarischen Akzent.«
Ich schlief gut in der Nacht nach diesem Gespräch, denn ich wußte, Sally war bei jemandem untergebracht, dem wirklich an ihr lag. Ab und zu denke ich noch heute an Mikes Mutter und ihre noble Großzügigkeit.
Mittlerweile war es Spätfrühling geworden. Es waren bereits zwei Monate vergangen, seit Sally aus dem Krankenhaus entlassen worden war, und ich fand mich langsam mit dem Bruch in unserer Beziehung ab. Wie Rhonda mir immer versicherte, gab es nichts, was ich für Sally tun konnte. Sie wollte mich nicht einmal sehen. Sie war zwar nicht mehr wütend auf mich, hatte sich aber weitgehend von mir gelöst. Wir hatten jedoch niemals eine enge Bindung gehabt, die erst durch das plötzliche Auftreten der Krankheit gestört worden wäre. In dem Fall wäre ich bestimmt sehr traurig gewesen, sie zu verlieren. Aber ich hatte Sally praktisch mein ganzes Leben lang entbehrt. Bis auf die vermehrten Sorgen, die er mir bereitete, war dieser Bruch eigentlich nichts Neues für mich. Diesmal war es Sally, die davonlief, und nicht ich, aber die Folgen dieser Flucht waren die gleichen. Wir sahen einander nicht; wir redeten nicht

miteinander. Genau wie vor vielen Jahren, als ich mich immer merkwürdig unruhig fühlte, konnte ich allerdings jetzt nicht richtig abschalten. Jedesmal, wenn das Telefon bei mir zu Hause oder in meinem Büro läutete, schreckte ich auf und machte mich auf das Schlimmste gefaßt.

Mike und Tammy hatten sich beschwert, daß sie den Keller nicht vermieten könnten, solange Sallys Sachen noch überall herumlagen. Rhonda schlug vor, alles vorübergehend in einem Lagerraum unterzubringen, denn sie glaubte nicht daran, daß Sally bald in eine Wohnung umziehen würde. Man könne nicht wissen, was die Zukunft bringen würde, meinte Rhonda.

Ihre Sachen mußten also eingepackt werden. Zwei Wochen später fuhr ich für ein verlängertes Wochenende nach Arlington. Ich wollte Rhonda nicht mit dem Packen beauftragen, denn es würde sicherlich viel Zeit in Anspruch nehmen und mich Hunderte von Dollars kosten.

Ich war schon so lange nicht mehr in Arlington gewesen, daß ich mich auf die Fahrt freute. Rhonda war sich nicht sicher, ob Sally mich sehen wollte, aber sie gab mir die Telefonnummer von Mikes Mutter und sagte zu Sally, ich würde sie anrufen. Angeblich war Sally mir dankbar für meine Hilfe. Ihre Feindseligkeit mir gegenüber schien sich während unserer Kommunikationspause in Luft aufgelöst zu haben. Allein die Gewißheit, daß sie nicht länger wütend auf mich war, erleichterte es mir, in ihren Bereich einzudringen.

Freitag abend verließ ich New York, damit ich am nächsten Tag zeitig mit meiner Arbeit anfangen konnte. Ich war glücklich, als ich meinen Wagen spät nachts vor Lyns und Earls Haus parkte. Bevor ich ins Haus ging, blieb ich noch einen Moment draußen und genoß die kühle Nachtluft.

Am nächsten Morgen erwachte ich früh. Über Nacht war es heiß geworden. Trotz der frühen Stunde war es bereits drückend und schwül. Auf dem Weg zu einem Laden, wo ich Kartons, Klebeband und Paketschnur kaufen wollte, fuhr ich vornehmlich die schattigen Nebenstraßen entlang, um der Sonne zu entgehen. Beinahe freute ich mich darauf, den ganzen Tag im Keller zu verbringen. Ich kaufte vierzig Kartons, packte sie in meinen Kofferraum und mußte mir danach schon den Schweiß von der Stirn wischen. Dann fuhr ich zu Mike und Tammy.

Schon als ich die Betonstufen, die vom Garten in den Keller führten, hinunterging, wurde es merklich kühler. Die Temperatur im Keller war tatsächlich angenehm, aber es roch übel. Ich sah mich in dem dämmrigen Raum ein wenig um. Es war noch schmutziger, als ich es mir vorgestellt hatte. Überall lagen Dinge herum, die ich nicht einmal anfassen mochte. Auf dem Fußboden verstreut lagen schmutzige Schlüpfer und Nachthemden. In der feuchten Luft hatten sie angefangen zu schimmeln, wodurch sie jetzt voller schwarzer Flecken waren. Auch die Matratze war völlig ruiniert. Der ganze Keller stank nach Fäulnis und Moder. Die Decke, die auf dem Sofa lag, war ganz verkrustet von undefinierbarem Dreck. Die Aschenbecher quollen über, und Papierkörbe und Mülleimer waren vollgestopft mit McDonald's-Tüten, Orangensaftkartons und Coladosen.

Ich machte auf dem Absatz kehrt. Ich ging zur Einfahrt und blieb neben meinem Wagen stehen. Ein paarmal mußte ich tief durchatmen, bevor ich zum nächsten Laden fuhr, wo ich Müllsäcke und ein paar Arbeitshandschuhe kaufte.

Wieder im Keller, begann ich, das Durcheinander zu sortieren. Die Dinge, die ich nicht einmal näher betrachten mochte, wanderten in einen Müllsack. Ich stapelte die Kleidungsstücke und sortierte sie: Sommersachen, die Sally jetzt tragen konnte, wärmere Sachen für den Herbst. Ihre Winterkleidung suchte ich zwar überall, konnte aber nichts davon finden. Ich wollte Sally anrufen und sie danach fragen, aber auch ihr Telefon konnte ich nirgends entdecken.

Mit den Kleidungsstücken war ich ziemlich schnell fertig. Danach begann die Hauptarbeit. Zunächst ging ich die Schubladen ihrer Kommode durch. Ich fand darin ein Sammelsurium unterschiedlichster Dinge – nie benutzte Adreßbücher, unzählige Schachteln mit Modeschmuck, Kugelschreiber und Bleistifte, drei Knirpse, leere Notizbücher, Notizbücher mit ein oder zwei beschriebenen Blättern, Porzellanfiguren, stapelweise Briefpapier ohne passende Umschläge, Briefumschläge ohne passendes Papier, Karteikarten, Glückwunschkarten und Notizzettel. Auf einer Kommode lagen Stapel von gelbem Normpapier. Viele Blätter waren zerrissen, zerknüllt oder aufgefaltet. Das mußten die langen Briefe sein, von denen Sally mir berichtet hatte. Ich suchte flüchtig nach dem Brief, den sie damals an mich geschrieben hatte, konnte ihn aber nicht finden. Die anderen las ich nicht.

Das meiste, das ich vorfand, schien mir wertloses Zeug zu sein, aber ich wußte nicht, ob es Sally vielleicht etwas bedeutete. Ich packte es in Kartons und beschriftete diese: »Kommodenschubladen«, »Nachttisch«, »Fußboden beim Bett«. Bei einigen Dingen war ich mir jedoch sicher, daß sie Sally etwas bedeuteten oder zumindest einmal bedeutet hatten. Da waren ein paar Andenken von Tante Ginny, unter anderem das kleine Porzellaneichhörnchen. Ich fand einige Alabastereier, die man Sally angeblich gestohlen hatte, und einen Silberarmreif, den Tante Ginny ihr kurz vor ihrem Tod geschenkt hatte.

Während des Packens dachte ich, daß ich Sally vielleicht mehr liebte, als mir bewußt war. Vielleicht standen wir uns doch nahe, denn ich wußte mehr über all ihre Besitztümer als jeder andere. Jedem anderen wäre das meiste als wertloser Kitsch erschienen, aber ich kannte die Geschichten, die zu den Sachen gehörten, und wußte, daß es wichtig war, sie aufzubewahren. Ich riß mir ein Bein aus, um Ordnung in ihr Chaos zu bringen. Ich arbeitete nicht widerwillig, sondern zielstrebig und zerbrach mir den Kopf, ob ich ein bestimmtes Stück zur Seite legen sollte, damit Sally es schnell finden konnte, oder ob ich es in einen der Kartons tun sollte, wo es vielleicht jahrelang in einem Lager begraben sein würde. Mir war bewußt, daß ich so etwas nicht für viele Menschen auf mich genommen hätte. Und ich wußte auch, nur ich war in der Lage, dies für Sally zu tun. Vielleicht war es auch nicht so wichtig, aber damals schien es mir eben wichtig zu sein.

Nach ein paar Stunden bekam ich Hunger. Ich zog meine Handschuhe aus, ging zur Spüle und wusch mir die Hände. Ich ließ sie an der Luft trocknen; Sallys Handtuch hatte ich wegwerfen müssen.

Bevor ich zu McDonald's fuhr, hielt ich an einer Telefonzelle und wählte die Nummer von Mikes Mutter. Schon beim ersten Klingeln meldete sich Sallys aufgeregte Stimme.

»Ich bin *so* froh, daß du da bist, Peggy«, sagte sie. »Ich habe schon *so* auf deinen Anruf gewartet!«

Seit Wochen hatten wir nicht mehr miteinander gesprochen, doch sie ließ mir nicht einmal Zeit, sie nach ihrem Befinden zu fragen. Sie kam sofort zur Sache. »Ich habe eine *Liste* gemacht, wie meine Bücher *eingepackt* werden sollen«, sagte sie. »Wann kannst du sie abholen?« Sie sprach nachdrücklich, jedoch nicht so zwanghaft wie in jenen Tagen, als sie wütend auf mich war.

Ich fragte sie, ob sie mit mir zu Mittag essen wolle.

»Oh, das würde ich *wirklich* gern, Peggy, aber ich *kann* einfach nicht«, antwortete sie ohne weitere Erläuterungen. Sie nannte die Adresse von Mikes Mutter und legte auf.

Nachdem ich gegessen hatte, machte ich mich auf den Weg. Mikes Mutter wohnte in einer etwas heruntergekommenen Wohngegend in der Nähe von Tammy und Mike. Sallys Wegbeschreibung war ein wenig zu detailliert gewesen und hatte mich mehr verwirrt. Aber als ich dann schließlich in eine Sackgasse einbog, konnte ich sie schon winkend auf einem Parkplatz stehen sehen.

Ich glaubte meinen Augen nicht zu trauen, als ich auf sie zufuhr. Sie trug eine Designer-Sonnenbrille und hatte Make-up aufgelegt. So muß sie auch bei ihrem Treffen mit Rhonda ausgesehen haben, als sie vorher gesagt hatte: »Sie werden mich nicht wiedererkennen.« Ihr fehlten immer noch die oberen Zähne, aber ihr Haar glänzte und war gekämmt. Sie trug türkisfarbene Shorts und eine geblümte Bluse. Als ich rechts ranfuhr, rannte sie herüber, lehnte sich ins Fenster und gab mir einen Kuß. Ihre Armreifen klimperten gegen das Autoblech.

»Du siehst großartig aus«, sagte ich zu ihr. Sie lächelte strahlend, schnalzte mit der Zunge und stellte sich scherzhaft hin wie ein einstiges Glamourgirl. Sie lachte. Auch ich mußte lachen, denn ich freute mich, sie endlich einmal wieder so fröhlich zu sehen.

Bevor ich aussteigen konnte, reichte sie mir ein Blatt Papier durchs Fenster. Sie hatte es die ganze Zeit in der Hand gehalten, und ich mußte es erst glattstreichen, damit ich es lesen konnte. Ich hatte Schwierigkeiten, ihre Schrift zu entziffern, aber manches fiel mir sofort ins Auge: »Barbara Cartland Liebesromane«, »Tiergeschichten«, »Naturgeschichte«, »Kriminal- und Gruselromane«. Sally hatte ihre Bibliothek in verschiedene Gebiete aufgeteilt, die auch zusammen verpackt werden sollten. Sie hatte viele Veränderungen vorgenommen, Wörter durchgestrichen, etwas anderes darübergekritzelt.

Während ich mich mit der Liste beschäftigte, sprach Sally großmütig über Mike und Tammy, und daß sie eines Tages sicher wieder Freunde sein könnten. Sie redete über Mikes Mutter und übers Einkaufen, über Make-up und ihre neuen Kleider. »Natürlich ist das nur mein äußeres Ich.« Sie deutete auf ihre Bluse. »In Wahrheit zählt allein mein *inneres* Ich.«

»Wie dem auch sei, auf alle Fälle siehst du wunderschön aus, Sally«, sagte ich.

»Du siehst *auch* wunderschön aus, Peggy«, sagte sie aufgeregt. »Und ich meine dein *inneres* Ich. Du bist wirklich die allerbeste Schwester auf der ganzen Welt!«

Ich dankte ihr, wir verabschiedeten uns, und ich fuhr los. Ich war nicht dazu gekommen, aus dem Auto auszusteigen, und Sally war zu aufgeregt gewesen, um einzusteigen.

Für den Rest des Tages packte ich Bücher ein. Am nächsten Morgen waren die Comics an der Reihe. Ich packte sie in Kartons, die ich je nach Inhalt beschriftete – Superman, Archie und Veronica, Caspar. Etwa fünfzig Hefte warf ich fort; sie waren irgendwann feucht geworden.

Nach zwei Tagen hatte ich alles in Kartons gepackt, die ich so ordentlich wie möglich aufeinander stapelte. Im Keller lag kein Gerümpel mehr herum. Ich war sehr zufrieden mit mir, denn jetzt konnte Rhonda der Umzugsfirma, die alles in ein Lager schaffen sollte, genaue Anweisungen geben. Am Montag fuhr ich zurück, ohne noch einmal mit Sally zu sprechen. Ich hatte Angst, meine schöne Erinnerung an unser Treffen auf dem Parkplatz könnte wie eine Seifenblase zerplatzen.

Sallys Veränderung hatte auch eine Schattenseite, wie ich mir hätte denken können. In einem Laden hatte sie ein paar neue Kleider mit einem ungedeckten Scheck bezahlt. Beim Kaufhaus Lane Bryant hatte sie ihre Kreditkarte mit dreihundert Dollar belastet. Letzteres war mir ein Rätsel, denn PLAN hatte den Auftrag, die Karte für sie aufzubewahren und ihre geplanten Einkäufe bei Lane Bryant mit ihr abzusprechen.

Ich rief Teresa an. Offensichtlich hatte sie Sally die Karte gegeben und vergessen, sie zurückzufordern. Sie entschuldigte sich, und ich ging darüber hinweg, denn ich wußte, daß Teresa in dieser furchtbar schwierigen Situation immer versucht hatte, ihr Bestes zu tun.

Ich ging davon aus, PLAN würde die Rechnung übernehmen, aber die PLAN-Leiterin lehnte ab und meinte, wenn ich nicht wollte, daß Sally die Kreditkarte hatte, dann hätte ich eben deutlicher werden müssen.

»Was meinen Sie denn, warum ich Sie damit beauftragt habe, die

Kreditkarte für Sally aufzubewahren?« fragte ich. Ich bekam keine Antwort und hielt den Zeitpunkt für gekommen, PLAN zur Hölle zu schicken. Das tat ich dann auch. Ich hoffte, Teresa würde deswegen keinen Ärger bekommen. Aber PLAN konnte im Moment keinen weiteren Personalwechsel verkraften, und außerdem ließen Teresas Aufzeichnungen nichts zu wünschen übrig.

Glücklicherweise brach Teresa den Kontakt mit Sally nicht einfach ab, nur weil es jetzt offiziell nicht mehr ihr Job war. Sie war immer noch aufrichtig um Sallys Wohlergehen besorgt. Ab und zu rief sie mich an und lieferte mir Berichte über Sallys Aktivitäten – daß Sally einen Klienten von PLAN, der im selben Haus wie Mikes Mutter lebte, belästigt habe, und daß die Geduld von Mikes Mutter bald am Ende sei. Sally ließ sie nachts nicht schlafen, weil sie ständig auf und ab lief, außerdem brachte sie »fremde Männer« mit nach Hause.

Direkt nach diesem Telefongespräch fragte Rhonda mich, ob ich etwas dagegen hätte, wenn Sally für ein paar Tage in ein Hotel ginge. Was sollte ich dagegen haben? fragte ich. Sally zog also ins Hotel, wohl wissend, daß es nur übergangsweise war. Nach drei Tagen verließ sie das Hotel und zog zum letzten Mal zu Tammy und Mike.

Noch einmal rief Teresa mich an, nachdem sie Sally zufällig auf der Straße getroffen hatte. Sally hatte wirres Zeug über Aids geredet. Sie war sich sicher, daß Tammy und Mike diese Krankheit hatten, und vermutete dasselbe bei Teresa. »Sie ging mit hängendem Kopf mitten auf der Straße und redete mit sich selbst«, sagte Teresa. »Sie muß wirklich ins Krankenhaus ... allein wie sie schon *aussieht* ...«

Wie immer, wenn ich bedrückt war, wählte ich Rhondas Nummer. Mein Seelenfrieden hing von ihr ab. Auch sie hielt es für das beste, Sally ins Krankenhaus zu bringen, aber sie zweifelte daran, daß es uns zum jetzigen Zeitpunkt gelingen würde. »Das Gesetz ist eindeutig, Peggy«, sagte sie. »Es wird niemand zwangsweise eingewiesen, nur weil er verrückt aussieht.«

Nachdem ich aufgelegt hatte, dachte ich darüber nach, wie lange es wohl noch dauern würde, bis wir Sally zwingen konnten, endlich Hilfe zu suchen. Ihre manische Phase dauerte bereits zwei Monate, und niemand konnte sagen, wann sie schließlich zusammenbrechen würde.

# 34

Die Bücher von Carlos Castaneda waren in den siebziger Jahren populär, aber ich habe sie nie gelesen. Ich wollte immer lieber ein ganz normales Leben führen und lehnte alles ab, was irgendwie übersinnlich war. Ein Freund erzählte mir von einer bestimmten Szene, in der Don Juan, Castanedas spiritueller Lehrer, ihn lehrt, genau den richtigen Sitzplatz auf einer Veranda auszuwählen. In dieser Lektion sollte man nach meinem Verständnis lernen, Sensibilität für sich selbst und für seine Umwelt zu entwickeln. Das machte mich irgendwie neugierig. Auch ich war auf der Suche nach dem richtigen Platz auf der Veranda, nach einem Ort, an den ich wirklich gehörte.

Meiner Ansicht nach war auch Sallys Lebensweg immer von diesem Wunsch bestimmt gewesen. Sie wollte ihren Platz finden und dabei *sie selbst* bleiben, ohne ihre Persönlichkeit oder ihre Vergangenheit zu verleugnen. Häufig hatte sie schon geglaubt, den richtigen Ort gefunden zu haben, was sich jedoch immer schnell als Irrtum erwies. Sie und ich waren beide in gewisser Beziehung unzufrieden und würden es so lange bleiben, bis wir uns endlich zu Hause fühlten – akzeptiert, geschätzt und sicher.

Bei meinem ersten Angehörigenabend hatte ich große Angst gehabt. Der Gedanke, meine persönlichen Probleme mit Fremden zu besprechen, hatte mir Unbehagen bereitet. Am liebsten hätte ich auch jetzt die Augen vor diesem Thema verschlossen, wie ich es bis zu Mutters Tod mehr oder weniger erfolgreich getan hatte. Erst als ich über meine Gefühle nachdachte – meine schwitzenden Hände, meinen rasenden Puls –, wurde mir klar, daß ich Angst hatte. Ich hatte mich vor den anderen gefürchtet. Ich dachte, sie würden mich nicht mögen, mich ablehnen – weil meine Schwester momentan gerade stabil war, oder weil sie einen Treuhandfonds hatte. Ich fürchtete, sie würden mich dazu überreden wollen, mich mehr um Sally zu kümmern, als ich wollte. Vielleicht würden sie ja auch Schuldgefühle in mir wecken, weil ich ständig mein eigenes Leben retten wollte.

Überraschenderweise bedrängte mich niemand dort. Niemand schlug vor, ich solle in Sallys Nähe ziehen; alle zeigten Mitgefühl, als ich vom Tod meiner Mutter berichtete. Es schien sie zu freuen, als ich ihnen erzählte, daß Sally immer pünktlich ihre Medikamente einnahm und daß ich einen Treuhandfonds zur Verfügung hatte, mit dem ich eine Sozialarbeiterin bezahlen konnte. Nach zwei oder drei Gruppenabenden wurde mir klar, daß die Gruppenmitglieder einander anscheinend gern mochten. Waren sie einmal anderer Meinung, dann sagten sie das äußerst taktvoll und einfühlsam. Sie schienen wirklich anzuerkennen, daß wir alle unser Bestes taten beim Umgang mit unseren Gefühlen, Gedanken und unserer Verantwortung.

Es dauerte viele Monate, bis aus meiner Überraschung Erleichterung wurde, und noch viel länger, bis ich mich nicht nur erleichtert, sondern auch getröstet fühlte. Als Sally zusammenbrach, konnte ich spüren, daß ich mich schon besser fühlte, wenn ich die Treppen zum Gruppenraum hinaufging. Allein die Aussicht auf den baldigen Beginn des Gruppenabends wirkte schon beruhigend. Erst als ich ein Buch von Julie Talard Johnson, der Gründerin des SAC-Netzwerks, in die Finger bekam, verstand ich die Ursachen meiner anfänglichen Befürchtungen. Frau Johnson, eine Sozialarbeiterin aus Minneapolis, deren Bruder schizophren ist, glaubt, wenn wir unsere Beziehung zu unseren kranken Geschwistern verstehen wollen, dann müssen wir nur unsere Beziehungen zu anderen Menschen unter die Lupe nehmen, um zu begreifen, wie unsere ganz persönliche Beziehungsdynamik abläuft. Vor dem ersten Gruppenabend hatte ich angenommen, daß alle Geschwister dort sein müßten wie meine eigene Schwester – offenbar hatte ich geglaubt, alle Schwestern und Brüder, mit denen ich in Berührung kam, seien furchteinflößend und neidisch und riefen Schuldgefühle hervor. Nicht zum ersten Mal war mir klar, daß ich Angst vor Sally hatte. Schon oft hatte ich dieses Gefühl gehabt, wenn sie mich nach einem Streit grollend anstarrte. Nicht zum ersten Mal fühlte ich mich Sally gegenüber entsetzlich schuldig. Und nicht zum ersten Mal mochte ich nicht von meinen Erfolgen erzählen, aus Angst, ihr eigenes Leben könnte ihr im Vergleich zu meinem noch öder und hoffnungsloser erscheinen. Aber zum ersten Mal konnte ich all diese Gefühle im Zusammenhang mit Sallys Krankheit sehen, und zum ersten Mal konnte ich die Krankheit dafür verantwortlich machen und nicht Sally.

Nach und nach lernte ich, ohne Angst an Sally zu denken und ohne so viel Schmerz. Ich grübelte nicht länger über die Vergangenheit nach, weil ich dort einen Schuldigen oder ein Ereignis suchte, irgendeinen Grund für unser aller Leiden – ihres, meines und das Leiden meiner Eltern. Durch das Verständnis und die Anerkennung von anderen, die genau verstanden, was ich fühlte – was ich mein Leben lang gefühlt hatte –, fühlte ich mich befreit und schließlich auch stark. An den Gruppenabenden konnte ich mich geben, wie ich wirklich war, so wie ich es nie für möglich gehalten hatte. Eines Abends blickte ich mich in unserem Gruppenraum um, und der Ausdruck »mein Platz auf der Veranda« kam mir in den Sinn. Ich hatte meinen Platz gefunden.

Ich glaube, zunächst hatte ich mir von der Gruppe versprochen, daß mir die anderen dort die Legitimation geben würden, meinem eigenen Glück nachzujagen. Dies konnte meiner Meinung nach nur bedeuten, weiterhin vor Sally und meiner Verantwortung davonzulaufen und meine Gefühle, die ich ihr und meiner Familie gegenüber hatte, abzublocken. Statt dessen gab mir die Gruppe die Kraft, die weniger glücklichen Aspekte mit den glücklichen zu verbinden. Meine Lebensauffassung wurde auf diese Weise realistischer.

*Realistisch* war es, sich dem Schlimmsten zu stellen und nicht davor wegzulaufen. Einmal beschrieb eine Gruppenteilnehmerin, die mit ihrer Schwester zusammenlebte, die Beschimpfungen, denen sie ausgesetzt war. Ihre Schwester schrie sie ständig an, bedrohte sie und weigerte sich, zum Arzt zu gehen. Die kranke Schwester war eine starke Raucherin, und häufig schlief sie ein, während im Aschenbecher noch eine Zigarette glomm. »Letzte Woche fragte ich mich, was ich tun würde, wenn ihr Bett und sie selbst eines Tages in Flammen aufgehen würden«, erzählte uns die gesunde Schwester. »Manchmal kann ich mir vorstellen, sie einfach loszulassen.« Bei einem anderen Treffen erzählte dieselbe Frau jedoch traurig, warum sie ihrer Schwester erlaubt hatte, bei ihr einzuziehen. »Sie hat außer mir niemanden. Ich war immer die einzige, die sich um sie gekümmert hat.«

Ich hatte Verständnis für beide Seiten. Ich kann nicht genau sagen, wie Sally ihr eigenes Leben empfunden hat. Ich kann es nicht wissen. Aber ich glaube, ich ahnte ihre Qualen, während ich heranwuchs. Bei meiner Therapie hatte ich immer dagegen gekämpft, mich zu stark mit jener Traurigkeit, durch die Sally immer wieder niedergedrückt wurde, zu identifizieren. In unserer Gruppe drückten wir eine Menge Wut aus, aber unsere Trauer war grenzenlos – beinahe unaussprechbar. Wenn wir unsere kranken Geschwister und Eltern nicht so sehr liebten, dann könnten wir ihnen wahrscheinlich besser helfen, indem wir uns wie ein neutraler Sozialarbeiter oder Freund der Familie verhalten, wie jemand, der den Schmerz seines Angehörigen nicht zu seinem eigenen macht. Jemand, der am Abend nach Hause gehen kann, ohne sich zu fragen, wie sein Angehöriger die Nacht überstehen soll. Es gibt ein Gedicht von W. S. Merwin: »Dein Abschied hat mich durchdrungen / wie ein Faden das Nadelöhr. / Alles was ich tue, ist mit seiner Farbe genäht.« Bei unseren Treffen mußte ich manchmal an diesen Vers denken. Die Krankheit in unseren Familien hat uns auf diese Weise durchdrungen. Alles, was wir taten, war davon geprägt.

Die meisten in unserer Gruppe sorgten nicht selbst für ihre kranken Geschwister oder Eltern. Wir wußten jedoch alle, daß das Angebot an betreuten Wohnformen äußerst gering war. Wir waren uns darüber im klaren, daß wir eines Tages vor die Wahl gestellt werden könnten, entweder unseren Angehörigen bei uns aufzunehmen oder ihn auf der Straße leben zu lassen.

Die letztgenannte Alternative schien uns manchmal die einzige Fluchtmöglichkeit vor einem zerstörten Leben zu sein. Der Text eines Liedes, das Gloria Steinem ihrer psychisch kranken Mutter gewidmet hatte, lautet: »Das Schlimmste an all dem Leid ist vielleicht, daß es am Ende die Herzen der anderen erhärtet ... Durch Mitleid bekommt man Distanz, und irgendwann weiß man, daß man überleben wird.« Für jene von uns, die unter schweren Depressionen gelitten hatten, war diese Gewißheit jedoch nur ein schwacher Trost.

Wir weinten während unserer Treffen, aber wir lachten auch – manchmal wehmütig, manchmal fröhlich. An einem regnerischen Donnerstagabend lachte ich fast zwei Stunden lang ununterbrochen. Eine etwa vierzig Jahre alte Teilnehmerin, deren kranke Schwester im Haus ihrer Eltern wohnen geblieben war und es so sehr hatte verkommen lassen, daß das Gesundheitsamt einschreiten mußte, erzählte uns, wie sie seit einiger Zeit mit all den verrückten Plänen ihrer Schwester fertig wurde. »Ich weiß, es hat überhaupt keinen Sinn zu streiten«, sagte sie. »Ich versuche auch keine tiefere Bedeutung mehr hinter ihrem Gerede zu suchen. Ich habe mir angewöhnt, auf alles, was sie sagt, mit einem entschlossenen Nicken zu antworten. Dabei sage ich dann immer: ›Das ist aber nun wirklich mal eine gute Idee!‹ «

Eine vierundzwanzigjährige Frau, die mit sechzehn von zu Hause ausgezogen war, berichtete von ihren merkwürdigen Kindheitserlebnissen mit ihrer paranoid schizophrenen Mutter. »Ich dachte, *alle* Leute würden durchs Fenster steigen, wenn sie ins Haus wollten«, sagte sie. »Ich dachte, *alle* Mütter hätten Angst davor, die Haustür zu öffnen.«

Immer wieder sprach jemand einen Gedanken aus, der mir bekannt vorkam:

> »Ich fühle mich betrogen, weil meine Familie nicht so ist, wie sie meiner Meinung nach sein sollte. Es ist eine sehr aggressive Familie.«

> »Meine Geschäftsfreunde sollten nie erfahren, was in meinem Leben wirklich los war. Aber ich fühle mich viel besser, seit ich mit ihnen über die Krankheit meines Bruders rede. Daran läßt sich ablesen, wie weit ich gekommen bin, und wie weit die Gesellschaft gekommen ist. All die Bücher über Alkoholsucht, Inzest, Drogenmißbrauch – sie haben es mir leichter gemacht, über etwas zu reden, das einerseits schlimmer und andererseits besser ist als diese Dinge. Wir alle brauchen Hilfe. Darauf läuft es hinaus. Familien mit ernsthaften Problemen brauchen Hilfe.«

> »Das Schöne an der Gruppe ist, daß die Leute hier alle gut mit ihrem Leben klarkommen. Man bekommt hier praktisch die Erlaubnis, sein Bestes zu geben.«

> »Manchmal war ich sehr besorgt, daß ich auch psychotische Veranlagung haben könnte. Aber ich habe eine Menge Freunde, ich bin gesellig, ich rede gern. Dadurch wird, glaube ich, meine Wahrnehmung der Realität geschärft.«

«In den Elterngruppen wollen die Teilnehmer immer widerlegen, daß ihre Familie ›dysfunktional‹ ist. Nun, ich bin jetzt hier, weil ich sagen will, *daß* meine Familie ›dysfunktional‹ ist.«

Ich lernte jedoch auch von der Gruppe, daß kein noch so gestörtes Beziehungsmuster auf ewig bestehen bleiben muß. Eine Änderung trat normalerweise immer dann ein, wenn ein Mitglied nicht mehr so weitermachen konnte wie bisher. Eine Frau, deren Berichte über ihren alkoholkranken Vater und ihre schizophrene Mutter nur noch hoffnungslos geklungen hatten, erzählte uns eines Abends, daß sie einen Handel mit ihrem Vater abgeschlossen hatte. Sie würde ihre Mutter in eine Klinik zwangseinweisen lassen, wenn er zu den Anonymen Alkoholikern gehen würde. Die Zwangseinweisung gestaltete sich schwierig. Ihre Mutter klagte sie an: »Wie kannst du, meine eigene Tochter, mir so etwas antun?« Aber drei Monate später war die Familie wie umgewandelt. Die Mutter war wieder zu Hause und nahm gewissenhaft ihre Medikamente ein, und ihr Ehemann blieb trocken.

In ihrem Buch »Die versteckten Opfer: Ein Hilfsprogramm in acht Schritten für Familien und Freunde von psychisch Kranken« beschreibt Julie Johnson zwei dysfunktionale Reaktionen auf psychische Erkrankungen: der Helfer, der immer zuviel tut, und der Fluchtexperte, der sich, wie ich es lange Zeit getan hatte, immer davonstiehlt. Erstrebenswert ist es nach ihrer Meinung, Hilfe zu geben, aus eigenem Willen heraus und freiwillig. Derjenige, der seine eigenen Bedürfnisse und die des Kranken miteinander in Einklang bringen kann, ist auf dem richtigen Weg, sagt Julie Johnson.

Sie bietet ein »Acht-Stufen-Programm« an, dem der Anonymen Alkoholiker und anderer Selbsthilfegruppen nicht unähnlich, um das angestrebte Gleichgewicht zu erreichen:

*Eins: Bewußtmachen.* Ich untersuche, inwieweit die Beziehung mein Leben beeinflußt hat.
*Zwei: Auswertung.* Ich werde mir über meine Gefühle im Zusammenhang mit dieser Beziehung klar und rede mit anderen über diese Gefühle.
*Drei: Akzeptanz.* Ich akzeptiere, daß ich das Benehmen eines anderen Menschen nicht steuern kann und daß ich im Grunde nur für mein eigenes Gefühlsleben verantwortlich bin.
*Vier: Herausforderung.* Ich betrachte meine Erwartungen an mich selbst und an andere und verpflichte mich, gegen alle negativen Erwartungen anzukämpfen.
*Fünf: Schuldgefühle über Bord werfen.* Ich erkenne psychische Störungen als eine Krankheit an, für die niemand zur Rechenschaft gezogen werden kann.
*Sechs: Vergebung.* Ich verzeihe mir selbst alle meine Fehler. Ich vergebe auch allen, die mir weh getan haben.
*Sieben: Selbstachtung.* Ich konzentriere mich wieder auf mich selbst, indem ich meinen eigenen Wert anerkenne, unabhängig von dem, was in meiner Umgebung geschieht.
*Acht: Wachstum.* Ich mache mir meine Erfolge klar und setze mir jeden Tag, jeden Monat und jedes Jahr neue Ziele.

Die Abende in der Angehörigengruppe hatten mich erfolgreich Schritt eins und zwei absolvieren lassen. Auch den anderen Schritten hatte ich mich schon genähert, besonders dem Schritt Vergebung. Aber ich war immer noch allzu geneigt, Sally zu einem veränderten Verhalten zu überreden, und der Gedanke, mich wieder auf mich selbst zu konzentrieren, schien mir zum damaligen Zeitpunkt lächerlich. Ich hatte jedoch die vage Vorahnung, daß ich eines Tages den schwierigen Weg, den Julie Johnson beschreibt, gehen mußte.
Ich versuchte, meine Situation in einen größeren Zusammenhang zu stellen, mir beispielsweise zu sagen, daß die Schuld woanders zu

suchen sei – bei einem Gesundheitssystem, das dem Patienten und seinen Angehörigen nur unzureichende Hilfe gewährt; bei einem überlasteten Sozialsystem, das zu wenig Hausbetreuung oder Rehabilitationshilfen anbietet; bei einer Gesellschaft, die den psychisch Kranken stigmatisiert und es ihm doppelt schwermacht, eine Wohnung, einen Job oder auch einfach nur Freunde zu finden.

Aber auch wenn ich mir bewußt machte, daß psychische Krankheiten ein soziales und politisches Problem sind, und die statistische Häufigkeit dieser Krankheiten studierte – einer von hundert Menschen ist schizophren, und einer von dreihundert Menschen leidet unter schwerer manischer Depression –, so änderte das nichts daran, daß psychische Störungen für mich meist ein ganz persönliches, privates Problem waren. Nur unter dem Zwang der Gruppe bemühte ich mich schließlich um eine andere Perspektive, betrachtete ich psychische Störungen endlich als das, was sie sind. Viele Menschen halfen mir bei diesem Umdenkungsprozeß, insbesondere die Mitglieder der FAMI und der SAC- Angehörigengruppen. Nachdem ich ihre Geschichten gehört hatte, war ich auch bereit, die meine zu erzählen. Und als ich sie erzählte, erschien sie mir normal und nicht mehr außergewöhnlich, zumindest nicht unabänderlich.

Langsam erkannte ich, daß meine lebenslangen Befürchtungen eine schreckliche und nutzlose Verschwendung von Lebenskraft und Zeit gewesen waren. Wenn ich vor Angst wie gelähmt war, dann nur, weil ich zu wissen glaubte, wie meine Zukunft verlaufen würde. Ich hatte mich geirrt. Ich hatte mich in Sally getäuscht, in mir selbst getäuscht, und auch die Vorstellungen, die ich über unser zukünftiges Leben gehabt hatte, waren völlig falsch gewesen.

# 35

Während der ersten Wochen von Sallys Krankheit und später, als sie von einer Unterkunft zur anderen zog, hatte ich täglich fünf- oder sechsmal in Virginia angerufen. Ich wollte wissen, wo sie sich aufhielt, was sie tat, wie es ihr ging, ob sich ihr Zustand weiter verschlechtert hatte. Ich konnte einfach nicht anders, ich war ständig auf ihrer Fährte. Eines Tages sagte ich Rhonda schließlich, daß ich völlig erschöpft sei, woraufhin sie mir sehr direkt sagte, ich solle mit meiner Telefoniererei aufhören.

»Sie können nichts tun«, schärfte sie mir ein. »Wenn irgend etwas passiert, werde ich mich darum kümmern. Das hatte ihre Mutter doch so gewollt, erinnern Sie sich? Rufen Sie mich in dieser Woche nicht mehr an, Peggy. Ich werde Sie wieder anrufen.«

Plötzlich fühlte ich mich nutzlos, als hätte mein Leben seinen Sinn verloren. Ich fühlte mich genau wie früher, wenn Mutter mir nachträglich von Sallys Zusammenbrüchen erzählt hatte. Wieder einmal fühlte ich mich von meiner Familie abgeschnitten, wie im Exil. Rhonda hatte sogar noch gesagt: »Leben Sie endlich wieder Ihr eigenes Leben.« Im stillen fragte ich mich zum wiederholten Mal, welches Leben das denn eigentlich war.

Ich saß am Schreibtisch in meinem Büro. Fred redigierte gerade einen Artikel, aber es mußte ihm wohl etwas an mir aufgefallen sein, denn er fragte mich, ob alles in Ordnung sei.

»Rhonda will, daß ich sie diese Woche nicht mehr anrufe. Ich könne sowieso nichts tun. Ich soll mein eigenes Leben leben.«

»Das ist ja fabelhaft!« sagte er. »Darauf müssen wir einen trinken.«
»Ich fühle mich aus irgendeinem Grund beschissen«, sagte ich und konnte kaum meine Tränen zurückhalten. »Ich kann an nichts anderes denken als an Sally. Ich glaube, ich kann mich auf nichts anderes konzentrieren.«
Fred wirkte nicht sonderlich besorgt. »Dann schreib doch darüber«, sagte er. »Es ist nun mal in deinem Kopf. Mach etwas daraus.«
Freds Worte fielen auf fruchtbaren Boden. Meine neue Aufgabe war plötzlich klar definiert, und sie erschien mir viel leichter als die Pflicht, von der Rhonda mich gerade enthoben hatte. In meiner Aufregung wurde mir klar, daß ich wirklich ein Buch schreiben mußte. Ich wollte darstellen, was es heißt, eine psychisch kranke Schwester zu haben, und wie sehr das eigene Leben dadurch beeinflußt wird. An jenem Abend setzte ich mich nach dem Essen sofort an den Schreibcomputer und hielt die ersten Stichwörter für mein Buch über Geschwister von psychisch Kranken fest.
»Schuld ... Verantwortung ... Depression ...« Ich tippte und tippte. Als ich schließlich ins Bett ging, konnte ich nicht schlafen; ich mußte über all das nachdenken, was ich Menschen, denen es ähnlich wie mir ergangen war, sagen wollte. Ich wollte meine Geschichte genauso erzählen, wie ich es an den Gruppenabenden getan hatte. Es sollte auch klar werden, wie hilfreich mir die Berichte von anderen beim Verstehen meiner eigenen Situation gewesen waren. Ich wollte von Rhonda und dem PSN erzählen, wie sie es mir ermöglicht hatten, in New York wohnen zu bleiben. Ich wollte beschreiben, wie schwierig es gewesen war, von einem Tag auf den anderen zu leben. Daß man nie wissen konnte, was als nächstes geschehen würde. Daß man auf Kontrolle verzichten mußte und auf die jeweilige Situation angemessen reagieren.
Am folgenden Tag rief ich eine Literaturagentin an und wollte ihr die Pläne für mein Buch erklären. Ich stellte mich vor, erklärte

kurz, was ich vorhatte – und begann zu husten. Ich hielt meine Hand vor die Muschel, um das Geräusch zu mildern, aber ich konnte nicht aufhören. Ich entschuldigte mich und hustete ein paar Sekunden lang heftig. Ich bekam kaum noch Luft. Schließlich mußte ich auflegen. Zehn Minuten lang mußte ich weiter husten. Beschämt rief ich sie noch einmal zurück, und wir lachten über meinen »Freudschen Hustenanfall«. »Vielleicht sollten Sie die Sache noch einmal gründlich überdenken, damit Sie sicher sein können, ob Sie es wirklich tun wollen.« Ich mußte ihr recht geben. Ich war nicht erkältet, ich war nicht krank. Seit meiner letzten schweren Grippe vor einigen Jahren hatte ich nicht mehr so husten müssen. Für den Hustenanfall gab es nur eine Erklärung: Ich reagierte allergisch auf die Vorstellung, ein Projekt zu beginnen, bei dem es um mich, meine Schwester und um psychische Krankheiten ging. Es blieb mir sozusagen im Halse stecken.

Es war ein ruhiger Tag im Büro. Paul, einer unserer Autoren, mit dem ich auch privat befreundet war, kam vorbei, um ein Manuskript abzuliefern. Nach dem Tod meiner Mutter hatte er mich oft angerufen und sich erkundigt, wie es mir ging. Als ich ihm meinen Hustenanfall beschrieb, schlug er vor, daß ich zunächst einmal klein anfangen sollte. »Versuch es doch beim *New York Times Sunday Magazine*«, meinte er, »und schreib erst mal einen Artikel.«

Die *Times* hatte Interesse an einem Artikel über FAMI, die SAC-Organisation und meine eigene Geschichte, und ich machte mich sofort an die Arbeit. Ich setzte mich mit Julie Johnson, der Begründerin des SAC, und mit Marylee Westbrook, die für das Gebiet der Westküste zuständig ist, in Verbindung, um Hintergrundinformationen zu bekommen. Zufälligerweise hatte Julie Johnson gerade zu der Zeit ihr neues Buch fertiggestellt, und ich war ihr dankbar für ihre Arbeit, denn nach meiner Reaktion bei dem Telefongespräch mit der Literaturagentin war mir klargeworden, daß ich noch nicht so weit war, ein Selbsthilfebuch für Menschen wie mich zu schreiben. Immer noch war ich zu sehr in meine eigenen Probleme verstrickt, um dieses Thema ein wenig zu objektivieren.

Am Telefon redete Julie über Gruppen, die sie geleitet hatte, und wie lange es dauert, bis der einzelne in der Lage ist, sich seinen schwierigsten Problemen zu stellen. »Irgend jemand sagt schließlich: ›Ich wünschte, mein Bruder würde sterben oder wäre schon tot‹, woraufhin ich dann sage: ›Nun gut, hat sonst noch jemand schon einmal diesen Wunsch gehabt?‹ Sehr selten gibt es jemanden in der Gruppe, der noch nie diese Wunschvorstellung gehabt hat. Es muß sie nur einer zugeben. Aber nach und nach lernt man, die Krankheit zu hassen. Man haßt nicht den Menschen. Man haßt die Krankheit, ihren zerstörerischen Einfluß auf die Familie. Man hat eine Riesenwut auf die Familie und auf andere Mitglieder der Gesellschaft. All diese Wut richtet sich aber nicht wirklich auf das kranke Familienmitglied, sondern eher auf die Eltern. Deshalb ist es auch nicht gut, wenn sie bei den Treffen dabei sind, denn wir müssen diese Wut frei äußern können.«

Auch mit Rhonda sprach ich über den Artikel und fragte sie, ob sie mir nicht noch einen Rat geben könnte. Sie hielt es für wichtig, zu betonen, daß es bei dieser Problemstellung kein Patentrezept gibt, das allen Betroffenen gleichermaßen hilft. »Wie kann man sicher sein, was in unterschiedlichen Situationen das richtige ist? Deine Eltern sterben, und du weißt nur, wie *sie* sich verhalten haben. Woher sollst du wissen, wie man eine gute Schwester ist? Du mußt es nach und nach herausfinden. Außerdem können auch noch andere Familienmitglieder im Spiel sein, die sich deinen Entscheidungen entgegenstellen.«

Das Gespräch mit Marylee Westbrook war für mich das informativste. Allein ihre Sprache drückte Energie und Optimismus aus. Sie hatte zwei kranke Brüder, von denen einer lange Zeit obdachlos gewesen war. Er lebte am Strand in der Nähe ihres Zuhauses in Venice, Kalifornien. Ab und zu kam er zu ihr, bat sie um Geld, duschte oder ruhte sich aus. Ich sagte ihr, daß ich mich davor fürchtete, in Sallys unmittelbarer Nähe zu wohnen, weil mich ihre Bedürfnisse immer geradezu erdrückten. Marylee gab mir darauf eine schlichte Antwort, die ich niemals vergessen werde: »Ich glaube, es ist wichtig, mit mir selbst im Einklang zu sein. Immer wenn ich ablehnende Gefühle meinen Brüdern gegenüber habe, dann weiß ich, daß ich mehr für sie tue, als ich will – und mehr, als sie wollen. Ich bin jetzt soweit gekommen, daß ich sagen kann, ich helfe einem von ihnen, weil ich es *an diesem Tag* möchte und die Stärke dafür habe.«

Je mehr ich an dem Artikel arbeitete, desto mehr fühlte ich mich mit meinem eigenen Leben und mit meiner Vergangenheit verbunden. Ich gab mir Mühe, mich daran zu erinnern, wie ich mich als Tochter meiner Eltern und als Schwester meiner Schwester gefühlt hatte. Ich las die Druckfahnen von Julies Buch, in dem sie jede Frage, die ich mir selbst jemals gestellt hatte, behandelte. Ich konnte nur noch daran denken, wie die psychische Krankheit Sally, meine Eltern und mich selbst beeinflußt hatte. Ich mußte weinen, als ich das Kapitel »Zerbrochenes Leben« las. »Die Familie eines psychisch kranken Menschen muß sich mit einem Leben voller Verluste abfinden.« Sie beschrieb auch »die chronische Trauer«, die »zu einem Gefühl der Hoffnungslosigkeit, der Reue und des Versagens führt«. Sie schrieb über stumm leidende Familien, die ihre Probleme totschweigen. »Die Familie wird zerstört, wenn die einzelnen Mitglieder im Umgang mit der Krankheit verschiedene Wege gehen.« Johnsons Jahre als Therapeutin zusammen mit ihren persönlichen Erfahrungen als Schwester eines schizophrenen Bruders hatten ihr zu einer Perspektive verholfen, um die ich sie nur beneiden konnte. Als ich ihr Buch gelesen hatte, wurde mir die allumfassende Botschaft klar: Lerne dich selbst kennen und kümmere dich um deine eigenen Bedürfnisse. Nur dann kannst du einem anderen wirksame Hilfe anbieten.

Während ich mein ganzes Leben lang ein Geheimnis gehütet hatte, war ich jetzt plötzlich von Leuten umgeben, deren Leben ähnlich wie das meine verlaufen war. Mein neuer »Club«, dessen Mitglieder alle psychisch kranke Familienmitglieder hatten, war offensichtlich ziemlich groß. Bei einem gemeinsamen Abendessen mit Harvey und seinen Freunden fragte mich jemand, woran ich denn gerade arbeite. Als ich den Artikel umriß, sagte die Frau zu meiner Linken, auch sie sei ein Mitglied von FAMI. Ihr Vater war schizophren und weigerte sich seit Jahren, Medikamente einzunehmen. Auch ihr Bruder hatte Probleme. Obwohl seine Probleme vergleichsweise geringfügig waren, fühlte sie sich verpflichtet, sich auch um ihn zu kümmern.
Bei einem Friseurbesuch fragte mich meine Friseuse, ob ich unter großem Streß stünde, denn mein Haar sei in einem schrecklichen Zustand. Ich erzählte ihr, was sich in meinem Leben ereignet hatte, und sie berichtete mir von ihrer schizophrenen Halbschwester. »Sie hat wirklich niemanden außer mir«, sagte sie. In der Woche zuvor wollte ich Julie Johnson eine Nachricht hinterlassen. Sie hatte aber eine geheime Telefonnummer, und so rief ich bei der Auskunft in Minneapolis an und fragte nach der Nummer der »Alliance for the Mentally Ill« (Vereinigung der psychisch Kranken). Die Frau an der Auskunft gab mir die Nummer, legte jedoch nicht gleich auf, sondern fragte mich zögernd: »Kann man dort Informationen über psychische Krankheiten bekommen?« Ich erzählte ihr von der New Yorker Gruppe – den Aufnahmebedingungen und den Selbsthilfegruppen – und meinte, in Minneapolis würde es wahrscheinlich ähnlich laufen. Sie hielt inne, und ich spürte, daß sie mir etwas erzählen wollte. Schließlich sagte sie: »Mein Sohn ist manisch depressiv.«
Fast jeden Tag fand sich ein weiterer Freund oder Bekannter, der einen Bruder, eine Schwester oder einen Elternteil mit psychischen Störungen hatte. Zwei meiner Kollegen in der Redaktion hatten Geschwister mit ernsten Problemen. Eine Autorin kam einmal in

mein Büro. Auch sie hatte von meinem Artikel gehört und wollte sich gern mit mir über ihren schizophrenen Bruder, der in Chicago lebte, unterhalten.

Bei der Arbeit an meinem Artikel fühlte ich mich zum ersten Mal als Autorin. In den acht Jahren, seit ich mit dem Malen aufgehört hatte, hatte ich Kunstkritiken, Künstlerporträts und Zeitungsberichte geschrieben. Aber die ganze Zeit über fühlte ich mich, als hätte ich als Künstlerin versagt. Ich schrieb zwar, aber es fiel mir nicht leicht, denn ich war schon über dreißig, als ich damit anfing. Ich fühlte mich jedoch nie wie eine richtige Schriftstellerin – irgendwann, so fürchtete ich, würde man mir auf die Schliche kommen. Solche Selbstzweifel sind unter den Geschwistern von psychisch Kranken häufig, und oft leben wir so, als warteten wir auf den Anfang unseres richtigen Lebens. Jetzt fühlte ich, daß mein richtiges Leben begonnen hatte. Zum ersten Mal schrieb ich ohne dieses lähmende, quälende Gefühl, das mich immer an der Schreibmaschine befallen hatte.

Ich hatte wirklich großes Glück, denn ich konnte etwas Konkretes für mich selbst tun, das mit meinen derzeitigen Erfahrungen in enger Beziehung stand. Aber ich glaube, auch jede andere Aktivität hätte eine ähnlich heilsame Wirkung gehabt. Ich tat, wozu ich wirklich in der Lage war – ich versuchte nicht mehr, den Ablauf der Geschehnisse um mich herum zu beeinflussen. Hätte ich etwas anderes getan, vielleicht eine Selbsthilfegruppe gegründet, dann hätte sich diese Arbeit wahrscheinlich genauso positiv auf mich ausgewirkt. Was ich lernte, war, mich von meiner Wunschvorstellung, alles unter Kontrolle zu haben, zu verabschieden, während ich gleichzeitig das schwierigste Problem meines Lebens in Angriff nahm.

Ich bat Rhonda, Sally von dem Artikel zu erzählen. Als die Herausgeber der Zeitschrift Sally eine Einverständniserklärung zur Unterschrift schickten, schrieb sie gnädig mit zittriger Handschrift: »Ich habe keine Einwände, daß meine Schwester Margaret

Ann Moorman so viele Artikel wie sie will über mich und unsere Familie schreibt.«
Als der Artikel redigiert wurde, zog Sally gerade von einer Unterkunft in die nächste, aber die Geschichte endete trotzdem hoffnungsvoll. Ich schrieb, daß ich an ihre angeborene Widerstandskraft glaubte und daß es ihr sicher bald wieder gut gehen würde. In Wahrheit war ich mir alles andere als sicher. Ich machte mir furchtbare Sorgen, und mit meinem leicht an den Haaren herbeigezogenen Schlußsatz wollte ich mir selbst irgendwie Mut machen.

Entschlossen, mich um mein eigenes Leben zu kümmern, machte ich mit Harvey Reisepläne. Mitte Juni bis Mitte Juli wollten wir Freunde in Belgien und Frankreich besuchen, dann wollten wir zur Biennale nach Venedig. Danach sollte es nach Florenz und Siena und schließlich nach Assisi gehen, wo ein paar unserer schwedischen Freunde ein großes Haus gemietet hatten.
Sobald wir losfuhren, machte mich der Gedanke, durch einen riesigen Ozean von Sally getrennt zu sein, regelrecht krank. Ich bekam einen Schnupfen, den ich erst wieder loswurde, als die halbe Reise schon vorüber war. Ständig fragte ich mich, was wohl in Arlington los war. Obwohl ich Rhonda wie immer wöchentlich anrief, lasteten die Meilen, die zwischen Sally und mir lagen, auf mir. Wieder hatte ich jene Vorahnungen, die mich in Seattle immer gequält hatten. Eines Abends beim Verlassen eines Restaurants in Florenz sagte ich zu Harvey, daß ich augenblicklich telefonieren müsse. Wir gingen in ein Hotel, und ich führte ein R-Gespräch mit Rhonda. Sie ließ mich wissen, daß alles unverändert war.
Auf dem Rückweg zu unserem Hotel konnte ich das Gefühl nicht abschütteln, daß Rhonda mir etwas verborgen hatte. In der folgenden Woche bestätigte sich dieser Eindruck. Am Tag meines Anrufs hatte Rhonda versucht, Sally ins Krankenhaus zu bringen, aber man hatte sie nicht aufgenommen.
Am Tag danach setzten Tammy und Mike sich für Sally ein, wie

ich es ihnen niemals zugetraut hätte. Sie hatten sie zurück zum Krankenhaus gebracht, und diesmal nahm ein anderer Arzt sie augenblicklich auf.

Sally ließ sich freiwillig einweisen; sie hatte geglaubt, daß man im Krankenhaus ihre übernatürlichen Fähigkeiten untersuchen wollte, wie sie mir später erzählte. Zu diesem Zeitpunkt muß sie schon schwere Wahnvorstellungen gehabt haben. Sie wurde untersucht, und man gab ihr ein starkes Beruhigungsmittel. Kurz darauf wurde sie in die psychiatrische Klinik von Nordvirginia in Fairfax überwiesen.

Sobald Harvey und ich wieder in New York waren, rief ich Sally im Krankenhaus an, und wir führten ein ruhiges Gespräch. Sie hörte sich erschöpft an, wie ich mir hätte denken können. Ihre Stimme klang ausdruckslos, was auf die Medikamente zurückzuführen war.

Am Ende unseres Gesprächs sagte ich ihr, ich würde sie vermissen.

»Ich liebe dich auch, Peggy«, sagte sie.

Dann rief ich die *Times* an, die meinen Artikel noch nicht gedruckt hatte. Ich sagte dem Redakteur, daß ich den Schluß abändern müßte.

# Fünfter Teil

# Heilung

# 36

Wie Rhonda mir geraten hatte, ließ ich Sally eine Woche Zeit, damit sie sich ausruhen und erholen konnte. Erst dann wollte ich sie besuchen. In der Nacht, als ich nach Virginia fuhr, geriet ich in einen kilometerlangen Stau, der sich erst nach Stunden auflöste. Es war Ende Juli und schrecklich heiß, sogar noch in der Nacht. Es war bereits halb drei, als ich endlich bei Lyn und Earl ankam, aber ich stellte meinen Wecker auf acht, weil ich nicht zu spät zu Sally kommen wollte. Sie hatte zwei Tage frei bekommen, und ich wußte, sie konnte es nicht erwarten, das Krankenhaus zu verlassen.

Lyn und Earl hatten schon länger nicht mit Sally gesprochen, aber von Betty erfuhr ich, daß Sally ihr erzählt hatte, auch Angela Davis und Charles Manson seien bei ihr im Krankenhaus. Dies beunruhigte mich, denn Sally litt anscheinend immer noch unter Wahnvorstellungen. Unser letztes Telefongespräch war zwar ziemlich beruhigend gewesen, aber diese neue Information entmutigte mich erneut.

Beim Verlassen des Hauses war es schon heiß, fast dreißig Grad, obwohl es erst neun Uhr morgens war. Ich stieg ins Auto, wo die Hitze bereits unerträglich war.

Das Krankenhaus war ein niedriges Gebäude inmitten eines gepflegten Parks. Ich klingelte, und ein Pförtner öffnete mir und bat mich, meinen Namen auf der Besucherliste einzutragen. Ich hatte angenommen, Sally würde im Aufenthaltsraum auf mich warten,

aber sie war nicht dort. Ich fragte nach ihrer Zimmernummer, und man wies mich den Gang hinunter.
Sally schlief, aber sie erwachte sofort, als ich ihren Namen sagte. Die Vorhänge waren zugezogen, und meine Augen mußten sich erst an das Dämmerlicht im Zimmer gewöhnen. Sally wirkte dünn, aber erst als ich die Vorhänge öffnete, sah ich, wie verändert sie war. Ihr Gesicht war verzerrt und grau. Ihr Haar war sauber, aber es sah zerzaust aus. Es war struppig und stand ihr wild um den Kopf. Ihre Haut war gummiartig und schlaff, als hätte jemand die Luft aus ihren Wangen gelassen. Ihre Augen lagen tief in den Höhlen, und darunter verliefen schwarze Ringe. Als sie etwas sagte, klang es schleppend und schwach. Sie trug immer noch nicht ihre oberen Zähne, und ihre Lippen waren ganz eingefallen.
In zweieinhalb Monaten hatte Sally vierzig Kilo abgenommen. Obwohl sie immer noch nicht dünn war, wirkte sie irgendwie hager. Ich konnte ihre Schlüsselbeinknochen sehen, und ihre Kleider hingen lose an ihr herunter.
Sally fragte, was wir machen würden. Wir würden das machen, wozu sie Lust hätte, sagte ich ihr. Sie zog ein Paar Latschen an und erhob sich langsam. Von dem Schwung ihrer manischen Phase war nichts mehr zu spüren. Sie konnte sich kaum bewegen. Es war fast, als hätte all die geleistete Energie sie innerlich ausgebrannt.
Beim Verlassen des Zimmers fragte ich Sally, ob sie ihre Brille nicht aufsetzen wollte. »Ich habe sie nicht mehr«, sagte sie. Seit Wochen hatte sie sie nicht mehr. Bei unserem letzten Treffen auf dem Parkplatz hatte sie eine Sonnenbrille getragen, die sie wahrscheinlich irgendwo gekauft hatte. Damals hatte sie wohl bereits ihre normale Brille verloren. Ich würde Rhonda bitten, mit Sally zum Optiker zu gehen.
Plötzlich überkam mich eine tiefe Traurigkeit, da offensichtlich niemand bemerkt hatte, daß Sallys Brille verschwunden war. Sie hatte sie doch sonst immer getragen, aber niemand hatte ihr Fehlen registriert. Ohne Brille wirkte Sallys Gesichtsausdruck abwe-

send. War Sally so in sich gekehrt, weil sie schlecht sah oder weil sie so viele Medikamente schluckte? Ich wußte es nicht. Wir versuchten den Tag zu planen, und ich fragte sie, ob sie ins Kino gehen wolle, weil es dort schön kühl war. »Ohne Brille kann ich doch nichts sehen«, sagte sie dazu. Genau wie vor einigen Wochen, als ich ihre Habseligkeiten sortiert und eingepackt hatte, spürte ich wieder, daß niemand Sally jemals so gut kennen würde wie ich. Niemand würde sie jemals so sehr lieben. Sie tat mir leid, da ich offenbar ihre beste Freundin war und sie dennoch so oft im Stich gelassen hatte.

Auf dem Weg nach draußen ging Sally noch ins Schwesternzimmer und holte sich ihre Medizin für den Tag. Sie wirkte schwach und erschöpft. Immer wenn sie etwas sagte, mußte ich sie bitten, es noch einmal zu wiederholen. Ihre Stimme war so leise und klang wie das schläfrige Geflüster eines Kindes. Wir beschlossen, nach Great Falls zu fahren. Dort war ein Park, der uns beiden gut gefiel. Auf dem Weg fuhren wir durch eine ehemals ländliche bewaldete Gegend, die allmählich zu Bauland geworden war, wie überall in der Umgebung von Washington. In der Nähe des Parks waren zwar noch immer Waldgebiete, aber die Sonne schien in den neuen Rodungen gnadenlos auf uns herunter. Ich fuhr schnell, in der Hoffnung, bald in die kühlen Wälder am Potomac-Fluß zu gelangen.

Wir parkten und gingen zum Kiosk neben dem Eingang. Unsere Kehlen waren wie ausgetrocknet. Wir kauften uns etwas zu trinken und setzten uns auf eine Bank, während wir tranken. Sally mußte oft stehen bleiben. Schon die paar hundert Meter vom Auto zu den Bänken waren für sie eine große Entfernung. Nach der Pause gingen wir den gewundenen Pfad zur Picknickwiese hinunter, wo ich meine Decke ausbreitete. Sally stolperte, als sie sich setzen wollte; es sah fast aus, als würde sie fallen. Es war entsetzlich heiß. In der letzten Stunde war die Temperatur anscheinend noch gestiegen. Etwa dreißig Minuten lang lagen wir schweigend da. Sally fühlte sich nicht wohl, genausowenig wie ich. Schließlich sagte sie, daß sie zurück zum Auto wolle. Sie erhob sich mühevoll, und ich legte die Decke zusammen. Auch ich fühlte mich mittlerweile schlapp, und Sally schwankte wie betrunken. Wir hatten den Parkplatz schon fast erreicht, als sie plötzlich wieder stolperte und sich kaum noch auf den Beinen halten konnte. »Ich fühle mich so schlapp, Peggy«, sagte sie.

Lyn und Earl waren nicht zu Hause, deshalb fuhren wir zu ihrem Haus, das eine Klimaanlage hatte. Ich fühlte mich ein wenig unbehaglich, Sally dorthin mitzunehmen, denn sie hatten uns nicht eingeladen, wie sie es sonst immer taten. Ich wußte, daß Sallys Benehmen während ihrer manischen Phase ihnen Angst eingejagt hatte. Seit Monaten hatten sie Sally nicht mehr angerufen, auch nicht, nachdem sie ins Krankenhaus gekommen war. Traurig fragte ich mich, ob sie sie abgeschrieben hatten.

Ohne Lyn und Earl hätte ich das vergangene Jahr kaum überstanden. Sie hatten mich immer mit offenen Armen aufgenommen. Immer war ich ihnen willkommen und konnte mich bei ihnen wie zu Hause fühlen. »Du bist für uns wie eine Tochter«, pflegten sie immer zu sagen, und so fühlte ich mich auch. Lyn sorgte für mich wie für ihr eigenes Kind, und Earl gratulierte mir jedesmal brieflich zu meinen Artikeln. Aber jetzt fragte ich mich plötzlich: Wenn ich eure Tochter bin, wer ist dann Sally? Sie ist doch meine Schwester! Wir sind ein untrennbares Paar.

Sally ging in den Keller und legte sich dort auf ein Bett. Ich blieb oben. Nach etwa einer Stunde rief Sally mich und fragte nach der Uhrzeit. Ich sagte sie ihr und schlug vor, bald etwas zu essen. Dann hörte ich einen furchtbaren Knall.

Ich rannte in den Keller. Dort fand ich Sally auf dem Boden liegend. Die Matratze lag auf ihr drauf. Sie war vor lauter Schwäche aus dem Bett gefallen und hatte dabei die Matratze heruntergerissen. Ich schob die Matratze zurück aufs Bett und reichte Sally meine Hand. Auch mit meiner Hilfe konnte sie kaum wieder aufste-

hen. Langsam fragte ich mich, ob die Beruhigungsmittel sie vielleicht krank machten.
Als wir wieder draußen waren, war uns wegen der Hitze fast jede Bewegung zuviel. Es war wolkig. Es waren jedoch keine Regenwolken. Der Himmel war gelblich grau, und obwohl die Sonnenstrahlen jetzt nicht mehr durchkamen, hatte es sich kein bißchen abgekühlt. Wir fuhren zu McDonald's und gingen in das kühle Gebäude.
Den ganzen Tag über hatten wir kaum miteinander gesprochen. Sally war still, und ich drängte sie nicht zum Reden. Aber als wir nun dasaßen und unsere Cola tranken, fragte ich so beiläufig wie ich konnte nach Charles Manson und Angela Davis. »Ich dachte, sie wären in Kalifornien«, sagte ich.
»Sie sind jetzt hier«, entgegnete sie. In aller Ruhe trank sie ihre Cola. Dieses Gespräch interessierte sie nicht im geringsten.
»Das kann eigentlich nicht sein, Sally. Vielleicht irrst du dich ja«, sagte ich.
»Nun, unter diesen Namen haben sie sich zumindest vorgestellt«, antwortete sie. Zwei andere Patienten mußten also selbst unter Wahnvorstellungen leiden, oder sie hatten ein Spielchen mit Sally gespielt, was ich für wahrscheinlicher hielt. Sie hatte einfach alles geglaubt und Betty und Donald von ihnen erzählt.
Wir konnten nicht den ganzen Tag bei McDonald's verbringen, zumindest war es nicht besonders gemütlich dort. Sally wollte sich wieder hinlegen und bat mich, sie zurück ins Krankenhaus zu fahren. Ich sträubte mich gegen ihre Bitte, denn in der Klinik gab es eine Regel, nach der man den Rest des Tages dort verbringen mußte, wenn man seinen Ausgang schon früh unterbrach. Man würde ihr nicht erlauben, nach einem Mittagsschlaf wieder auszugehen.
»Das Wetter ändert sich bestimmt gleich, Sally«, sagte ich. Es mußte einfach kühler werden, dachte ich.
»Ich kann es nicht mehr länger aushalten«, antwortete sie. »Ich muß zurück.«

Während der Fahrt fragte sie mich, ob ich ihr etwas besorgen würde. »Ich brauche zwei Paar Hauslatschen«, sagte sie.
»Warum gleich zwei?«
»Ach, man verliert sie so schnell.«
Natürlich würde ich sie besorgen. Als wir wieder im Krankenhaus waren, brachte ich sie auf ihr Zimmer. Es hatte keinen Sinn zu bleiben, denn sie war eingeschlafen, sobald sie im Bett lag.
Ich sagte der zuständigen Krankenschwester, daß es Sally sehr schwindelig gewesen war, wodurch sie ständig gestolpert und fast hingefallen war. Sie machte eine Notiz in Sallys Akte, aber sie meinte, es läge wahrscheinlich an der Hitze und nicht an Sallys Medikamenten.
Ich mußte noch einmal zu Tammy und Mike, weil Sallys Sachen immer noch bei ihnen im Keller waren. Sally hatte einige Kartons ausgepackt, und ich wollte sehen, was wieder in Ordnung gebracht werden mußte. Ich wußte nicht, wohin Sally nach ihrer Entlassung ziehen würde, aber auf gar keinen Fall sollte sie dorthin zurück.
Sally hatte ihr Versprechen, in eine betreute Wohngruppe zu ziehen, nicht vergessen und wollte es auch halten. Aber die Plätze in diesen Einrichtungen waren knapp, und wir konnten nicht sicher sein, daß sie gleich einen bekam. Rhonda hatte den ACRI informiert, sobald Sally in die Klinik gegangen war. Augenblicklich setzten sie sie wieder auf ihre Klientenliste. Jose Campos, ein Betreuer des ACRI, bemühte sich sehr darum, Sally in einer Wohngruppe unterzubringen, wo innerhalb eines Monats ein Platz frei würde. Sally stand zwar nur auf dem zweiten Platz der Warteliste, aber Bewohner hatten bei einer Neuaufnahme das letzte Wort. Rhonda riet mir, mir nicht zu große Hoffnungen zu machen. »Verlassen Sie sich nicht auf so etwas«, sagte sie. »Denken Sie positiv, aber versteifen Sie sich nicht zu sehr darauf.« Ich schob den Gedanken also soweit es ging beiseite. Ich wollte zunächst den Keller wieder in Ordnung bringen. Dann sollten Rhonda, Sally, Jose und der ACRI entscheiden, ob die Kartons in eine Wohnung, in ein

möbliertes Zimmer oder in einen Lagerraum gebracht werden sollten.
Der Keller sah immer noch ganz gut aus. Sally hatte nur einige Schallplatten aus einer Schachtel genommen und einige andere Kartons geöffnet und deren Inhalt ein wenig durchwühlt. Man konnte sie leicht wieder einpacken. Ich hatte ein unwirkliches Gefühl, als ich zwischen den Kisten und Möbelstücken umherging. Irgendwie konnte ich mich nicht mehr auf all dies konzentrieren. In meiner Vorstellung hatte der Keller schon der Vergangenheit angehört. Ein wenig ratlos neben dem Bett stehend, nahm ich einen Plastikaschenbecher in die Hand, der auf dem Nachttisch stand. Darin fand ich Sallys obere Zähne. Ich wickelte sie in eine Serviette und steckte sie in meine Handtasche.
Ich sah mich noch einmal genauer um. Plötzlich bemerkte ich, daß überall neue Tüten herumstanden, die mir vorher nicht aufgefallen waren. Ich leerte sie alle nacheinander auf dem Bett aus. In einer Tüte war ein Kassettenrecorder und eine Packung leerer Kassetten. Auch der Kassenbon war noch in der Tüte. In einer anderen war ein ganzer Stoß neuer Kleidungsstücke, an denen noch die Preisschilder mit dem Namen des Geschäfts hingen, bei dem Sally mit einem ungedeckten Scheck bezahlt hatte. Da waren vier oder fünf Gymnastikanzüge in verschiedenen Größen und mehrere Shorts. Alles war viel zu klein für Sally, obwohl sie so viel abgenommen hatte. In einer anderen Tüte waren lauter Sonnenbrillen, von denen einige kaputt und andere brandneu waren. Ich stapelte alles locker auf. Einige Sachen konnte man vielleicht noch zu den Läden zurückbringen. Wenn man bedachte, daß Sallys manische Phase zwei Monate gedauert hatte, war es gar nicht so schlimm.
Beim Öffnen der letzten Tüte entdeckte ich zwei Paar Gummilatschen. Ich steckte sie ein und fuhr zurück zum Krankenhaus.
Auf dem Weg hielt ich kurz noch einmal bei McDonald's und holte ein paar Big Macs, um die Sally gebeten hatte. Als ich in ihr Zimmer kam, lag sie noch im Bett. Ich sagte etwas zu ihr, und sie

setzte sich auf, sagte mechanisch hallo und rieb sich den Schlaf aus den Augen. Ich öffnete die Tüte mit den Big Macs, und wir hielten unsere Mahlzeit auf dem Bett. Sally schlang ihr Essen gierig herunter und legte sich wieder hin, bevor ich auch nur die Strohhalme in unsere Getränke stecken konnte. Ich wartete einen Augenblick. Vielleicht ruhte sie sich ja nur etwas aus. Dann fragte ich sie jedoch, ob ich lieber gehen sollte.

»Es macht mir nichts aus, im Auto zu essen«, log ich.

»Vielleicht wäre es besser, du gehst. Ich bin so müde, Peggy.«

»Ist dir immer noch schwindelig?« fragte ich.

»Nein, ich bin nur müde.«

Ich war ganz erschlagen von der Hitze, und Sally mußte es ähnlich gehen. So packte ich mein Essen ein und verabschiedete mich. Eine Schwester brachte mich zur Tür und schloß sie für mich auf. Draußen war es immer noch schwül wie in einem Treibhaus. »Ich glaube, ich bleibe noch ein Weilchen drinnen«, sagte ich zu der Schwester. Ich nahm mein Essen mit in den Aufenthaltsraum und aß dort. Einige Patienten sahen fern, das heißt, sie starrten auf den Bildschirm, aber niemand schien sich für den Film zu interessieren. Ein Freund von mir hätte gesagt: »Sie blickten in den Narrenwinkel.« Und das tat ich wahrscheinlich auch.

Am Sonntag war es genauso heiß wie am Samstag. Aber die Sonne wurde nicht von einem graugelben Wolkenschleier verdeckt. Sobald ich das Haus verließ, begann ich zu schwitzen. Im Krankenhaus angekommen, war ich bereits naßgeschwitzt. Ich schlug Sally vor, wegen der Hitze doch lieber im Krankenhaus zu bleiben, aber sie wollte gern in ein bestimmtes Restaurant, deshalb unterschrieben wir einen Urlaubsschein und verließen die Klinik.

Sallys Verfassung vom Vortag hatte sich kaum verändert, doch sie erzählte ein bißchen während der Fahrt. Sie sei zurück in den Keller gegangen, um nach ihren Schallplatten zu suchen. Aber ihre alten Singles aus den fünfziger Jahren habe sie nicht finden können.

Vielleicht hatten Tammy und Mike sie ja gestohlen, vermutete sie. Schon oft hatte ich so etwas von ihr gehört. All die Sachen, die bei ihr im Lauf der Jahre verschwunden waren, hatten ihrer Meinung nach übelgesinnte Zeitgenossen gestohlen. Bei einem von Sallys Umzügen hatte Mutter einmal aus Versehen einige Kartons in der alten Wohnung stehenlassen. Jahrelang hatte Mutter versucht, Sally von ihrer Überzeugung abzubringen, jemand habe sie gestohlen. Ich dachte daran und biß mir auf die Zunge. Als sie zurück in den Keller gezogen war, hatte sie Tammy und Mike einige der Möbel geschenkt, die ihr die Umzugsfirma fälschlicherweise gebracht hatte. Sie hatte ihnen auch ihren Eßtisch zur Verfügung gestellt. Die beiden hatten also keinen Grund, Sally zu bestehlen, da sie nur allzu bereit war, ihnen alles, was sie wollten, zu schenken oder zu leihen.

Sally mußte wieder stark paranoid sein, wie sich zeigen sollte. »Ich glaube, jemand hat mir einen üblen Streich gespielt«, murmelte sie. »Ich bin mir nicht sicher, aber es muß dieser Schwarze sein – er ist ein Freund von Tammy.« Abrupt hielt sie inne, denn wahrscheinlich merkte sie, daß es verrückt klingen mußte. »Ich möchte nicht darüber sprechen, Peggy«, sagte sie und starrte ausdruckslos aus dem Fenster. Sally hatte offenbar gelernt, gewisse Dinge für sich zu behalten.

Beim Restaurant angekommen, fand ich einen Parkplatz im Schatten. Es war drückend schwül, und auf dem Weg zum Eingang war ich schweißgebadet.

Eine Kellnerin führte uns zu einem freien Tisch. Sie sah Sally verächtlich von oben bis unten an. Auch als wir schon am Tisch saßen, starrte sie uns weiter von ihrem Platz an der Tür aus an. Ihr Blick war geradezu höhnisch. Am liebsten wäre ich aufgestanden und hätte ihr eine Ohrfeige verpaßt. Statt dessen starrte ich nur haßerfüllt zurück. Ich wußte, das war falsch. Ich hätte ihr Sallys Krankheit erklären sollen. Vielleicht hätte sie ihre Einstellung dann geändert. Aber ich war zu erschöpft – mir war entsetzlich heiß, und ich war zu gereizt. Schließlich wandte sie uns den Rücken zu.

Sally bestellte eine Hummerpastete. Bevor ich den ersten Bissen heruntergeschluckt hatte, hatte sie ihre Mahlzeit schon verschlungen. Einige Minuten lang rutschte sie nervös auf ihrem Stuhl herum. Dann stand sie plötzlich auf.

»Ich brauche frische Luft«, stieß sie hervor. »Macht es dir was aus, wenn ich ein bißchen spazierengehe?«

Ich erinnerte sie an die Hitze – mittlerweile mußten es etwa vierzig Grad sein, und die Luftfeuchtigkeit betrug wohl annähernd hundert Prozent.

»Ich brauche frische Luft«, wiederholte sie.

Ich gab ihr die Autoschlüssel, damit sie sich, falls nötig, schon hineinsetzen konnte. Ich blickte ihr nach, als sie das Restaurant verließ. Sie ging vorbei an der boshaften Kellnerin, die zurückschreckte, als Sally an ihr vorbeirauschte.

Schnell beendete ich meine Mahlzeit und bezahlte die Rechnung – es dauerte höchstens zehn Minuten. Dann trat ich hinaus in die Nachmittagshitze und sah mich nach Sally um, denn ich dachte, sie sei in der Nähe des Eingangs. Sie war nicht dort. Ich konnte den Wagen sehen, aber er war leer. Dann ging ich zurück ins Restaurant. Sie war auch nicht in der Toilette oder am Buffet.

»Haben Sie vielleicht meine Schwester gesehen?« fragte ich einen Kellner.

»Sie ist gegangen«, antwortete er und wies auf den Ausgang.

Die Kellnerin meldete sich zu Wort. »Sie ist nicht zurückgekommen«, sagte sie. Vielleicht spürte sie meine Verzweiflung, denn sie war nicht mehr so herablassend wie vorher und versuchte zu helfen. Ich war dankbar und lächelte ihr zu. Sie erwiderte mein Lächeln. »Ich sage ihr, daß sie auf Sie warten soll, wenn sie zurückkommt.«

Ich ging wieder hinaus und dann hinunter zur Straße. Es war eine stark befahrene, vierspurige Straße. Ich blickte den Bürgersteig hinauf und hinunter. Sally war weit und breit nicht zu sehen. Ich ging um das Restaurant herum. Dahinter standen ein paar Bäume, die ein wenig Schatten spendeten. Auch dort keine Spur von Sally; mein Herz begann zu rasen. Ich ging zurück zur Eingangstür und fragte mich, was ich tun sollte. Sally hatte meine Autoschlüssel, deshalb konnte ich nicht herumfahren und nach ihr suchen. Es waren schon fünfundzwanzig Minuten vergangen, seit sie das Restaurant verlassen hatte. Ich war in der Klemme und kam mir völlig hilflos vor. An der Straße war eine Telefonzelle. Von dort aus rief ich Lyn und Earl an und ließ sie wissen, was geschehen war.

Lyn konnte die Angst in meiner Stimme hören. »Bleib, wo du bist«, sagte sie. »Wir sind unterwegs.«

Ich legte auf. Ich war vor Hitze und Angst klatschnaß geschwitzt. Sally war schwach, und ihr war dauernd schwindelig – wenn sie nun gestolpert und gefallen war? Ich hatte sie mit Erlaubnis der Klinik mitgenommen und war verantwortlich für sie. Ich hätte sie nicht aus den Augen lassen dürfen.

Während ich mir die wildesten Gedanken machte, blickte ich die ganze Zeit die Straße hinauf und hinunter. Gerade als mir die Tränen in die Augen stiegen, sah ich Sally um die Ecke biegen. Ich rief Lyn und Earl an und erwischte sie beim Verlassen des Hauses.

»Sie ist hier«, sagte ich. »Sie kommt die Straße hinunter.«

Mit gesenktem Kopf ging Sally langsam auf das Restaurant zu. Ich wartete, bis sie fast auf meiner Höhe war, und sprach sie an. Als sie aufsah, rannte ich auf sie zu. »Ich dachte schon, du würdest nie mehr zurückkommen«, rief ich.

»Ich habe dir doch gesagt, daß ich spazierengehen wollte«, sagte sie.

»Ich weiß, aber ich dachte, du wolltest nur einen kurzen Spaziergang machen.«

»Wenn man wochenlang im Krankenhaus eingesperrt war, dann tut es richtig gut, mal rauszukommen und sich zu bewegen.«

Ihre Worte waren so einfach, so logisch. Meine Panik erschien mir selbst lächerlich. Schließlich hatte Sally heute zum ersten Mal aus eigenem Antrieb einen Spaziergang gemacht. Ich mußte einfach flexibler in meinen Erwartungen und Reaktionen werden, etwa wie ein Tennisspieler, der sich für jeden erdenklichen Schlag bereithalten muß. Ich mußte einfach lockerer und spontaner werden – das war nicht gerade meine starke Seite.

Sally und ich schauten kurz bei Donald und Betty herein, dann hielten wir bei Lyn und Earl, und ich holte meine Reisetasche. Vom Krankenhaus aus wollte ich direkt nach New York fahren. Lyn und Earl verhielten sich Sally gegenüber so warmherzig wie eh und je. Lyn zog mich beiseite und fragte, ob mit Sally alles in Ordnung sei – sie sehe so schrecklich schwach aus.

Im Krankenhaus war es kühl und still, und ich brachte Sally auf ihr Zimmer.

»Ich werde mich jetzt ausruhen müssen, Peggy«, sagte sie.

»Dann will ich schon losfahren.«

»Danke, daß du gekommen bist.«

»Es war schön, dich wiederzusehen.«

»Danke für die Schlappen.«

Meiner Meinung nach war das Wochenende nicht besonders schön gewesen, aber Sally schien das nicht gestört zu haben. Ich würde bald wiederkommen, sagte ich ihr. Und ich würde dafür sorgen, daß sie eine neue Brille bekam, damit sie wenigstens besser sehen konnte.

Das Fernsehgerät im Aufenthaltsraum war wie immer eingeschaltet. Auf dem Weg zum Ausgang hörte ich den Wetterbericht. Die Temperatur war auf über vierzig Grad angestiegen. Älteren und kranken Menschen wurde geraten, im Haus zu bleiben. »Es ist heiß draußen, Leute«, hörte ich den Reporter sagen. »Gefährlich heiß.«

# 37

In der folgenden Woche brachte Jose Campos Sally zu ihrem Aufnahmegespräch in das Wohnheim. Auf dem Weg sang sie ihm das Ave Maria vor, erzählte er mir später. »Sie hat eine schöne Stimme«, sagte er. »Und sie ist ein sehr netter Mensch.« An seinem Tonfall konnte ich erkennen, daß er Sally wirklich gern mochte, deshalb war er mir auch sofort sympathisch. Ich schöpfte Hoffnung. Er würde sich für sie ins Zeug legen.

Das Gespräch war gut gelaufen, meinte er. Sally blieb ein paar Stunden im Hause, obwohl ihr Empfang dort alles andere als ermutigend gewesen war. Als sie mit Jose zur Eingangstür gegangen war, hatte ein Bewohner, der rauchend auf der Veranda saß, sie angesehen und erklärt: »Ich kann Sie nicht leiden.« Wäre mir so etwas passiert, dann hätte ich sofort meinen Aufnahmeantrag zurückgezogen. Aber Sally ließ sich nicht abschrecken. Vielleicht war es unbedeutend, verglichen mit all dem, was sie in ihrem Leben schon durchgemacht hatte. Außerdem war sie den Schrullen anderer gegenüber äußerst tolerant. Ich denke, sie führte den Ausspruch auf die Krankheit des Mannes zurück. »Die Krankheit spricht aus ihm heraus.« Sally hat das instinktiv begriffen, dessen bin ich mir ganz sicher.

Einige Tage nach dem Gespräch durfte Sally schon einziehen, und zwei Wochen später besuchte ich sie in ihrem neuen Zuhause. Ich war von dem Heim angenehm überrascht. Das weiträumige Flachdachgebäude hatte eine große Veranda und stand an einer hübschen, schattigen Allee. Innen war es frisch renoviert. Die bequem aussehenden Sitzmöbel waren mit grauem und malvenfarbigem Stoff bezogen. Alles wirkte friedlich. Die Betreuer und die übrigen Bewohner machten einen entspannten, fröhlichen Eindruck. Ich mußte an das Heim denken, in dem Sally vor mehr als einem Jahrzehnt einmal gewohnt hatte. Es lag in einer heruntergekommenen Gegend von Washington. Es sah düster aus und wirkte innen wie außen deprimierend schäbig. Beim Anblick dieses Heims dachte ich an Leserbriefe in der *New York Times*, in denen sich Anwohner gegen solche Heime in ihrer Nachbarschaft aussprachen. Ich wünschte, jeder besorgte Hausbesitzer könnte ein solch gutgeführtes und gepflegtes Heim besichtigen. Sally sagte, die Nachbarn hier seien »sehr freundlich«. Sie sagte dies ganz nebenbei, als sei diese Freundlichkeit völlig selbstverständlich. Ich richtete ein stummes Dankgebet an alle Bewohner dieser Straße.

Sally sah völlig anders aus als im Krankenhaus. Am meisten hatte sich ihr Gesicht verändert. Es sah glücklich aus, fand ich, richtig glücklich. Sie hatte jetzt einen neuen Arzt im psychiatrischen Zentrum aufgesucht – »Gott sei Dank«, wie Rhonda meinte –, und sie hatte ein neues Medikament bekommen, was ihr die Betreuer im Heim täglich verabreichten. Ihre Stimmung war ausgeglichen, fast heiter. Jene lähmende Apathie, die während ihrer Lithiumeinnahme so charakteristisch für sie gewesen war, war verschwunden. Jetzt erst verstand ich, wie sehr sich Medikamente auf ihre Persönlichkeit auswirkten, und ich dachte, das hier ist Sally. Sally ist zurückgekommen. »Du siehst *wunderbar* aus«, sagte ich zu ihr.

Lächelnd erwiderte sie: »Für meine Lieblingsschwester kann ich schließlich gar nicht hübsch genug aussehen.«

Sie trug eine neue, modische Brille, die ihrem Gesicht schmeichelte. Ich beglückwünschte sie zu ihrem Geschmack, und sie sagte mir, daß sie gleich zwei Brillen gekauft hätte, »falls ich diese mal verliere«.

Plötzlich war ich ein wenig gereizt. »Warum kaufst du alles gleich doppelt und dreifach?« fragte ich sie, wobei ich an die Gymnastikanzüge und Sonnenbrillen dachte, die sie während ihrer manischen Phase gehortet hatte.
Sie überlegte kurz und antwortete schulterzuckend: »Ich weiß es nicht. Wahrscheinlich, weil Mutter das auch immer getan hat.«

Wir machten uns einen schönen Tag und kauften für Sally etwas Neues zum Anziehen, Schuhe, Rollis und eine wärmere Jacke für den Herbst. Sally wählte eine hübsche kobaltblaue Wolljacke, die gut zu ihrem blassen Teint paßte. Beide mußten wir an Mutter denken, wie sie immer darauf bestanden hatte, daß Sally Tweedjacken kaufte, weil sie dauernd Cola verschüttete und Zigarettenasche fallen ließ. Sally versprach mir, diese Jacke regelmäßig reinigen zu lassen, »ob sie es nötig hat oder nicht«. Sally kaufte, was ihr gefiel, und offensichtlich wußte sie auch, was ihr gut stand. Alle Sachen, die wir kauften, hatten leuchtende Farben, bis auf eine schwarze Strickjacke. Sie machte sich sehr gut zu den roten, grünen und gelben Rollis.
»Und sie macht schlank«, sagte Sally. Im Krankenhaus hatte sie wieder etwas zugenommen, und ihre Haut wirkte jetzt nicht mehr so schlaff und ungesund.
»Du bist gerade richtig, Sally«, versicherte ich ihr und meinte es auch so.
Während unseres Einkaufsbummels redeten wir kaum über die vergangenen Monate, sondern mehr über Sallys neues Zuhause und über ihre Zukunftspläne. Sie fand das Heim ganz phantastisch, was mich nicht überraschte, denn sie war immer begeistert, wenn etwas Neues begann. Die Frage war, wie sie mit den unvermeidlichen Schwierigkeiten und Enttäuschungen in ihrer neuen »Familie« umgehen würde. Mit dem Mann auf der Veranda hatte sie sich schon angefreundet. Detailliert beschrieb sie auch die anderen, die Bewohner und die Betreuer. Sie war sehr lebhaft, aber

sie strahlte trotz ihres Enthusiasmus eine beruhigende Ausgeglichenheit aus.
Wir sprachen über die bevorstehenden Präsidentschaftswahlen zwischen George Bush und Michael Dukakis. Ich fragte Sally, ob sie vorhabe zu wählen. Sie hatte nie ihre normalen Bürgerrechte verloren, die entmündigten psychisch Kranken aberkannt werden. Mutter hatte Sally zu jeder Wahl mit ins Wahllokal geschleppt. »Woher soll sie wissen, wen sie wählen soll?« hatte ich sie gefragt. »Sie liest ja nicht einmal die Zeitung.«
Mutter hatte prompt geanwortet: »Sie wählt dasselbe wie ich und damit basta.«
Sally hatte sich schon entschlossen, Dukakis zu wählen. Mutter wäre zufrieden gewesen, dachte ich lächelnd. Ich fragte sie, wie sie zu dieser Entscheidung gekommen war.
»Ich habe seinen Wahlspruch auf einer Kaffeetasse gelesen«, sagte sie. »Da war viel vom Teilen die Rede, und dafür bin ich.« Sie hatte sich auch eine republikanische Tasse angesehen, aber sie meinte: »Ihr Wahlspruch hat mir nicht so gut gefallen.«

Am nächsten Morgen traf ich mich mit den Umzugsleuten im Keller und sagte ihnen, wie sie die Sachen einpacken sollten. Mike kramte noch einige hauptsächlich mit Wolle gefüllte Müllsäcke hervor. Sie waren seit Sallys Einzug unter der Kellertreppe verstaut gewesen. In einem Sack war etwas Hartes, und ich öffnete ihn aus Neugier. Ich fand Sallys alte Singles in ihren fünfundzwanzig Jahre alten Alben. Ich triumphierte bei diesem Fund. Zum einen konnte ich Sally jetzt beweisen, daß ihr Argwohn gegenüber anderen Menschen unbegründet war. Zum anderen wußte ich, wie sehr sie sich freuen würde, wenn ich ihr davon erzählte.
Ich hatte einen großen Lagerraum gemietet und dachte, alles würde hineinpassen. Aber nachdem er vollgeräumt war, war der Umzugslaster erst halb leer. Ich mietete einen weiteren Raum, in den wir soviel wie möglich hineinstopften, aber immer noch waren

Berge von Säcken übrig. Ich rief Sally an und sagte ihr, daß es unmöglich sei, all ihre Sachen aufzubewahren. Der Augenblick sei gekommen, sich von ihrem Wollgarn zu trennen.
»Ich will es behalten«, sagte sie so nachdrücklich, daß ich mich zwingen mußte, weiter mit ihr zu verhandeln.
»Aber du hattest es doch so viele Jahre lang, und du hast es nie benutzt«, sagte ich schwach.
»Aber nur, weil ich keine eigene Wohnung hatte, in der ich es hätte ausbreiten können.«
Das war nicht ganz richtig. Sie hätte es in ihrem alten Zimmer in Mutters Haus ausbreiten können. Dort hatte sie immerhin zwei Jahre lang gewohnt. Oder sie hätte es mit in ihre letzte Wohnung nehmen können. Ich behielt diese Gedanken jedoch bei mir. Langsam wurde mir klar, was diese Unmengen von Wollgarn für sie symbolisierten – die Hoffnung, eines Tages ein eigenes Zuhause zu haben, die Hoffnung auf Arbeit, auf Erfolg. Ich ließ das Thema fallen und stopfte die Säcke irgendwie in die Lagerräume. Wir würden uns nie wieder wegen ihnen streiten.
Leute, die es nicht besser wußten, sagten immer zu mir: »Du kannst zufrieden sein, jetzt wo alles endlich geregelt ist.« Nichts ist jemals endgültig geregelt. Sally und mir ging es zwar ziemlich gut, aber noch war nicht klar, wieviel wir im vergangenen Jahr gelernt hatten. Beispielsweise hatte ich geglaubt, meine unkontrollierten irrationalen Wutanfälle hinter mir zu haben. Leider war dies nicht der Fall. Kurz nach ihrem Einzug in ihr neues Zuhause wollte Sally gern Mutters Klavier in ihrem Zimmer haben. Rhonda hatte ihr geraten, lieber einen Monat zu warten, sagte sie mir am Telefon. Sie sollte erst sicher sein, ob es ihr dort auf Dauer gefiel.
Ich explodierte. »Das will ich ihr aber geraten haben. Ich lasse sie nicht noch einmal umziehen!«
»Sie sind unvernünftig, Peggy«, sagte Rhonda ruhig. »Sally braucht nicht Ihre Zustimmung, wenn sie umziehen möchte. Sie selbst kann entscheiden, wo sie wohnen will. Sie können sie nicht zwin-

gen, im Heim zu bleiben, wenn sie es nicht will. Wenn Sally beschließt auszuziehen, dann wird sie ausziehen, und es gibt nichts, was Sie dagegen tun könnten.«

Diese Vorstellung deprimierte mich. »Ich möchte einfach eine Weile nicht über Sally nachdenken«, sagte ich, und meine alten Fluchtgedanken holten mich ein.

»Das ist nicht möglich«, sagte Rhonda sachlich. »Von diesem Zug können Sie nicht einfach abspringen.«

Auch Sally war kein neuer Mensch geworden. Etwa ein Jahr nach ihrer Krankheit redeten wir über ihre Zusammenbrüche. Wieder sprach sie von ihrem Plan, ein eigenes Heim zu eröffnen. Ich unterdrückte meinen Ärger, aber während des Zuhörens wurde mir klar, daß dies wirklich ein Traum von Sally war, ob sie nun gesund oder krank war. In ihren manischen Phasen hatte sie nur mehr Energie, diesen Plan voranzutreiben.

Anfang Oktober veröffentlichte die *Times* meinen Artikel. Alle Leute, die ich jemals gekannt hatte, meldeten sich bei mir, und die meisten hatten mir offensichtlich ihre eigenen Geschichten zu erzählen. Ein Künstler aus unserem engeren Freundeskreis berichtete zum ersten Mal von seiner schizophrenen Schwester, die seit Jahren auf einer geschlossenen Psychiatriestation untergebracht war. Ein ehemaliger Freund aus dem College erzählte, daß seine jüngere Schwester in den vergangenen zwanzig Jahren zahlreiche Zusammenbrüche erlitten hatte. Eine Kunsthändlerin gestand mir, sie habe beim Lesen meines Artikels geweint, weil sie an ihren schizophrenen Bruder denken mußte. Ein entfernter Verwandter von Harvey bat mich um die Telefonnummer des SAC in Boston. Das FAMI-Büro in New York erhielt einige hundert Telefonanrufe von Leuten, die Informationen über die Gruppentreffen wünschten. An unserem darauffolgenden Gruppenabend mußten wir in einen größeren Raum umziehen. Während wir sonst immer etwa fünfundzwanzig bis dreißig Teilnehmer waren, kamen jetzt über hundert. Immer wieder bedankten sich Leute bei mir, und zum ersten Mal in meinem Leben fühlte ich, daß ich etwas Nützliches getan hatte.

Ich hatte versucht, in meinem Artikel auf Sallys Gefühle Rücksicht zu nehmen. Allzu beschämende Einzelheiten hatte ich weggelassen. Aber da ich bei der Wahrheit bleiben wollte, kam ich nicht umhin, ihre und meine Charakterzüge und Handlungen kritisch zu beleuchten. Rhonda hielt es für besser, Sally den Artikel zu zeigen, damit sie beim Lesen nicht allein war.

Als ich Ende Oktober zu Sallys Geburtstag nach Virginia kam, fragte ich sie nach ihrer Meinung.

Einen Augenblick lang sah sie mich ganz ernst an. »Nun, beim *ersten* Lesen hätte ich dich *umbringen* können, weil du all diese Sachen über mich ausposaunt hast«, sagte sie grimmig.

Ich hielt den Atem an. »Und dann?«

Sally lachte. »Ich denke, ich bin jetzt eine richtige Berühmtheit, stimmt's?«

»Stimmt«, sagte ich. »Danke, Sally, daß du mich all dies hast schreiben lassen.«

»Ach, keine Ursache, Schwesterchen«, sagte sie. »Eigentlich kann ich doch nur von Glück sagen, daß ich dich als Schwester habe. Zumindest hast du nie versucht, mich zu verstecken.«

# 38

Zweieinhalb Jahre sind seitdem vergangen, und Sally lebt immer noch in einem Wohnheim. In dem ersten wohnte sie bis vor ein paar Monaten. Dann zog sie um in eines, in dem man den Bewohnern mehr Freiheit erlaubt und gleichzeitig mehr Selbständigkeit von ihnen erwartet. Ich glaube, sie ist im großen und ganzen dort zufrieden. Mit der Einnahme ihres neuen Medikaments meistert sie ihr Leben viel besser als während all der Jahre, in denen sie Lithium bekommen hatte. Sie hat keine Depressionen mehr, obwohl sie sich immer noch so oft wie möglich »ausruht«.

Ich gebe Sally nicht die Schuld für dieses schreckliche Jahr. Es war für uns beide wie eine Feuerprobe. Wir mußten lernen, ohne Mutter auszukommen und neue Verantwortung zu übernehmen. Rhondas Taktik, Sally so viele Freiheiten wie möglich zu gewähren, halte ich nach wie vor für brillant. Obwohl Sally sehr krank wurde, bevor sie ins Krankenhaus kam, bin ich sicher, daß sie auch zu dieser Zeit Rhondas Respekt vor ihrer Selbständigkeit zu schätzen wußte. Ich denke, daß ihr Vertrauensverhältnis zueinander nicht zuletzt deswegen auch so gut ist. Natürlich weiß ich nicht, was die Zukunft bringt, aber ich bin zuversichtlich, daß wir sie meistern werden, was sie auch bringen mag.

Sally ist stärker geworden, seit sie sich nicht mehr auf Mutter stützen kann. Endlich hat sie ihr eigenes Schicksal in der Hand, und sie ist zu viel mehr imstande, als wir alle geglaubt hatten.

Im vergangenen Jahr fing Sally sogar wieder an zu arbeiten – zehn

Jahre, nachdem sie Erwerbsunfähigkeitsrente beantragt hatte. Sie arbeitete mehrere Monate lang in zwei verschiedenen Kaufhäusern. Das stundenlange Stehen fiel ihr sehr schwer, denn sie hatte seit ihrer manischen Phase wieder einiges zugenommen, aber trotzdem war es ein Triumph gewesen, wie Rhonda betonte. Im Moment besucht sie einen Computerlehrgang.

Die Hilfe des ACRI war von unschätzbarem Wert, da die Betreuer die Spannungen in Sallys Wohnheim milderten. Sie reden mit ihr, wenn sie rastlos wird, und was vielleicht am wichtigsten ist, sie hören ihr mit Verständnis und Respekt zu. Wenn ich an ihre Reaktion auf Sallys beginnende manische Phase denke, wird mir klar, daß sie Sallys Stimmung nur widerwillig als krankhaft ansehen wollten, denn wie alle ihre anderen Betreuer und Sozialarbeiter waren sie froh über ihre gute Laune und ihre Energie. Weil sie Sally gern hatten, war es ihnen unmöglich, sich nicht über ihre fröhliche Stimmung zu freuen.

PSN entwickelt sich gut, und Rhonda ist immer noch Leiterin. Man hat schon weitere Betreuer anheuern müssen, und Sally war schon zweimal bei Bewerbungsgesprächen dabei. Rhonda lobte ihr Geschick. Ich fragte Sally nach ihrer Technik.

»Ach, ich stelle ihnen einfach Fragen wie: ›Wenn ich plötzlich aus dem Wohnheim ausziehen wollte, was würden Sie dann tun?‹ «

»Wie würde eine gute Antwort darauf lauten?« fragte ich.

»Ein guter Sozialarbeiter würde sagen, daß er sich mit mir hinsetzen würde, um mit mir nach den Gründen für meinen Entschluß zu forschen.«

Ich fühle mich sicher, weil ich weiß, daß Sally immer die Fürsorge des PSN genießen wird. Als gemeinnützige Organisation ist PSN abhängig von Zuschüssen und Spenden – worunter auch die Gratisdienstleistungen der freiwilligen Helfer fallen – sowie von Beiträgen, aber PSN leistet so gute Arbeit, daß es sicherlich weiterhin bestehen wird. Sally geht einmal in der Woche zu ihrer Betreuerin und nimmt auch manchmal das telefonische Beratungsangebot in Anspruch. Immer wenn meine alte Launenhaftigkeit und mein Pessimismus wieder die Oberhand zu gewinnen drohen, weiß ich, daß ein Mitarbeiter von PSN mich beruhigen wird, bevor ich etwas Verletzendes oder Entmutigendes zu Sally sage.

Unsere Beziehung ist immer noch irgendwie distanziert. Wir telefonieren ein paarmal im Monat, und Sally besucht Harvey und mich im Sommer in unserem Haus in Catskill. Wir haben Weihnachtsfeste in Pittsburgh bei Trenie und in New York zusammen verbracht. Als Sally mit dem Zug in New York ankam, herrschte ein Schneesturm, der morgens schon in Washington angefangen hatte. Sie hatte keine Socken an und trug nur eine leichte Jacke. Ich wollte ihr sofort warme Strümpfe und einen Pullover kaufen. Daraufhin sagte Sally ironisch: »Oh, Peggy, hör endlich auf, mich zu bemuttern.« Ich hoffe jedesmal, daß die Besuche harmonisch verlaufen. Leider ist das nicht immer der Fall.

Im Frühling des Jahres 1989, ein Jahr nach ihrem Zusammenbruch, war ich zu Ostern nach Arlington gefahren. Sally wußte, daß ich dieses Buch schrieb, und wollte mir dabei helfen und darüber reden. Wir fuhren zu einem Park nicht weit von Mutters Haus entfernt und setzten uns an einen Picknicktisch.

Wir hatten nicht viel Spaß miteinander. Am Tag zuvor hatten wir uns schon gestritten, als Sally meinte, Mutter hätte sie nie geliebt. Ich war ihren nie endenwollenden Groll leid. Außerdem vermißte ich Mutter und konnte es nicht ausstehen, wenn man sie schlecht machte. Schließlich hatte sie ihr Bestes getan bei der schwierigsten Aufgabe ihres Lebens. Mutter hatte so viele Pläne für Sally gemacht und so viel Geld für sie gespart. Während der letzten Jahre ihres Lebens hatte sie ständig auf Sally aufgepaßt und für sie gesorgt. Wenn das alles nicht aus Liebe geschehen war, warum dann? Aus Pflichtbewußtsein? Aus Mitleid? Aus einem Schuldgefühl heraus? Für mich spielte das keine Rolle: Ihre Liebe zu ihrer erstgeborenen Tochter wurde an unzähligen Kleinigkeiten deutlich.

Ich konnte Sallys ewige Klagen nicht mehr ertragen, und das sagte ich ihr auch. Sally beharrte, Mutter hätte sie nicht zurück nach Hause ziehen lassen, hätte sie nicht ihr eigenes Leben leben lassen, hätte sich in alles eingemischt. Immer noch grollte sie, weil Mutter sie vor mehr als zehn Jahren gegen ihren Willen in eine Klinik hatte einweisen lassen, als sie in einer manischen Phase war. Ich stritt mit Sally über ihre Vergangenheit und verteidigte Mutter.

Meine Reaktion überraschte mich selbst. Ich dachte, ich hätte mittlerweile gelernt, über Sallys Tiraden hinwegzugehen. Vielleicht mußte Sally ihre Krankheit in gewisser Beziehung verleugnen, damit sie sich ihren Optimismus erhalten konnte. Dabei kam ihr Mutter als Sündenbock wohl ganz gelegen. Es nutzte nichts, darüber zu streiten, und wir beide fühlten uns danach noch schlechter. Aber diesmal war ich einfach nicht in der Lage, ihre Wut auf Mutter zu tolerieren, da ich wußte, daß ich selbst bald Mutter werden würde.

Mit vierzig war ich schwanger geworden, eine Woche nach einem Gruppenabend, bei dem ein Gastredner über die genetische Vererbbarkeit von Schizophrenie gesprochen hatte. Während der Fragerunde nach seiner Rede fragte jemand: »Wie stehen die Chancen, daß gesunde Geschwister ein psychisch krankes Kind bekommen?«

»Die Chancen sind etwa genauso groß wie bei der durchschnittlichen Bevölkerung«, sagte der Arzt. »Vielleicht ein bis zwei Prozent.«

Später schilderte ich Harvey meine Reaktion. »Ich konnte fühlen, wie sich mein ganzer Körper förmlich öffnete«, sagte ich. »Ich fühlte mich wie Jakob, der nach langem, langem Kampf endlich vom Engel gesegnet wird.« Ich hätte mir die Information selbst verschaffen können, aber ich hatte nie den Mut dazu. Darüber hinaus hatte ich meinen Kinderwunsch wohl so sehr verdrängt, daß er mir erst bewußt wurde, als ich mir sagen konnte, es sei sowieso schon zu spät dafür.

Bei meinem Gespräch mit Sally kamen meine alten Ängste erneut zum Durchbruch. Die Vorstellung, daß mein Kind mit Ende Vierzig dasitzen und mich wegen irgendwelcher längst vergangener Fehler anklagen würde, ließ mich erschauern. Das Zusammensein mit Harvey war für mich das größte Glück, und Mutters traurige Worte – »Bob und ich waren so glücklich, bevor wir unsere Kinder bekamen!« – klangen mir noch im Ohr. Sallys Gejammer verletzte mich nun persönlich. Indem ich Mutter verteidigte, verteidigte ich alle Mütter, und vor allem mich selbst.

Während meiner ganzen Schwangerschaft fühlte ich mich außerordentlich wohl. Wenn ich mich mit Freunden unterhielt, war ich fröhlich und lachte viel. Niemals war ich so glücklich und optimistisch gewesen. Und doch überfiel mich ab und zu die Angst, daß meine Freude sich in Schmerz verwandeln könnte, daß ich auf die Mutterschaft wie meine eigene Mutter reagieren würde oder daß ich ein Baby wie Sally bekäme, das Tag und Nacht schrie und mich an meinen mütterlichen Fähigkeiten zweifeln ließ. Und da ich schon häufig unter tiefen Depressionen gelitten hatte, machte ich mich auf eine schwere Wochenbettdepression gefaßt.

Nach Emmas Geburt wartete ich geradezu auf die Niedergeschlagenheit, die meine Glückseligkeit beenden würde. Sie ist niemals eingetreten. Emma war ein pflegeleichtes Baby. Nur wenn sie hungrig oder müde war, schrie sie. Aber sonst war sie von Natur aus zufrieden. Sie war pummelig und kräftig. Wenn meine Freunde sie auf den Arm nahmen, sagten sie: »Andere Neugeborene sind aber ein wenig zarter als dieses hier.« Sie schien jeden zu mögen. Aber ihre Verwandten hatte sie von Anfang an am liebsten und genoß es, mit Harvey, Sally oder Harveys älterer Tochter Rebecca zu kuscheln. Mit Emma hatte unsere kleine Familie einen guten Start. Meine Angst vor einer Wiederholung der Vergangenheit löste sich in nichts auf.

Als wir drei zu Ostern nach Arlington fuhren, lächelte Emma ihrer Tante Sally zu, als seien sie schon alte Freunde. Am Samstag bummelten wir durch einen Park und gingen abends zum Essen. Zum

Ostergottesdienst fuhren wir zu unserer alten Kirche in der Nähe von Mutters Haus. Stolz präsentierte ich Emma Mutters alten Freunden und Nachbarn. Danach schlug Sally vor, zu dem Friedhof zu fahren, wo Mutter und Daddy begraben lagen. Es war ein warmer sonniger Tag, und die Vögel zwitscherten und sangen. Ich setzte mich ins Gras und wollte Emma füttern, während Sally bei den Gräbern stand.

Nach einer Minute kam Harvey zu mir, nahm mir die Flasche aus der Hand und sagte: »Laß mich das tun. Ich glaube, Sally braucht dich jetzt nötiger.«

Sally schaute leise weinend auf die Grabsteine. Ich legte meinen Arm um ihre Schultern, aber ich wußte nicht, ob sie sich dadurch getröstet oder gestört fühlte. Eine Weile standen wir so da, und dann sagte Sally die Worte, auf die ich schon so lange gewartet hatte. »Jetzt wird mir klar, was Mutter alles für uns beide getan hat.«

Ich glaube, dies war der Moment, in dem ich wußte, daß nach allem, was gewesen war, doch noch eine Heilung möglich war. Sally und ich waren inmitten von Familienkonflikten, Heimlichkeiten und Traurigkeit aufgewachsen, aber jetzt standen wir hier – beide waren wir stark, beide kamen wir vorwärts im Leben, beide waren wir mehr mit uns selbst im Einklang als jemals zuvor. Wir hatten eine Menge durchgemacht, zusammen und getrennt, und jetzt hatte die Vergangenheit keine Macht mehr über uns. Am schwierigsten sind meiner Meinung nach jene Beziehungen, in denen wir uns nach etwas sehnen, das wir nie bekommen – Anerkennung und Respekt. Als Sally so liebevoll von Mutter sprach, vergab sie ihr all die erlittenen Enttäuschungen darüber, daß sie sich von ihr niemals so geliebt gefühlt hatte, wie sie es sich gewünscht hatte. Und ich hatte zumindest damit begonnen, Sally so zu akzeptieren, wie sie war, ohne all die ablehnenden Gefühle, die ich ihr gegenüber empfunden hatte, während all der Jahre meiner Flucht.

Das Wochenende war viel zu schnell vorüber. Als wir Arlington verließen, tat es mir wirklich leid, nicht mehr Zeit mit Sally verbringen zu können.

Fünf Wochen später erhielt ich eine Nachricht auf meinen Anrufbeantworter. »Hallo, Schwesterchen. Ich bin's. Ich will dir nur schnell den glücklichsten Muttertag wünschen, den jemals eine Mutter hatte.«

# Hilfsangebote für psychisch Erkrankte und ihre Angehörigen in Deutschland

Im vorliegenden Buch erwähnt Margaret Moorman viele Organisationen und Verbände, die psychisch Kranken helfen, ihren Alltag zu bewältigen. Darüber hinaus betont sie die Bedeutung von Selbsthilfegruppen für die Angehörigen der Erkrankten. Auch in Deutschland gibt es zahlreiche Möglichkeiten, aus der Isolation herauszukommen und Hilfe zu suchen. Einige dieser Möglichkeiten sollen im folgenden benannt werden.

Als Betroffener kann man sich zunächst an die Sozialarbeiter/innen der zuständigen psychiatrischen Klinik wenden und nach bestehenden Hilfsangeboten fragen. Arbeiterwohlfahrt, Diakonisches Werk, Caritas, Paritätischer Wohlfahrtsverband und Deutsches Rotes Kreuz informieren über Dienste und Einrichtungen, die psychisch Kranke und deren Familien unterstützen. Die Sozialpsychiatrischen Dienste, die meist von den Gesundheitsämtern oder von den genannten Wohlfahrtsverbänden betrieben werden, helfen seelisch kranken Langzeitpatienten bei der Bewältigung ihres Alltags. Auch die Rehabilitationsberater bei der Renten- und Krankenversicherung und beim Arbeitsamt kennen sich oftmals gut mit dem Hilfsangebot für psychisch Kranke aus. Weitere Informationsquellen können Volkshochschule, niedergelassene Ärzte, Tageszeitung, Kirche, Sozial- und Jugendamt und Familienberatungsstellen sein.

Hilfreiche überregionale Organisationen sind der Dachverband Psychosozialer Hilfsvereinigungen e.V. bzw. der Bundesverband der Angehörigen psychisch Kranker e.V., Thomas-Mann-Straße 49a, 53111 Bonn. Bei der Nationalen Kontakt- und Informationsstelle für SHG, Albrecht-Achilles-Straße 65, 10709 Berlin, kann man in Erfahrung bringen, ob es in der näheren Umgebung eine entsprechende Selbsthilfegruppe gibt. Mittlerweile existieren bundesweit mehr als 200 Angehörigengruppen und -initiativen.